行走在路上

幼儿教师的自我修炼

陆敏丽　著

江苏大学出版社
JIANGSU UNIVERSITY PRESS

镇　江

图书在版编目（CIP）数据

行走在路上：幼儿教师的自我修炼 / 陆敏丽著.
镇江 ： 江苏大学出版社，2024. 12. -- ISBN 978-7
-5684-2367-0

Ⅰ. G612

中国国家版本馆CIP数据核字第2024RD2244号

行走在路上——幼儿教师的自我修炼

Xingzou Zai Lushang——You'er Jiaoshi De Ziwo Xiulian

著　　者/陆敏丽

责任编辑/柳　艳

出版发行/江苏大学出版社

地　　址/江苏省镇江市京口区学府路 301 号（邮编：212013）

电　　话/0511-84446464（传真）

网　　址/http：//press. ujs. edu. cn

排　　版/镇江文苑制版印刷有限责任公司

印　　刷/镇江文苑制版印刷有限责任公司

开　　本/710 mm×1 000 mm　1/16

印　　张/15. 75

字　　数/260 千字

版　　次/2024 年 12 月第 1 版

印　　次/2024 年 12 月第 1 次印刷

书　　号/ISBN 978-7-5684-2367-0

定　　价/58. 00 元

如有印装质量问题请与本社营销部联系（电话：0511-84440882）

前　言

　　教育是一条充满温情与智慧的道路，既承载着孩子们的好奇与梦想，又激发着教师的耐心与洞察力。这是一段充满发现、反思与突破的路程，教师与孩子们并肩前行，彼此学习，共同成长，让每一步都充满意义并收获成长。

　　当你不知道该如何支持幼儿的游戏时，请放手，让孩子自由地玩耍吧，只要仔细观察，你就会发现他们真正需要的是什么。当你不确定该选择什么教学内容时，融入孩子们的世界吧，他们会通过兴趣指引你找到教育的切入点。当你对自己的教育行为感到困惑时，与同行对话、与自己的经验对话吧，这些研讨与反思将帮助你确定前进的方向。

　　在孩子们的学习旅程中，兴趣和好奇心是最好的老师。在孩子们的"哇时刻"和"啊（á）时刻"中，蕴藏着他们的惊喜、欣喜与困惑。我俯下身仔细观察孩子们的行为，认真聆听他们的声音，发现这些时刻不仅属于孩子，也属于教师。因为孩子的发现和视角往往令人惊讶，促使教师进一步思考如何更好地支持其发展。因此，在教学过程中，我会有意识地创造"哇时刻"和"啊时刻"，帮助孩子们在观察与互动中提升能力。而教师的放手，不仅仅意味着给予孩子自由，更是在传递信任。通过"教你一招"、口述日记、图书漂流等活动，孩子们在自主决策中相互学习，在实践体验中积累经验，并在分享中收获自信。智慧挑战、渐变游戏、互动环境等教育策略，既凝聚了教师的精心设计，又要求教师在教学过程中灵活应变。本书第一部分详细探讨了如何通过精彩时刻的捕捉和教学策略的运用，激发幼儿的内驱力，促进他们自主学习、全面成长。

　　教育是一个持续的过程，孩子的学习需要循序渐进，教师既要尊重他们的发展规律，又要提供适度的挑战。本书第二部分重点探讨了如何通过阅读、艺术等活动，系统性地培养幼儿的综合素质，从多个维度促进其全面发展。阅读不仅仅是语言学习的途径，更是开启思维和心灵之门的钥匙。为了使教学更契合幼儿的认知需求，我从区域创设到教学组织，再到幼儿园集体研究，试图以更灵活的方式助力幼儿成长。艺术教育为孩子们提供了自我表达和释放创造力的途径，幼儿园通过音乐、美术等活动，促使他们的感知力与创造力进一步提升。此外，教育是一个广泛而协同的系统，我们通过幼儿园、家庭、社会之间的紧密合作，将教育延伸到孩子们的生活中，使教育理念和活动方式在更广阔的空间中得以巩固，确保幼儿获得一致且全面的支持。

教师的专业成长，不仅仅依赖外部的学习，更依赖日常工作中的经验积累与自我反思。这种自我提升通过内驱力实现，是每位教师走向成熟的重要途径。在第三部分中，我总结了自己在教学研究中的实践反思与经验，探讨了任务驱动、STEM 教学（科学、技术、工程、数学融合教育）等创新模式，帮助孩子们在实践中探索与成长。教师不仅仅要在组织幼儿活动的过程中实践教学，更要不断反思和优化策略，从而真正培养孩子独立思考与解决问题的能力。

我行走在幼儿教育的路上，以《3~6 岁儿童学习与发展指南》《幼儿园教育指导纲要（试行）》等指导性文件为引领，不断精进自身的专业技能与素养。我喜欢观察孩子的每一个细微瞬间，聆听他们的稚气话语，然后思考自己能为他们做些什么。我发现，越是深入接触孩子，就越能强烈地感受到他们拥有无限的潜力。我致力于激发幼儿的内在动力，引导他们在学习和游戏中主动探索，帮助他们在每一次挑战中发现自身潜能。与此同时，我也在这一过程中实现自我提升，持续促进专业成长。

陆敏丽

2024 年 8 月 31 日

目 录

第一部分　内驱力教育

003　第一章　我能，我可以

004　第一节　抓住"哇时刻"与"啊时刻"

005　一、在"哇时刻"中相互吸引

006　二、引导幼儿发现"哇时刻"

008　三、在"啊时刻"中实现思维碰撞

009　四、营造活动中的"啊时刻"

010　第二节　运用智慧　迎接挑战

017　第三节　积极参与"教你一招"

017　一、"教你一招"的组织形式

019　二、"教你一招"的实施状况

020　三、"教你一招"的教育价值

023　第四节　渐变中的体育游戏
　　　　　　——以小班体育游戏为例

023　一、游戏规则的渐变

024　二、游戏情节的渐变

025　三、游戏材料的渐变

025　四、参与方式的渐变

026　第五节　班级图书漂流记

027　一、定期组织阅读分享

028　二、运用适宜的记录方式

030　三、共同参与漂流管理

032　第二章　我选，我成长

033　第一节　科学放手促幼儿自主学习

033　一、科学放手的理念解析

034　二、科学放手的教育策略

037　三、科学放手的评价诊断

038　第二节　插牌规则助力幼儿自主选择

038　一、插牌规则的意义

039　二、插牌规则的作用

040　三、插牌规则的运用

042　第三节　选择效应：让幼儿成为学习的主人

043　一、选择的意义

043　二、选择的范围

045　三、选择的形式

048　第四节　会说话的互动环境赋能幼儿成长

048　一、构建丰富的物质互动环境

052　二、营造愉悦的人际互动环境

053　三、激发探究的学习互动环境

054　第五节　将社会热点引入课程

054　一、探寻"社会热点"

056　二、令人怦然心动的自然现象

057　三、振奋人心的人文精神

058　四、反思课程实施　梳理教育价值

060　第六节　将节气文化融于课程

060　一、在节气文化中积累智慧

062　二、在节气课程中涵育素养

063　三、在节气实践中萌发情感

第二部分　序列性教学

067　　第三章　阅历书香

068　第一节　在快乐对话中进行绘本教学

068　一、引导幼儿参与阅读

070　二、激发同伴对话共读

072　三、运用技巧帮助阅读

075　第二节　让阅读区充满温度

075　一、我的阅读我做主

076　二、我和爸妈共读书

077　三、"口述日记"乐分享

082　第三节　例谈大班阅读区创设与支持策略

083　一、区域环境创设

085　二、语言游戏多样化探索

087　三、教师指导方法多元化

088　第四节　指向完整儿童的幼儿园立体阅读探析

089　一、国内外同一研究领域现状

091　二、核心概念的园本化界定

092　三、指向完整儿童的幼儿园立体阅读研究必要性

093　四、基于立体阅读构建幼儿园文化样态

096　第五节　贯通绘本与生活的幼儿园立体阅读范式

097　一、从绘本走向生活

098　二、借绘本生成活动

100　三、将生活引入绘本

101　四、阅场景生成表达

102　第六节　"四步走"教研模式驱动幼儿园立体阅读

103　一、"四步走"园本教研实施步骤

106　二、"四步走"园本教研模式成效剖析

111　第四章　畅享艺韵

112　第一节　生活教育理论下幼儿体验式歌唱教学

114　一、生活教育理论对幼儿园歌唱活动的指导意义

115　二、生活教育理论下幼儿园体验式歌唱教学的
　　　三个原则

115　三、生活教育理论下幼儿园体验式歌唱教学的
　　　四步策略

120　第二节　幼儿音乐欣赏与游戏化教学

　　120　一、选择易于理解的音乐素材

　　121　二、设计贴近生活的音乐情境

　　122　三、采用幼儿易于掌握的欣赏策略

124　第三节　让说唱音乐走近幼儿

　　124　一、说唱音乐与传统诗歌的区别与联系

　　125　二、说唱的特点与优势

　　125　三、说唱在教学实践中的运用

127　第四节　幼儿形体训练从自然动作开始

　　128　一、表现内容生活化

　　129　二、表现氛围轻松化

　　129　三、表现动作自由化

　　130　四、表现形式互动化

　　130　五、表现情境多样化

131　第五节　幼儿绘画活动中的动态教学策略

　　132　一、作画内容的动态生长

　　133　二、环境材料的动态提供

　　135　三、互动合作的动态促进

137　　第五章　园家社共育

138　第一节　儿童友好型班级环境的生态式创设

　　138　一、儿童友好型班级环境生态式创设的概念界定

　　139　二、儿童友好型班级环境生态式创设的价值与特征

　　141　三、儿童友好型班级环境的生态式创设策略

143　第二节　"三约"护航　营造园家社协同共育新生态

　　144　一、"公约"为锚　守护幼儿权益

　　145　二、"邀约"为径　传递教育策略

　　147　三、"合约"共建　优化育人环境

149　第三节　关于家长助教活动的分析与思考

　　150　一、家长助教活动例谈——解析家长的作用

　　152　二、多维视角下的协同育人——解析教师的作用

153　三、透过现象看本质——解读幼儿的成长

155　第四节　客座园长齐管理　构筑共赢生态圈

156　一、客座园长协同管理的价值分析

157　二、客座园长协同管理的制度建设

159　三、客座园长协同管理的工作内容

159　四、客座园长协同管理的参与策略

第三部分　思行式教研

165　第六章　思研教学

166　第一节　幼儿园原创教学活动设计的路径和策略

166　一、增强教育自觉　发现教育契机

168　二、立足幼儿实际　制定活动目标

170　三、紧扣活动目标　构建教学流程

171　四、重审教学设计　剖析教育价值

173　第二节　幼儿园 STEM 教学模式的探索与实践

174　一、注重日常观察　确定 STEM 项目活动内容

175　二、关注过程设计　研讨 STEM 项目实施策略

177　三、基于幼儿行为　进行 STEM 项目分析和评估

179　第三节　在经历、回顾、思辨中支持成长

　　　　　　——以大班户外活动"骑小车风波"为例

180　一、在经历中体验

181　二、在回顾中发现

186　三、在思辨中成长

188　第四节　倾听于"静"　提问在"巧"

189　一、观察在先　专注聆听　提问推进

190　二、安静倾听　避免评价　有效引导

192　三、巧妙提问　层层追问　及时跟进

195　第五节　用哲学思维指引幼小科学衔接

196　一、从认识论谈积极有效的心理疏导

197　二、从方法论谈易于掌握的学习策略

200　三、从本体论谈乐于进取的个性品质

201　第六节　解析幼儿自主学习的审辩式教研

202　一、立足现场观察　审辩自主学习可能性

205　二、立足案例分析　审辩教育机制适宜性

206　三、立足跟踪研讨　审辩课程建构有效性

208　第七章　行进教研

209　第一节　在追随中助推幼儿探究自然

210　一、追随幼儿脚步　助推主动游戏

212　二、追随幼儿经验　助推自我挑战

213　三、追随持续探究　助推改造环境

215　第二节　基于真实场景的任务驱动式教学实践

215　一、任务驱动式教学在幼儿园阶段的应用价值分析

217　二、任务驱动式教学的"四化"原则

218　三、任务驱动式教学的"四步走"应用策略

220　第三节　以任务清单为导向　构建幼儿主动学习场

221　一、主题设计遵循"五步走"原则

222　二、任务清单遵循"三不三结合"原则

225　三、教师行为遵循"五遵守"原则

227　第四节　师幼创享"自然力工作坊"的基本原则和实施
　　　　　　路径

228　一、师幼创享"自然力工作坊"的基本原则

230　二、师幼创享"自然力工作坊"的实施路径

233　第五节　构建"博物"与"趣玩"相融的"自然力
　　　　　　工作坊"

234　一、"自然力思想"的启示

234　二、"博物"为经　"趣玩"为纬

237　三、师幼共探　适度留白

238　四、内外贯通　有效链接

第一部分
内驱力教育

孩子的每一声欢笑，每一次跳跃，都是源自内心的表达；孩子的每一次发现、每一个挑战，都是源自内在的成长。他们犹如春雨中拔节的竹子，能听见生长的声音；亦如秋日里成熟的果实，能嗅到沁人的芬芳，一切自然妥帖。教师的教育不是教条式的灌输，而是点燃星星之火；不是揠苗助长的催熟，而是春风化雨般的润泽。让孩子在此追随兴趣、自由探索，如溪水自在流淌，终将找到属于自己的方向。

第一章　我能，我可以

"我能，我可以！"——这是孩子们自信表达的坚定声音。一路走来，我通过丰富多彩的活动和有效的教育策略，帮助他们发现潜能，激发他们的好奇心与探索精神。每一个时刻、每一次挑战、每一场游戏，都成为孩子们确认"我能"并宣告"我可以"的舞台。

这是孩子们自我意识的觉醒，同时也是教师智慧引导下的共同创造。从"哇时刻"的惊奇，到"啊（á）时刻"① 的疑问；从"教你一招"中的担当，到体育游戏中的适应，再到图书漂流中的管理与分享——每个活动都以孩子为中心，让他们在自主尝试与自我管理的实践中，逐步发现自己的力量。

在教师的精心引导下，孩子们勇于尝试、敢于挑战、善于合作。伴随着这些实践体验，他们迈着自信的步伐走向未来，书写属于自己的成长篇章。

---

① "啊（á）时刻"表示产生疑问和困惑的时刻，以下简称"啊时刻"。

第一节　抓住"哇时刻"与"啊时刻"

"哇时刻"如光，照亮惊喜；"啊时刻"似风，拂动思考。抓住这些瞬间，孩子在惊叹与疑问中探寻世界，教师则精心引导，让成长在探索中悄然绽放。

"哇时刻"源自新西兰"学习故事"理论。它启示教师，要敏锐捕捉幼儿令人惊喜的瞬间，及时肯定和表扬，以此帮助幼儿确立自信，强化积极行为。

幼儿是自主成长的个体，他们在探索周围世界时，常会出现各种各样的"哇时刻"与"啊时刻"。所谓"哇时刻"，即当孩子有新发现、新惊喜时产生的反应；所谓"啊时刻"，即当孩子产生困惑或疑问时，表现出的一种状态。"哇时刻"与"啊时刻"，都是用来寻求教育契机的最佳切入点。

教师通过发现"哇时刻"，可定位幼儿的关注点与兴趣点，为后续教学提供依据。"哇时刻"的产生，是教师与幼儿之间、幼儿与幼儿之间，以及幼儿与环境、事物之间彼此关注后的心灵碰撞，它打开了幼儿投入相关事件并潜心探究的绿色通道。

幼儿的"啊时刻"也不容小觑，这是让师幼、幼幼之间在产生疑问或困难的环境中，以好奇心切入，产生思维碰撞，彼此以陪伴者、探究者的身份，寻找答案并解决问题。

"哇时刻"和"啊时刻"是幼儿一日活动中的闪亮时刻。教师唯有持续关注幼儿行为，才能及时捕捉，做到因势利导。

在工作实践中，我反思其意，发现教师若能预设情境，就可以给幼儿带来充满趣味性的"哇时刻"。比如，教师所提供的一种新材料、设计的一个新游戏、创设的一个新环境，哪怕是一个游戏中略作调整的新玩法，都能给幼儿带来具有思维冲击力的"哇时刻"。此时的幼儿好奇心强、专注程度高，有利于教师更好地引导他们投入其中。

一、在"哇时刻"中相互吸引

"哇时刻"是让人眼前一亮、产生惊喜的瞬间。发现幼儿的"哇时刻"是以幼儿为主体，教师为观察者与发现者。教师通过观察幼儿的行为过程和结果，捕捉幼儿在成长中的飞跃式进步，以及同伴间具有引领性的差异化表现。它可以是幼儿的一个"金点子"、一个行为、一句言语，也可以是一个独特结果的呈现，或是一个富有创意的作品。

➡ 案例一　小小节点　进发蜕变

安安是一名大班的孩子，但在过去两年半的幼儿园生活中，他始终不愿开口说话，父母和老师甚至怀疑他的智力或言语发展存在异常。然而，在一次关于《小兔家的窗》的故事分享中，我提问："小兔家的窗户没有玻璃，寒风呼呼地吹着，小兔感觉怎样？"教室里一片寂静，而我却听见角落里的安安轻声呢喃："瑟瑟发抖。"

"哇！"我惊喜万分——这是安安入园以来第一次开口（至少是我听到的第一次）。我随即追问："哇！安安，你说了什么？告诉大家！"他害羞地低着头，在老师的鼓励下，终于走到大家面前，鼓足勇气重复道："瑟瑟发抖。"声音依然微弱。我便再次鼓励："这个词太好听了，教教大家怎么说吧！"他终于铆足劲，大声说了出来。同伴们也大声重复，响亮的模仿声，给了安安极大的肯定与勇气。自此，安安就像换了个人一样，每天教室里都有他清亮的话语和快乐的身影。

这一次，我真切地感受到"静待花开"的意义。一个孩子积蓄的爆发点，往往出现在某一时刻。而这一节点，常常需要老师悉心发现、呵护，并促使其绽放。

➡ 案例二　发现亮点　愈加自信

这次户外游戏中，孩子们选择了旺仔牛奶罐作为材料。我请孩子们用罐子铺设一条"小路"。孩子们分工合作，有的搬运，有的排列，迅速将一个个罐子紧密地排成了一条路。很快，罐子用完了，小路也铺设完成了。接着，孩子们排好队，依次从"小路"的起点走向终点。

当孩子们走完这一遍后，我提出了新的挑战：将起点和终点之间的距离再增加约一米，罐子的数量不变。我要求孩子们重新安排罐子的排列，确保每个人都能顺利通过。孩子们一开始积极配合，搬动罐子，尝试不同的布局，但由于罐子之间的间隙太大，他们多次尝试后都未能成功。

伟御始终专心致志地参与"小路"的铺设。当同伴们在排队体验走过"小路"时，他没有参与排队，而是站在旁边观察。当他看到其他小朋友的脚步够不着前面的罐子时，他迅速调整位置，把罐子挪近，确保每个走过的小朋友都能顺利通过。他不厌其烦地为每个走过的小朋友挪动前一个可能够不着的罐子，罐子之间的距离变得越来越均匀。终于成功了！大家高兴极了，自觉地排着队伍，来来回回地在新铺设的"小路"上行走着，伟御也加入其中。

我感觉孩子们还有继续挑战的空间，于是，我将"小路"的起点和终点之间的距离再次拉长了一米。

"啊？"面对新变化，孩子们既惊讶又兴奋地叫了起来。此时的伟御继续借鉴刚刚的方法，驾轻就熟地快速调整罐子之间的距离。其他小朋友也跟着一起行动起来，将罐子均匀布阵。通过这件事可以看出，一个孩子的经验可以很快成为许多孩子的经验。

孩子们的自信表现，给予我不折不扣的"哇时刻"——以往看起来有些散漫的伟御，今天竟然成为铺路"总工程师"，成了一次次调整小路的"主力干将"。

活动结束时，我邀请伟御与大家分享了自己的做法和思路，引导孩子们共同梳理总结核心经验：均匀排列。这次活动成为伟御的"高光时刻"，在掌声与赞扬中，他的自信心显著提升。此后，伟御在日常活动中发生了很大的变化，自我约束意识较以往明显提高了，对参与建构类、益智类活动尤其感兴趣。

二、引导幼儿发现"哇时刻"

幼儿对生活中新奇的事物和现象充满好奇。教师可以通过引入新材料、提供新玩具、开展新游戏或设计新玩法，激发幼儿兴趣，触发他们的

"哇时刻"。

🔵 案例一　教室里来了乐高玩具

四箱乐高玩具深深吸引了幼儿们的眼球，尤其吸引着那些"小小建构迷"。孩子们纷纷来到了建构区，目不转睛地盯着玩具，并不停地发出"哇！哇！"的惊叹声。此后，只要是开放建构区活动，孩子们都会将乐高玩具作为首选。大小适宜的积木颗粒、丰富多样的辅助材料，给孩子们多变的建构提供了更多的可能性。周周设计的双节运输车、蕊蕊构造的美丽城堡……一件件充满想象力的作品在孩子们手中诞生。

借助这一新材料，我根据幼儿能力和材料特性，提出了对连接状况和牢固程度的要求；明确了按一定序列排列的要求；介入了高楼层数和平行层间数的要求……由"哇时刻"开始的递进式教学模式在不断推进着。

🔵 案例二　新年老人的惊喜到访

元旦前夕，我们悄悄地安排了一位家长扮演"新年老人"，带着礼物"突袭"幼儿园。上午九时，"新年老人"准时出现在教室门口，孩子们看到这一幕时都惊呆了。片刻后，惊讶转化为欢呼："哇！新年老人来了！"随着活动的展开，新年老人带来魔术表演和小礼物，孩子们全程兴奋不已。

通过这次活动，孩子们不仅感受到节日氛围，还了解了新年的来历，知道了庆祝新年的各种方式。新年老人还精心设置了一个个学习性关卡和互动式要求，孩子们在充满激情的活动中体验到新年来临的喜悦。

教师通过精心预设"哇时刻"，巧妙地抓住了幼儿的注意力，激发了他们的探索欲望和主观能动性，将孩子们的积极情绪带入活动中。这些"哇时刻"不仅吸引了孩子们的目光，还增强了他们对新年文化的理解与兴趣。值得注意的是，教师必须审慎地考虑这些时刻的适宜性，确保每一个"哇时刻"都具有相应的教育意义和价值，既能激发孩子的好奇心，又能达到教育的目标。

三、在"啊时刻"中实现思维碰撞

幼儿的潜能往往超乎成人的预期，常常带来出乎意料的"啊时刻"。他们从独特的视角思考问题，甚至提出一些成人未曾意识到或难以理解的问题。这些问题为教育者提供了宝贵的教育契机和切入点，也为教学内容带来了新的视角和话题。

"啊时刻"不仅揭示了幼儿思维的独特性，也为教师提供了重要的教育信息。教师要善于抓住这些时机，及时做出有效的教育回应，通过适时的引导和教育推进，帮助幼儿进一步发展思维能力，拓展他们的认知边界。

➡ 案例一　涡轮增压发动机?

诺诺的爸爸是一位空军，这次来班上与孩子们分享军事方面的知识，提到了丰富多样的军用设备。在交流环节，有孩子提到了潜水艇。辰宇大声提问："叔叔，这潜水艇装的是涡轮增压发动机吗?"一旁的我不禁惊叹——这个才上中班的小家伙，竟然知道涡轮增压发动机! 说实在的，我对这方面知识的了解几乎为零。

"发动机"这个概念在孩子们的脑海里留下了印象。于是，我依据大家的兴趣点，提出了"哪些东西需要发动机"的话题，并在班级群里发出通知，希望家长协助孩子收集相关图片和资料，第二天交流。

第二天，孩子们果然收集并带来了很多关于发动机的图片。在共同交流、分享信息的过程中，大家了解到各种各样的机器都需要发动机，而这仅仅是该话题的开始……

➡ 案例二　没有页码的图书

班内的阅读区是重要的学习性区域之一。我们会根据当前进行的主题更新相关图书。每本选入该区域的图书，都会被贴上一个编码。

这次阅读的要求是：请孩子们从图书中寻找春天，并将找到的春天，按图书编号和页码，记录在老师设计的记录单上。浩宁在阅读区中根据老师的要求翻阅着，他发现手中的这本图书竟然没有页码，于是跑过来求助："陆老师，这本图书没有页码怎么记啊？"

我想："每一本书都必定有页码，他肯定是没有找到。"

我边跟他往阅读区走去，边教导着："你仔细找找啊，肯定有页码的。"

"啊？"没想到，这本书竟然真的没有页码！我之前根本没有发现这本没有页码的图书。就这样，给图书编码成为阅读区中的一个新项目。

可见，教师真的只能以孩子的陪伴者、支持者角色定位存在，千万不要将自己定位为一个权威者。只有这样，我们才能够从孩子身上获得更多信息，从而促使孩子更有力量地成长。

从那以后，我会习惯性地关注绘本中是否有页码。近年来，我发现没有页码的图书越来越多。感谢浩宁带我走进这个别样的阅读世界。

四、营造活动中的"啊时刻"

引导幼儿求异思维，或从幼儿惯常环境和行为中挖掘未曾关注的东西，容易引发幼儿的"啊时刻"。"啊时刻"往往能促进幼儿产生颠覆性的、拓展性的思考，因此教师应积极为幼儿营造"啊时刻"。

案例一　由一个教学策略的转变引发的"啊时刻"

在"找图形"活动中，我们常常会引导孩子在周围环境中寻找相应的图形。今天，我提出了请幼儿在自己身上寻找相应图形的要求，他们惊讶地边笑边发出："啊？"

孩子们跟随教师的要求充满好奇地搜寻着身上的圆形、三角形、正方形。圆形相对容易找些，而三角形的寻找难度加大了不少。大家通过仔细观察，发现了衣服上的花纹，甚至毛衣上的针脚、鞋底的纹样等，发现了之前从未关注过的细节。

辰辰则更是机灵，他竟然想到了用身体动作构造出想要的图形。此时，一石激起千层浪——孩子们纷纷开启了用肢体动作变图形的模式。

瞧！他们有的伸出手臂，将脑袋一歪，用肩膀、脑袋、手臂演变出了一个三角形；有的用双手手指组合成三角形；有的邀请小伙伴用双腿合作拼接成了三角形；更有甚者，有个孩子邀请了四个小伙伴，用身体合作，拼出了正方形……

一个小小的教学策略，以开放性思维方式引发了幼儿趣味盎然的思考，并在经验的相互借鉴和拓展中，产生了核裂变式的效果。

案例二　由规则略变引发的"啊时刻"

在"过田埂"游戏中，我请幼儿共同合作，将小椅子连接成两条长长的"田埂"。孩子们分成男女两队，兴致盎然地在"田埂"上鱼贯走过，体验保持平衡的基本方法。

孩子们走过一遍之后，我抽掉其中的一张椅子，使原本连接完整的"田埂"断裂。孩子们不由得"啊？"了起来，但脸上充满着迎战新游戏的喜悦。

经过第二轮后，我在"田埂"上增加了一个小花盆，意在要求孩子走"田埂"时保持身体平衡，跨过障碍。"啊？"——不少孩子边笑边捂嘴发出感叹，游戏的难度在原有基础上又增加了，为孩子营造了渐变性的"啊时刻"，促使孩子在前期经验的基础上进一步挑战自我。此时，孩子们内心对自己的能力是有一定预估的，而悬念的出现，又为他们再一次参与挑战注入了兴趣和动力。

"哇时刻"和"啊时刻"是我们了解幼儿能力和兴趣、发现幼儿特点的有利时刻，为我们落实"因材施教"提供了依据。这两种时刻在师幼互动的过程中不断产生，教师只有全情关注幼儿活动，及时捕捉这两种时刻，并结合幼儿需求，有效运用到教育中去，才能产生更好的教育效果。

第二节　运用智慧　迎接挑战

智慧如灯，照亮前行的路，每一次挑战都是成长的契机。面对未知与困难，我们运用智慧化解，于挫折中发现力量，在前行中迎接更多可能。

有竞争就会有压力，有较量就会有成败，有比赛就会有输赢。只要生活在社会群体中，必然会出现上述各种情况。输与赢中，人们面对输的可能性远高于赢，正如一场赛事，冠军终究只有一个。所以，输是常态，赢是偶然，赢存在不确定性与挑战性。正因为偶然与难得，赢才更加充满吸引力。对于参与竞争的个体而言，每一次赢的体验都能够增强自信心，而输的体验则能有效培养抗挫能力和意志力，两者缺一不可。输与赢存在于多种形式的较量中：有的是跟自己比，有的是跟他人比，有的是向客观存在的困难挑战，也有的是集体之间的合作性竞赛，等等。结果取决于对比赛项目的掌控程度，取决于较量对手的强弱，取决于自身所期望目标的达成度，也取决于客观评判标准。

获得赢的体验，对幼儿来说具有非常重要的成长价值。获得赢的体验需要智慧，需要自身行动上的努力、心态上的调整。如何让自己在较量的过程中增加赢的概率、降低输的风险，是值得我们引导幼儿思考并逐步掌握的一门艺术。孩子在不断体验赢的过程中，增强迎接挑战的勇气、感受自我存在的力量，从而不断增强自信心。这有助于幼儿在选择活动内容、选择较量对象、采取有效行动等方面，尽快做出合理选择，并在一次次锻炼中不断获取经验，增强社会适应性，为今后的社会化成长奠定良好的基础。

案例一　寻找弱者挑战

晨晨是个不善于主动与他人交往的孩子，其他小朋友向他发出邀请时，总会被他拒绝。尤其是在竞赛性活动中，他总是以"这个游戏没劲"为理由推诿，宁愿在旁边独坐，也不愿参与其中。本学期中，他表现出了较大的进步，能主动参与集体游戏。当小伙伴在追逐奔跑时，他也能兴奋地在一旁加油呐喊，但轮到他时，就立即表现出强烈的退缩行为，不愿再参加游戏。

这天，我组织孩子们玩起了"丢手绢"的游戏。晨晨与大家一起围坐成圆圈，成为游戏中的一员。当小朋友们相互丢了手绢，又一圈一圈追逐时，坐在圆圈中的他兴奋不已，一会儿拍手，一会儿跺脚，为奔跑的孩子加油呐喊。看着他那激动的神情，我暗自为他高兴，高兴于他不再以旁若无人的冷漠态度远离游戏，高兴于他终于能在集体活动中感受到发自内心的快乐，高兴于他能够为同伴之间的互动而产生强烈的反应。

正当我暗自窃喜，悄悄关注晨晨投入游戏的状态时，小伙伴的一个行为打破了他原有的兴奋——他被丢到了手绢！他二话不说，捡起手绢就跑——无比正常。可惜才离开椅子两步，他就捏着手绢站立在圈外不动了，嘴里小声说着："我不想玩这个游戏，这个游戏不好玩！"

怎么又来了?！他的言行，直接把我刚才满怀喜悦的心情打到谷底。

"你刚才看小朋友玩时，不是很开心的吗？怎么现在没劲了呢?"我满怀不解。

"我就是觉得一点儿也没劲，我不想玩！"他固执地站在那里，没有丝毫妥协的意思。"我还是坐在旁边吧！"说罢，他便搬起自己的小椅子，在一旁坐了下来……

看着果断远离集体的他，我一方面组织其他孩子继续游戏，一方面起身，走到晨晨身边，悄悄地问："你是不是怕做游戏时被别人追上?"

"是的，我跑不过别人的。"晨晨边解释，边用可怜的眼神望着我。

听罢，我伸出双手拉着他说："走！老师帮你赢！"

他边使劲从我手中挣脱，边噘着嘴说："我不想玩，我肯定跑不过他们。"

"怎么会呢？你觉得谁是我们班跑得最慢的？你可以把手绢丢给我们班跑得最慢的小朋友啊！"

"智芸没我跑得快！"

"要不你去试试?"

为了提高他的胆量，我特意跟所有小朋友约定："如果晨晨输了，不用表演节目。"善良的孩子们对我这个建议纷纷表示赞同。

晨晨鼓起勇气，带着自信的笑容，开始了他有史以来的第一次丢手绢游戏。他果然把手绢丢给了智芸，也果然没有被抓住。此时此刻的他，脸上写满了胜利后的喜悦。游戏就这样继续进行着，在短短几分钟里，小朋友们出乎意料地好几次把手绢丢给了他。尝到了甜头的他，还是一次次地将手绢丢给了智芸，结果也同样令人兴奋——他每一次都跑赢了！

此时，我再次叫停游戏，引导晨晨思考："除了智芸外，还有谁跑得挺慢的？"

智芸大声回答："霏霏也跑得很慢！"

可不是！智芸每次拿到手绢后总是丢给霏霏，并且赢得比赛。

我再次鼓励晨晨试一试，结果不出所料，他跑赢了第二个小朋友！

于是，我组织孩子们一起总结：如果想要赢得比赛，就要找不如自己的对手；如果想要挑战自我，就可以找比自己厉害的对手。

自信心是通过自我评价和自我肯定产生的，它使个体期望获得他人、集体和社会的尊重，是一种积极向上的情感。这是一个值得庆祝的时刻，因为一个曾经缺乏自信、与集体格格不入的孩子，终于找到了属于自己的位置，成功融入了集体。在这个过程中，晨晨学会了如何与同伴和谐相处，激发了参与活动的热情，也明白了如何在比赛中成为胜利者。

通过这次活动，不仅晨晨收获了"赢"的体验，其他孩子们也在这一过程中增长了"赢"的智慧。社会是由人与人之间相互交往、共同生活所构成的群体，而"适者生存"则是永恒的法则。胜负源于较量，只有敢于与他人竞争，才能迎接胜利的到来。胜利永远属于那些聪明、理智并有勇气的人，而无法依靠蛮力和盲目行动获得。

在今天的活动中，孩子们深刻体会到游戏的输赢不只是体力的较量，智慧同样可以决定胜负。同时，他们也明白了敢于与强者较量，既是一种令人兴奋的体验，也体现了不屈不挠的精神，即使失败，也要"输得光荣"。相信通过这次活动，孩子们将不再畏惧与同伴之间那些力所能及的竞争性游戏。

➡ 案例二　坚持就是胜利

幼儿园设置了一面名为"营救小蚂蚁"的主题墙，旨在引导幼儿将一张张小小的纸片变成长长的"藤蔓"，从"大树"上垂下来，营救落水的蚂蚁。根据幼儿的剪纸技能，我在不同时段循序渐进地为他们提供了从大到小不同规格的纸片，让孩子们思考如何将纸片变成长条，并比一比谁为蚂蚁做的"梯子"最长。

在将纸片剪开和连接的过程中，孩子们展现出了前所未有的专注，探索着怎样才能把纸片剪得更长。经过反复尝试，他们发现了一个规律：用绕圈循环的方式剪纸是最简单而有效的方法，纸条剪得越细，"藤条"就变得越长。这时，我提出了一个新的游戏规则——不能将纸条剪断，剪断就意味着挑战失败。

"陆老师，我剪好了！帮我挂上去吧！"

"陆老师，我还想再剪一个！"

"陆老师，我想多剪一个带回家，送给妈妈。"

……

孩子们的话语中流露出对这项活动的浓厚兴趣，也展现出他们敢于持续挑战的勇气。通过这次活动，孩子们不仅学到了如何通过不断尝试解决问题，还深刻体会到"坚持就是胜利"的真正含义。

孩子们在不断的尝试中，剪纸技能掌握得越来越好，剪出的纸条越来越精细。其中的典范要数言言了。第一次操作时，她耐心地坐在椅子上剪着，还不时观察旁边小伙伴的操作情况，当其他小朋友都完成时，她那张纸片剪出的纸条已经是班内最长的了，那如面条般的细丝从她小巧的手中一直顺延到地上，而在她手中还有一小块未剪完的纸片，延续着细丝的长度。我从她专注而投入的表情中，看到了她在本次较量中必胜的信心和决心，也看到了她坚持不懈、毫不气馁的精神。

在这项活动中，教师既是挑战项目的提供者，也是幼儿积极参与的引导者。教师鼓励幼儿为完成当前任务而努力，帮助他们发现自己在不断锻炼的过程中所取得的进步，并感受与同伴共同努力的快乐。

看到孩子们敢于挑战自我、敢于挑战他人，我感到由衷的高兴；更为他们乐于精益求精地完成任务的精神而欣慰。我想，当他们能够以这种积极的心态、不断追求卓越的精神迎接每一个挑战时，他们已经成了真正的胜者。

案例三　解决难题的智者

为了丰富幼儿餐点前后、午睡前后等过渡环节的活动内容，教师与孩子们共同讨论，确定了多种便于幼儿自行拿取和快速收回的游戏材料。其中，长短不一的挑绳成为近期深受幼儿欢迎的游戏材料。这天下午，孩子们吃完点心后开始了挑绳游戏，一切都在温馨而愉悦的氛围中进行。

突然，帆阳满脸沮丧地走到我面前，皱着眉头说道："我的挑绳飞走了。"我好奇地看着他问："飞到哪里去了？"他抬起头，指着天花板上的吊扇说："看，挂在那儿了！"果然，一条绿色的绳圈正稳稳地挂在风扇叶片上。

我还没来得及回应帆阳的诉说，吃完点心的孩子们已经围了过来。一个孩子立刻说："我来帮你！"说着，他搬来小椅子，站到上面，伸手去够风扇上的绳子。此时，又有孩子补充道："把小椅子放到桌子上就能够到了！"还有的小朋友则把自己的挑绳卷成一团，奋力扔向风扇上的那条绳子，希望能把它带下来。

"把电风扇打开！让风把它吹下来！"胜裕的话引起了大家的注意，并立即得到了大家的认同。

话音未落，电风扇竟然转动了起来，原来是保育员已经在梓恒、锦洋等小朋友的邀请下，打开了风扇开关。随着风扇的启动，挑绳果然像孩子们预想的那样，很快掉了下来。孩子们看到绳子掉落，兴奋地欢呼起来。

随后，我让孩子们坐下来，共同梳理刚才尝试的所有方法，并引导大家进一步思考，如果采用第一种方法，怎样才能够把高处的东西拿下来呢？安静下来的孩子们思路变得更加开阔了：有的说可以用梯子，有的说可以用钩子，还有的提到可以把桌子和椅子叠起来，再用钩子——他们逐渐开始整合这些想法，方法越来越多，答案越来越丰富。

接着，我问："当电风扇打开时，挑绳为什么会掉下来呢？"

"我知道，是风把它吹下来的！"

"不对，是被打下来的！"

"不对，是被转动带下来的！"

孩子们的回答让我感到惊讶，没想到电风扇的转动现象竟能激发他们思考转动与风之间的关系、拍打与转动之间的联系，甚至生出关于惯性的认知。

看来，困难的出现恰好是一次学习机会的到来，它能够激发幼儿的积极思维，培养他们的创造性和主动性，让他们在解决问题的过程中感受到自己的价值与能量。此时此刻，答案和结果已经不再是最重要的，孩子们大胆想、勇敢说的表现才是最大的收获。

活动结束后，我布置了一个小任务："回家后把这件事讲给爸爸妈妈听，问问爸爸妈妈，为什么电风扇一开，绳子就会掉下来。"这一小小的"意外"成了亲子互动的有趣话题，不仅锻炼了孩子们的语言表达能力，还促进了他们通过求助他人获取信息的能力。我相信，孩子们通过这种实践，不仅能积累更多的学习路径，还能在生活中获得更多宝贵的经验。

结　语

只有能实实在在地解决生活中遇到的难题的人，才能被称为真正的"智者"。在幼儿园教育过程中，教师应给幼儿提供自由活动的机会，支持幼儿自主选择活动内容，鼓励他们想办法解决问题，不轻言放弃。一次意外的出现，往往比教师用心设计的教学活动更容易吸引幼儿的注意，更容易引发幼儿的思考。教师如果能够敏锐捕捉到这些学习契机，用恰当的提问刺激幼儿思考，那么幼儿在实际问题驱动下的自主学习便能更好地服务于自己的生活，并在共同探讨中体验"办法总比困难多"的道理。

教师是孩子生活、学习过程中的支持者、陪伴者，而非困难出现时立即给予实质性援助的救助者，也不是正确答案的公布者。当我们对幼儿的问题"慢半拍"再给予解答时，便给他们提供了更多的思考空间。当生活中的难题被幼儿自主解决时，幼儿获得的那种"赢"的喜悦是不言而喻的，同时也增强了他们接受挑战的勇气和克服困难的信心。

赢的体验有助于幼儿自信心的增长和社会适应性的发展，输的体验也同样重要，因为人生不可能一帆风顺，输的概率远高于赢。引导幼儿增进赢的感受、发现赢的诀窍、积累赢的智慧很重要，而引导幼儿坦然接受输的结果，养成迎难而上、不屈不挠的优良品质更重要。作为幼儿园教师，我们应给幼儿提供各种较量的机会和赢的体验，同时也不必回避输的体验，因为有了输的衬托，赢才更有意义。

每个人在生活中，可以赢挑战，可以赢难题，也可以赢自己。当幼儿对输与赢有了良好的认知之后，就会坦然地迎接未来的人生。

第三节　积极参与"教你一招"

有时候，小朋友之间的互相影响要比老师和父母的影响大。为什么这么说呢？因为成人的话，孩子很多是听不大懂的，他是通过看来学习的。小孩子教小孩子最快，看人家穿什么，他也要穿什么，他喜爱小朋友怎么做，自己也要学，所以，要引导小孩子之间相互学习。

——费孝通

怎样的教学形式、教学内容更适合于幼儿？怎样的教育对于孩子来说具有持久的影响力？无疑，孩子之间的相互学习是有效的教育途径，个别孩子已掌握的经验，为其他孩子对经验的掌握提供了可能性依据。同伴之间相互学习的意识，为今后孩子养成持续学习的心态打下了良好的基础。于是，我开始思考怎样为幼儿提供一个相互学习的良好平台，"教你一招"活动就这样应运而生了！

所谓"教你一招"，即鼓励幼儿挖掘自身特长，自愿申报当"小老师"，在特定时间内，教其他幼儿学习。

一、"教你一招"的组织形式

每次活动由幼儿自愿申报当"小老师"，为其他幼儿提供教学服务。"小老师"的职责是在教学活动前，为"小学员"准备好各种教学材料、辅助工具和教学场地；在教学过程中，将自己的特殊才艺，有步骤地教给"小学员"；活动结束后要将所有物品归放原位，并向教师汇报"小学员"的学习情况。"小学员"则要在活动前，根据自己的意愿，选择愿意跟随学习的"小老师"；在活动过程中必须听从"小老师"的安排，参与学习；活动结束时，应协助"小老师"一起收拾场地。

为了使"教你一招"的活动规则便于幼儿理解，也为了让"小老师"在准备阶段更好地展示才艺，让"小学员"更直观地选择心仪的"小老师"，我专门设计了"教你一招"主题墙：它分为上下两部分，上半部分为下周"教你一招"的预告栏，供"小老师"志愿者展示"我特别的本领"；下半部分为选择区，将"小老师"的特殊才艺展示在该区域中，供"小学员"根据自己的意愿选择本周的学习项目。

该活动的基本操作步骤如下：

第一步：鼓励幼儿积极挖掘自身特长，并采用适于墙面展示的方式呈现在预告栏中（如绘画作品、折纸、剪纸等可直接上墙；立体手工、舞蹈、运动等可用照片的形式上墙展示），展示特长的孩子将成为"教你一招"的"小老师"。

第二步：为每个孩子准备一张选择卡，不担任"小老师"的孩子，可根据自己的兴趣，将选择卡插在选择区的某个"小老师"旁边，以表达自己的学习意愿，同时也便于"小老师"统计自己的"小学员"人数，从而有针对性地准备组织活动所需的学习材料和场地。

第三步：每周固定半小时为"教你一招"活动时间（时间的固定有利于幼儿养成良好的参与活动习惯，有利于"小老师"有意识地提前做好教学的心理准备与物质准备，也有利于家长的协助参与）。"小老师"在活动开始时，可在班内根据自己教学的需要，自主选择一个区域，组织"小学员"学习自己"特别"的本领。

在"教你一招"的组织过程中，有以下注意点值得参考：

1. "教你一招"墙面设计中，上半部分的"预告栏"中小版块可相对多设一些，下方的"选择区"则可以根据幼儿实际人数，安排5~6个版块，这样便于幼儿在选择心仪的"小老师"时，人数相对均衡。

2. 活动开展前，"小老师"需要在老师或家长的协助下，按照"选择区"所呈现的"小学员"人数，准备相应数量的学习用品（如所教内容是折纸，就需要准备与学员人数相等的纸张；所教内容是"变魔术"，"小老师"则需要准备好足够的变魔术器具），同时也要充分掌握即将教授的内容。活动开始时，"小老师"在班内选择适宜的教学场所，并做好各种准备，如教画画的，就要在桌上铺好桌布；做手工的，需要准备好剪刀、胶水等。

3. 活动过程中，教师的巡视与适时指导必不可少。如引导"小老师"边讲解边操作，以便"小学员"更好地、有步骤地学习；提醒"小学员"耐心倾听"小老师"的讲解；等等。

4. 活动结束环节中，教师可以组织"小老师"汇报今天的活动情况，同时请"小学员"评价"小老师"的教学情况。为了激发幼儿担任"小老师"的热情，在墙面的最下方展示每个幼儿的学号牌，当过一次"小老师"，就可获得一个奖励贴纸，贴在自己的学号牌上，得满五个奖励贴纸的幼儿可获得一个特别的小礼物或者一次特别的游戏机会作为奖励。这样做，既便于幼儿清楚地了解自己与同伴当"小老师"的次数，也便于老师和家长了解全班幼儿在该活动中的参与情况。

二、"教你一招"的实施状况

在开学初的家长会上，我向家长介绍了"教你一招"的活动形式及其教育价值，讲解了该活动的基本规则，并明确了需要家长配合的要点。这一设想得到了家长的一致认可与支持。

第一期"教你一招"活动如约而至，几个表现积极的幼儿，早已把自己的特色才艺带来，并催促我呈现在"主题墙"上。瞧！鸿琨带来了用酸奶瓶和乒乓球组合制作而成的瓶娃娃；子轩带来了用蛋壳加沙子制作而成的不倒翁；欣怡带来了富有特色的水彩画；天怡带来了弹钢琴的照片……不难看出，这些内容都透露出家长提议与帮助的痕迹。有些存在顾虑的家长前来咨询："我家孩子没有参加过这样那样的兴趣班，所以没什么才艺呀！"

看来，这项活动给部分家长带来了我预料之外的压力。一些家长为鼓励孩子参与活动，特别选择某个富有特色的手工作品引导孩子学习，有些家长则冥思苦想也找不到孩子的特长。我顿时意识到，家长们的理解背离了我组织这一活动的初衷。我本想通过这项活动，引导幼儿发现自己的长处、更好地确立自信，并通过该活动锻炼自我，感知自身在社会交往过程中的力量。在此基础上，激发幼儿积极学习新本领的欲望，养成主动学习的习惯。

于是，我与家长进行深入沟通，希望家长从赏识孩子的角度出发，寻找孩子身上的闪光点。试问，如果连父母都发现不了自己孩子的优点或长处，那么孩子的自信将从何而来？我举例说明，孩子会做的家务、会唱的歌曲、会讲的笑话、懂得的某个科普知识等都属于他的特长。如果孩子愿意学习新本领，也可适当教给孩子一些简单的才艺以拓展原有经验。

渐渐地，孩子们带来的"才艺"愈发个性化，内容也越来越丰富，剪纸、绘画、手工、舞蹈等内容自然不在话下，打乒乓球、玩溜溜球、打跆拳道、变魔术、科普小实验等，也悄然登上了"教你一招"的舞台。不知不觉中，许多孩子为了能够参与这项活动，并获得"小学员"的青睐，在家或外出时，常常会抓住各种机会要求学习新的才艺，这让家长们欣喜不已。

当"教你一招"隆重登场时，孩子们积压的热情会充分地释放出来。"小老师"早早准备好了活动所需要的材料，来到预先设置的区域中，开始自己的"教学"工作；"小学员"们则认认真真地跟随"小老师"进入区域，专注地学习起来……看着每个区域中孩子们的认真劲儿，一旁的我忍俊不禁！

在一学期的"教你一招"活动中，参与最积极的要数明明了，总共 18 期的活动，他竟然主动参与了 14 次！他是一个能主动挖掘自身潜力的孩子，哪怕没有成人帮助，他也会自学或自创各种才艺，来幼儿园展示，如自己创作的一幅画、自制的一只"恐龙"、用纸盒拼接的一列"火车"等，都成了他参与"教你一招"时展示的"才艺"内容。这样的"教你一招"活动才能带来我想要的效果。

但我也发现，孩子之间的差异非常大，有的幼儿主动参与的愿望非常强烈，但有的幼儿却一直没有自信担任"小老师"。在我的鼓励下，那些差点成为"漏网之鱼"的孩子，终于在父母的帮助下，将自己的才艺带到幼儿园，体验了一把当"小老师"的滋味。

三、"教你一招"的教育价值

"教你一招"充分发挥了幼儿个体差异的优势，为孩子们提供了相互学习的空间，并为他们的协同发展创造了资源。这一活动不仅促进了幼儿在自我表现、社会交往等方面的良好发展，还对他们的全面成长产生了深远影响。

1. 满足幼儿的发展需求，充分发挥以强带弱的作用

能力较强的幼儿在"教"与"被教"的过程中，得到了更多的表现机

会，可以尽情展示自己的才能，并体验到成功带来的愉悦。与此同时，较为胆怯的幼儿不会感受到过多压力，因为他们能够在一个适合自己的学习空间内，找到属于自己的快乐。在一次次的角色变换中，勇敢的幼儿能够激励那些不敢尝试"教"的孩子，逐步增强他们的自信心，促使他们在潜移默化中勇于尝试"小老师"的角色。

2. 提供相互学习的有利空间，增强幼儿参与活动的自信心

当个别幼儿掌握了一项技能时，说明这种技能已经具备了被同龄孩子接受和学习的可能性。多位"小老师"提供的教学内容，为"小学员"们提供了充分的选择空间，孩子们可以根据自己的兴趣选择学习的内容。在兴趣驱动下，自主选择学习任务的孩子往往会更加专注和投入。此时，最终的学习结果已经不再重要，关键在于孩子们在这一过程中展现出的积极性与主动性。

3. 激发幼儿的表现欲望，增强其在集体面前表现的勇气

充分准备的过程往往能激发个体强烈的表现欲望。在"教你一招"活动中，"小老师"们经过一周甚至更长时间的准备，其表现欲望会逐渐得到激发。当这一时刻真正到来时，孩子们能够在集体面前尽最大努力展示自己的才能和创意。这不仅让他们感受到自信心的提升，也激励他们在集体中敢于表达和展示自己。

4. 提升幼儿组织或参与活动的预期能力，在"我想教"与"我想学"中自主选择

在"教你一招"活动中，"小老师"需要提前准备好所需的操作材料、活动空间，以及教学过程中的讲解与示范。与此同时，"小学员"则通过自主选择，决定自己将要参与的学习活动。这种角色的转换，不仅促使幼儿在活动中更好地预见和计划，还培养了他们的组织能力和计划意识。在这样的活动过程中，孩子们通过展示才艺、参与选择，逐步培养起对未来活动的预期与准备能力，为他们今后面对更复杂的任务时的计划与组织能力奠定了基础。

5. 增强同伴之间的合作意识，使幼儿体验"教"的掌控与"学"的配合

在向同伴学习时，幼儿的参与积极性非常高，因为活动内容是其自主

选择的。而对于"教授者"而言，这也是一个充满新鲜感和挑战的过程。在"教你一招"中，"小老师"不仅需要让"小学员"听从自己的安排，还要向他们传授技能，整个过程充满了挑战。

如何讲解才能吸引"学员"？怎样的示范才能帮助他们理解？这些看似高要求的任务，实际上为孩子们提供了巨大的成长机会。尽管这些要求看似过高，但事实证明，孩子们在相互协调与配合的过程中，完全有能力将活动组织得井井有条。即使在过程中出现混乱，孩子们也能从中获得学习的机会，进一步增强合作意识，并通过不断的尝试提高组织能力和解决问题的能力。

6. 便于教师更好地发现幼儿的个性特征

在幼儿自我展示和选择性学习的过程中，教师能够更清晰地观察到每个幼儿的个性特征。这为今后开展活动时更好地把握幼儿的需求提供了帮助。"小老师"提供的学习资源丰富多样，涵盖各个领域，为"小学员"提供了多样的学习选项，而幼儿的自主选择能够帮助我们清晰地发现其兴趣所在。

孩子们在经历中实践，在实践中总结经验，并不断调整自己的行为。例如，当"小老师"所提供的才艺没有被"学员"选择时，他们会重新展示新的项目，吸引同伴的注意力，期待被选择。有些"小老师"还会利用自由活动时间向同伴介绍自己的才艺。随着活动的进行，甚至出现了"小老师"们"争抢""小学员"的现象。

我认为，幼儿是按照自己的成长路线逐步发展的，"教你一招"只是他们个性表现的一个载体，他们在活动中的表现并没有好坏之分。通过孩子们的表现，教师可以及时解读他们的行为，并在必要时做出有效的引导。这一过程不仅帮助教师更好地理解幼儿，也让孩子们在互动中进一步发展自我。

结　语

"三人行，必有我师焉"。幼儿善于发现自身的优点与长处，有利于建立个人自信；乐于向身边的人学习，是一种优良品质。我相信"教你一招"活动必定为以上两点奠定了良好的基础。愿可爱的孩子们在相互学习的过程中，获得更多快乐与提高，并且能够越来越有底气地向大家说："我真的很棒！"

第四节　渐变中的体育游戏——以小班体育游戏为例

我们选择游戏内容时，应考虑幼儿的认知水平和身体机能的发展状况，注意游戏的选择应由易到难、由简到繁。

——《学前儿童体育与健康教育》

体育游戏是年幼儿童普遍喜爱的活动，也是教师在组织幼儿日常活动时，引导幼儿参与运动的基本方式。一些规则简单、易于幼儿理解和掌握的体育游戏，成为教师组织小班幼儿游戏的首选。如"老狼老狼几点了""切西瓜""老鹰抓小鸡""摸摸××就回来"等游戏，只需有场地即可开展，教师组织起来简便易行，幼儿也能很快投入其中。但是如果游戏规则、游戏方式、难易程度一成不变的话，这些游戏便可能仅停留在娱乐层面，失去对幼儿发展的促进作用。

循序渐进是组织幼儿身体锻炼的基本原则。在幼儿已熟悉的游戏中，采用"渐变"策略，逐步引入新的教学要求，既能让幼儿快速投入游戏，又能有效达成教学目标。在实践中，我主要通过调整游戏的规则、情节、材料及参与方式，逐步增加游戏难度，来保持幼儿对游戏的兴趣和参与热情，确保游戏的教育性与趣味性，提升幼儿的运动能力。

一、游戏规则的渐变

俗话说，"没有规矩，不成方圆"。规则是游戏有序进行的基本保证，也是所有参与者必须共同遵守的基本要求。每个游戏的设计与组织都伴随着相应的规则，而规则的改变不仅意味着游戏要求、难度和方式的变化，还能衍生出新的玩法，从而提升原有游戏的吸引力与教育意义。

以"老狼老狼几点了"为例，其规则简单明了，幼儿可以快速掌握，并在游戏中产生积极的师幼互动和幼幼互动。当我们在幼儿基本掌握游戏规则的基础上改变部分规则时，这个看似简单的游戏就可以变得复杂而有趣。例如，当我们规定幼儿扮演某种小动物，并要求他们模仿该动物的行进方式时，游戏难度就提升了；当我们将"小动物"的家设置在特定范围或限定其大小时，对幼儿的空间感和感知精确度的要求就增加了；当有两只"老狼"同时参与游戏时，紧张的氛围顿时增强，游戏的挑战性和趣味性也随之提高。

每一条规则的改变都应围绕明确的教学目标进行。只要教师眼中有幼儿，心中有目标，便可以通过"渐变"策略让某一游戏不断适应幼儿的发展需求，既保持游戏的趣味性，又使其服务于教学目标。

二、游戏情节的渐变

小班幼儿处于直觉行动思维阶段，在组织游戏活动时，让幼儿模拟自然现象或动物，便于幼儿更好地理解和表达，有助于激发他们参与活动的积极性，同时增加游戏的趣味性。渐变式情节设计对小班幼儿游戏起到了积极的促进作用。

例如，"切西瓜"是经久不衰的传统游戏。我们在组织小班幼儿玩此游戏时，全体幼儿围成一个大圆圈，扮作一个大西瓜，一名幼儿来"切西瓜"，边绕圈走边"切"。儿歌念到最后一个字时，被"切开"的两名幼儿分别向左右绕圈跑，先从切口处跑回圈内者为胜。但"切口"处的两名幼儿常常会不经意间双手相拉，闭合圆圈，导致奔跑者失去明确的目标；也有些幼儿无法坚持始终拉手，造成多个缺口，使奔跑者难以辨别原有的入口。为了解决这类问题，我请"切西瓜者"在切开"西瓜"后，站在"切口"处，并将双手举起或做一个显眼的姿势，向大家明确入口的所在位置。这个调整不仅增加了角色扮演的趣味性，还进一步完善了游戏规则。

在此基础上，我又进行了情节上的变化。例如，我让围成"大西瓜"的部分幼儿站在大垫子上，表示西瓜的一部分在"草地"里。这一变化使得奔跑者需要在不同质地的地面上奔跑，增加了跑动过程中的难度和趣味性。

再如"小鸡捉虫"游戏，教师要求幼儿听指令快速跑，到达目的地后要完成相应的捡拾任务。而当我们将幼儿所需扮演的角色变为"小青蛙"时，训练内容便随之改变，幼儿需要双脚并拢，蹦跳着完成任务。这种情节上的渐变，既保持了游戏的趣味性，又让幼儿在不同的情境中，锻炼了不同的运动技能。

可见，对游戏情节进行循序渐进的改变，既能让幼儿在熟悉的游戏中不断迎接新的任务和挑战，增强游戏的趣味性，又有助于推动幼儿在原有基础上持续进步。

三、游戏材料的渐变

游戏材料是教师组织幼儿游戏的重要辅助工具，能够增添游戏的趣味性与氛围感，激发幼儿参与活动的兴趣。教师应基于幼儿发展水平和培养目标，根据游戏特性和需要，有针对性地选择游戏材料。在组织幼儿开展游戏活动时，应注意游戏材料使用的渐变性。

以"老狼老狼几点了"为例，如果结合彩虹伞进行游戏，便能带来新的体验。比如，让全体幼儿拉着彩虹伞，边绕圈行进，边与教师进行互动式问答。当教师说"天黑了"时，要求幼儿迅速躲进彩虹伞下，并压紧边沿，表示小动物们已经安全到家。这样的设计不仅训练了幼儿与教师的专注互动的能力，还培养了幼儿与同伴之间有效合作的能力和团队意识。

再如，结合对幼儿颜色认知能力的培养，我们将彩虹伞平铺在地上，增加与彩虹伞面相匹配的色块标志，每个色块代表一种小动物的家。组织幼儿进行"老狼老狼几点了"的游戏时，教师说"天黑了"的同时举起手中所执的某个色块，要求幼儿按色块标识，迅速在彩虹伞上选择对立颜色站立，如果站错色块，就会被老狼"吃掉"。

游戏材料的渐变增添了游戏的紧张感和趣味性，幼儿参与活动的专注力、同伴之间的协作能力和相互照顾的意识得到了提升。这种通过游戏材料的渐变所带来的层次感，有效促进了幼儿的全情参与和社会性发展。

四、参与方式的渐变

根据参与方式的不同，幼儿游戏活动可分为同伴间的平行游戏、结伴游戏和合作游戏。初入园的小班幼儿以平行游戏和在教师带领下的集体游戏为主。而到了小班下学期，幼儿之间开始逐渐出现结伴游戏与合作游戏。教师在组织幼儿游戏活动时，可基于某个游戏或某种材料，灵活地引导幼儿采用多种方式参与游戏。

例如，小班幼儿在玩呼啦圈时，常常会受到同伴的影响，进行相互模仿，教师只需稍加引导，幼儿参与游戏的方式便会立即发生变化。当教师发出"把圈铺成小路"的指令时，幼儿便能自发跟随教师一起完成铺路，并沿着小路前进；当教师将红、黄、蓝色的呼啦圈当作信号灯时，原本自由散开的孩子们会自然而然地聚集到教师身边，开始"开汽车"的游戏；当教师引导幼儿搭建一个"山洞"时，原本各自为政的"小汽车"便迅速连成一列"大火车"，穿越"山洞"而过。通过这些小小的引导，幼儿的参与方式发生了显著变化，从个体游戏转向了更具合作性的集体游戏。

这种参与方式的渐变并非突然发生，而是基于教师对幼儿现有发展水平的准确把握，通过细微的引导逐步实现。不知不觉中，教师与幼儿之间会形成一种默契，无须过多的语言解释，教师只需通过简单的指令或动作暗示，就能引导幼儿改变参与游戏的方式。

上述"渐变"策略，都是基于教师对当前幼儿身心发展状况和能力发展水平的充分了解，以幼儿的最近发展区为目标，运用多维度的"渐变式玩法"，组织小班幼儿参与体育活动。这种"渐变"，不仅激发了幼儿参与活动的积极性，还显著提高了整体的参与率和参与热情，有效促进了幼儿运动能力的发展，增强了他们的规则意识和团队合作精神。

第五节　班级图书漂流记

每一本书都是一段旅程，在班级的图书漂流中，孩子们与故事相遇、与知识相伴。书籍在他们手中传递，带来不同的世界与想象，阅读的种子悄然生根，伴随他们一起成长。

图书漂流活动是我园的常规活动，漂流的图书主要由幼儿园提供，每位幼儿也可推荐1~2本图书，并带来作为补充。幼儿在每周规定的时间内相互借阅，借阅的图书可在身边保存一周，鼓励亲子阅读或幼儿自主阅读。如在借阅期间图书有损坏，应做相应赔偿处理。我们以图书漂流活动为载体，着力达成三个预期目标：一是指向阅读习惯的培养——激发幼儿的阅读兴趣，培养幼儿在规定时间内完成阅读的意识，体验阅读带来的快乐；二是指向社会规则的培养——培养幼儿有序保管物品的能力、按规则自主挑选与租借的能力，以及如有损坏主动承担赔偿的规则意识；三是提升家庭教育能力——引导家长关注图书漂流活动，积极参与亲子阅读，鼓励幼儿、家长来园分享交流。

教师在实践中不断探索，总结了三条有效实施图书漂流活动的路径：一是定期组织阅读分享会，二是运用适宜的图书漂流记录方式，三是让幼儿参与图书漂流管理。

一、定期组织阅读分享

图书漂流活动为幼儿阅读、亲子共读提供了一个良好的平台，让幼儿在相互借阅图书的过程中，分享图书、共同交流，激发阅读的热情。定期组织阅读分享会，能够促进幼儿和家长积极参与阅读活动。阅读分享会分为"亲子档"和"宝贝档"，每周五下午进行。幼儿可以提前自主申报，每期 5 名幼儿参加，先报先得，约满为止。阅读分享会不仅能够激起幼儿和家长认真参与阅读的热情，还促使他们精读绘本，并思考如何才能更好地解读故事、讲述故事、表演故事，提升阅读效果。

为了确保活动的顺利进行，教师制定了以下实施细则：

1. 活动策划与准备

（1）定期发放《图书漂流阅读指南》和相关书单，标清已有图书和有待增补的图书，倡议家长针对书单中的空缺查阅家中藏书，以补充幼儿园现有图书资源库，确保漂流的图书保持动态更新。

（2）每周二，通过班级微信群和公告栏发布"图书漂流分享会"招募通知，明确活动时间、地点、主题，鼓励大家踊跃报名。家长和孩子需要提前准备分享的书籍，报名时说明分享内容、分享形式、参与人员，也可以准备一些简单的道具运用于现场分享。

（3）建立"阅读之星"和"我最爱看的图书"评选制度。"阅读之星"每月评选一次，每月读满 5 本书的幼儿，以及参与阅读分享的家庭均能参与评选。"我最爱看的图书"每学期评选一次。每次评选后，及时将评选结果在园内公告栏公示。前者激励更多幼儿和家庭参与，后者鼓励大家认真阅读、甄选出喜爱的图书。

2. 分享环节设计

（1）图书分享时间：每个故事有 5 分钟左右的分享时间，可以介绍绘本内容、角色、个人感受，也可以进行故事讲述或表演。

（2）互动问答环节：在每本图书分享后，讲述者与听众可以相互提问，促进讨论。例如，分享完一本冒险书后，孩子们可以讨论："如果你是书中的×××（主人公），你会怎么做？"这种互动，不仅能增强孩子的表达能力，还能激发他们积极思考。

3. 反馈与改进

（1）活动反馈收集：活动结束后，向参与分享的家庭发放反馈问卷，问卷中包括对活动内容、形式、时间安排等方面的意见和建议。问卷包括选择题和开放式问题，例如："你觉得分享会对孩子的阅读兴趣有帮助吗？请分享你的看法。"

（2）汇总与梳理：每次活动后，及时对本次活动的反馈进行汇总与整理，了解家长与幼儿参与活动后的心得体会和意见建议。在微信群或公告栏中向大家展示参与活动的家庭或幼儿的精彩瞬间。

（3）持续改进：根据反馈结果，调整下次分享会的内容和形式。比如增加亲子共读的环节，或邀请专家来分享阅读技巧，以提高家长和孩子的参与度。

在阅读分享会推动下，家长和孩子的阅读参与度提高了，阅读兴趣增强了，家庭亲子阅读氛围也愈加浓厚。

二、运用适宜的记录方式

在图书漂流活动中，有效地管理图书，既便于幼儿有序借阅，也能培养幼儿有序管理和按序取放的意识。那么，应采用怎样的借还方式？哪种借还记录方式既便于幼儿记录，也利于大家对借还情况一目了然呢？

基于让幼儿在图书交换的过程中更好地获得分享的快乐，让幼儿在每次借还过程中获得自我管理经验的考虑，我首先设计了一份"图书漂流记录表"，幼儿每人一张，张贴在每位幼儿的学具柜上，要求幼儿在每次借完图书后，在表中记录清楚借了谁的书。但是，从连续三次的图书借阅与登记情况来看，这一记录形式存在弊端，一方面，孩子们不善于在表格中按老师要求做记录；另一方面，这种散开的记录方式不便于教师直观而快速地了解幼儿借还图书的状况。

于是，我将记录表格进行了重新设计：将全班幼儿的借阅登记情况集中在一张大表格中，并给每本图书都设计了对应的插牌盒。每次借阅时，幼儿只需告诉教师自己借了谁的图书，教师负责在表格中进行记录。同时，每位幼儿必须将自己的借书卡插到所选图书对应的插牌盒里，这样便于图书主人及时了解自己图书的去向，也便于借阅的幼儿记住图书主人。借阅登记总表既能够及时统计幼儿的借阅情况，又能完整地记录与分析幼儿一学期的借阅情况，使幼儿、教师、家长对本学期的阅读情况有充分的了解，有利于激发幼儿阅读的成就感。

图书漂流的记录方式，承载着图书借阅的具体情况，包括幼儿对图书类型的喜爱倾向、幼儿对活动规则的掌握情况、幼儿之间的阅读分享情况等。从图书漂流体验中，孩子们逐渐知道了及时借阅和归还以及爱惜图书的重要性，从中感受到了自己的义务和责任。义务是为漂流活动推荐并提供1~2本好看的图书；责任是保管好同伴的图书，及时检查同伴对自己图书的借阅状况，每次借阅都必须做好登记，每周必须及时归还。教师发现，在"我最喜爱的图书"评选活动驱动下，有的孩子希望自己的图书能被一直借出去，所以一有空就向小伙伴介绍、推荐自己的图书。

从两次图书借还记录方式的实施情况来看，我们需注意以下三点：

1. 记录方式必须符合幼儿的年龄特点，能被幼儿理解和接受。

2. 幼儿对记录方式的有效参与，能使活动更好地开展，其中互动式参与（如插牌规则）能激发幼儿互相监督的意识，促进幼儿自我管理意识的逐渐形成。

3. 教师的管理是幼儿活动顺利进行的有力保障。在每次借还过程中，记录方式能及时呈现借还情况，让教师快速了解幼儿的参与情况，便于及时介入指导。

便于幼儿理解与操作的记录方式不仅帮助孩子们掌握图书借还情况，

还增强了他们的责任感和自我管理能力，让他们在顺利完成借还任务的同时，体验到满满的成就感和参与的乐趣。

三、共同参与漂流管理

在图书漂流活动中，让幼儿共同参与管理，不仅能激发其阅读兴趣，还有助于培养其责任感。通过选择漂流书籍、布置借还场地、策划活动流程，幼儿在实践中积累了管理和组织活动的经验。

由于每次借出的图书都要在外面"漂流"一周，师幼共同讨论，明确了借阅规则：要爱护图书，不可丢失、破损；若借阅期间，图书有损坏或丢失，则借书者必须进行赔偿。

但是，孩子们还回来的图书还是会出现一些损坏情况，有的图书书页被撕破了，有的图书被弄脏了。有一次，小瑜借了一本《猜猜我有多爱你》，她拿到手仔细检查，发现图书中有一页破损了，于是立即向老师报告："陆老师，这本书有点坏了，你看!"

听罢，其他孩子也都凑过来看，叽叽喳喳地说："是的，确实坏了!"

乐乐接过书，脸上流露出满满的不舍，说："这是我的书，上次才买的!"

我一看，在图书一角，有牙齿多次咬过的痕迹，而且是把多页重叠在一起咬的。我问道："这是谁干的呢？"

孩子们东张西望，讨论着谁是"罪魁祸首"，可就是没有一个人站出来承认。此时，有孩子提出来："看看借书记录表!""案子"很快就破了，因为只有凯凯一个人借过这本书。只见凯凯坐在椅子上，埋着头，看来他早就意识到是自己的行为导致了图书的损坏。按规则，凯凯暂停借书一次，并赔偿一本新的图书给乐乐。当孩子亲身体验到自己的不良行为所带来的后果时，受到的教育远比说教有效。随后，借书规则中又多了一条：增设一名图书管理员，每次还书时，图书管理员要仔细检查图书是否完好。

图书管理员就这样应运而生了，管理职责在大家的共同讨论中明确。大家一致认为，只有责任心强、做事细心的孩子才能担任图书管理员。图书管理员每月一更换，需要通过竞选才能上任。每周三图书归还或调整时，管理员需要将图书按内容、大小、厚薄分类摆放，并检查图书是否完好无损，如果完好无损，就在所借的书号下面和幼儿借书牌上分别贴一张五角星。有损坏图书行为的幼儿，则停借一次，以示提醒，并且在自己的借书牌上贴一个警示标记，表示停借一次。在借阅图书时，小朋友之间如果出现争抢情况，图书管理员应做好协调工作。

此外，教师请每位幼儿准备一本阅读记录本，家长可以与孩子共同填写，每周记录所读的书籍及感想，鼓励家庭之间分享，并在每学期末评选出"最佳阅读记录"。同时，每学期邀请专家或资深教师为家长做阅读类专题讲座，提高亲子伴读能力。

图书漂流活动的开展，使家长陪伴孩子共读的现象越来越普及，形成了幼儿每天带图书、班级群里聊阅读的良好风气。家园之间、家庭之间因图书漂流而产生的互相沟通，促进了幼儿、教师、家长与绘本之间的多角度互动，让图书真正成为幼儿学习与生活的重要内容。

第二章　我选，我成长

　　"我选，我成长！"既是孩子们自主选择的真实写照，又是他们在教师引导下逐步实现自我成长的过程。给孩子选择的机会，就是给他们成长的机会。我主张尊重幼儿的个性，通过科学放手，给予他们自由选择和自主活动的空间，让他们在探索中思考，在尝试中表达。

　　为了帮助孩子们更好地理解规则的意义，教师与他们共同制定活动规则，让他们意识到自由并非没有边界，从而学会在规则与自由之间找到平衡。这不仅让孩子们感受到规则的重要性，也让他们体会到选择的力量。

　　同时，教师通过设计丰富的互动环境，激发孩子们的探究欲望。在与环境的对话中，孩子们不断学习与成长。从社会热点的融入到节气文化的渗透，每一个课程设计都旨在激发他们对世界的好奇心和探索精神，让他们在现实生活中找到学习的意义。

第一节　科学放手促幼儿自主学习

放手，是信任的表达；自主，是成长的力量。在探索中，幼儿用行动和智慧，开启属于自己的学习旅程。

教育应尊重幼儿的天性和认知发展规律，关注学习过程，而非单纯追求学习结果。成人需提供适宜的支持与引导，将幼儿的自主成长作为教育的核心，在"以幼儿发展为本"的理念引领下，深入思考"科学放手"的教育方式，确保幼儿拥有快乐而有意义的童年。

那么，什么是科学放手？如何实现科学放手？又该如何评估其效果呢？我将通过一个个生动的教学案例，逐步阐释落实"科学放手"的教育策略对幼儿自主学习的积极作用和深远意义。

一、科学放手的理念解析

21 世纪初期，幼儿教育工作依据《幼儿园工作规程》（以下简称《规程》）和《幼儿园教育指导纲要（试行）》（以下简称《纲要》）两部法规性文件开展，教师们围绕《规程》和《纲要》，根据幼儿园和班级的实际情况，结合五大领域的参考教材，制订了以预设性课程为主、生成性课程为辅的教学计划。"一课三研""同课异构""三 W 共研"等教研形式被广泛运用，教师在不断打磨课程、研讨教学方法的过程中，摸索能够吸引幼儿注意力的教学策略。

随着课程游戏化的推进，幼儿园将角色性自主游戏和学习性区域游戏融于幼儿园一日活动中。幼儿拥有了选择活动内容、游戏伙伴、操作材料等自主权。但有些规则还是限制了孩子的自由度，束缚了幼儿根据兴趣持续探索某个项目的可能性，如"不能老是选择同一个区域""一周内必须完成每个区域中的学习任务"等。这种模式就像仅提供了几道菜的"自助餐"，看似自助，但可选内容不多，且要求每道菜都必须尝试，难以实现真正的自主。教师与幼儿的互动也多限于教师发起指令，幼儿按指令行动，未能完全实现平等的互动关系。

（一）指导性文件的导向作用

十余年来，《3～6岁儿童学习与发展指南》（以下简称《指南》）和《幼儿园保育教育质量评估指南》（以下简称《评估指南》）等文件的陆续颁布，明确了教师在幼儿教育中的角色转变方向，推动了"去高控"的教育理念，指明了"关注幼儿整体性发展"的方向。教师需要反思并实践如何在教育教学过程中"科学放手"。这一放手包括时间、空间和心理层面等多个维度。

在时间上，教师应对幼儿园一日活动中的各环节进行更加灵活的调整，即以大时段划分为主，具体时段由各班教师根据实际需求灵活调控；在空间上，应尽可能根据幼儿的需求进行设置，提供丰富多样的平面和立体空间，让幼儿拥有充分的自主权和表达权；在心理上，教师应逐渐淡化"教"的意识，转变为支持者、合作者和引导者，关注幼儿的兴趣和需求，鼓励他们参与探究，形成有效的互动环境，让幼儿真正成为具有自驱力的主动学习者。

（二）教师认知的意识趋同

何为"高控"？高控即教师扮演管理者、施教者的角色，幼儿必须服从管理，幼儿的活动完全在教师的高度掌控下进行。而被称为"儿童乐园"的幼儿园，应当是人人平等、自由自主、心情愉悦的地方。在教育指导性文件的引领下，教师们在实践中总结，在经验中凝练，逐渐达成共识：幼儿教育的核心应当回归儿童本身，关注个体需求，尊重个性发展。

这一理念的趋同，为打造真正适合幼儿发展的"儿童乐园"在教师认知层面奠定了基础。放手教育是尽可能避免高控的教育，让幼儿自在于心、自主于行、乐在于情。在这个过程中，教师不仅要关注幼儿的日常行为和表现，还要敏锐捕捉他们在探索过程中的兴趣点和需求，提供恰当的支持，避免过多干预，确保他们在自由自主的环境中获得身心全面发展。

二、科学放手的教育策略

"放手"意味着教师尊重幼儿的需求，赋予他们自主权，鼓励他们按照自己的意愿参与活动；"科学放手"则是教师以教育理论为依据，尊重幼儿的天性，关注他们的兴趣和需求，掌握他们的最近发展区，通过科学有效的方式，鼓励幼儿主动参与游戏和学习。同时，教师需要警惕自身的言行举止，避免过多干预幼儿的活动，给孩子们提供足够的空间去实践与探索。

（一）少管控，多自主

陶行知先生的"活教育"①思想指出："我们教育儿童，就要根据儿童的需要的力量为转移。"教师少一点儿管控，多给幼儿一点儿自主空间，相信幼儿、顺势利导，有利于幼儿自驱性学习习惯的养成。

在组织幼儿一日活动时，首先要充分考虑幼儿的实际能力和兴趣需求，提供适宜的活动环境、支持性材料，并制定适当的规则，鼓励幼儿自主参与。在活动过程中，教师应以观察者的身份，关注幼儿的活动情况。如果发现创设的环境、提供的材料或制定的规则无法引起幼儿兴趣或令幼儿难以理解，就应尽快调整，以幼儿"主动选择、乐于遵守并有利于大家共同参与"为原则。活动结束时，教师应鼓励幼儿分享交流喜好与收获、困惑及建议。实践告诉我们，幼儿是有能力的学习者。教师应相信幼儿的选择能力、表达能力和理解能力，一次次放手实践和集中分享的思维碰撞，能够有效促进幼儿自主能力和掌控意识的发展。

在科学放手教育的过程中，教师的行为是低调且隐性的，教育目标是不露痕迹的，幼儿则被推向了能够自主选择和决策的高度。

（二）轻结果，重过程

在任何活动中，结果是终止式的，过程是行进式的。在幼儿园活动中，教师不应单纯追求终止式的结果，而应关注行进式的过程。放手教育，首先是教师思想上的放手，需要从"我教你"的思维模式中跳出来，将注意力放在观察幼儿兴趣、发现幼儿需求上，引导幼儿积极参与活动，使个体在原有基础上获得成长。

例如，当一则关于"立蛋"游戏的视频引起孩子们的兴趣时，教师大胆放手，鼓励他们通过多种方式尝试体验。孩子们从视频中获得了两个信息：一是鸡蛋真的可以立起来，二是成功是在多次失败后获得的。在实践中，孩子们让鸡蛋站起来的方法五花八门，有的将蛋壳磕破一点儿后让鸡

---

① 周洪宇. 陶行知教育名篇精选（教师读本）[M]. 福州：福建教育出版社，2013.

蛋站起来；有的垫了纱布让鸡蛋站起来；有的将鸡蛋放在米粒中站起来……孩子们从不同的尝试中感知了重心、支点和平衡等物理现象，体会到偶然与必然之间的关系，并在分享中收获了更多经验。

陶行知曾指出，一个坏教师只会直接告诉学生真理，而一个好教师则懂得引导学生自己去发现真理。结果是封闭的，过程是开放的，真理只有一个，而发现真理的过程却是丰富多彩的。对于学前儿童来说，结果并不重要，通往结果的探索过程才是他们学习品质的体现，并对未来的学习产生深远的影响。

（三）慢等待，快呈现

教育是一个润物无声的过程，也是一个耐心等待的过程。我们需要去除功利心态，耐心等待幼儿的自我成长。在"慢等待"的过程中，教师需要根据幼儿的实际情况，采取"快呈现"的策略，将他们的学习经历可视化、认知收获具象化，帮助幼儿通过视觉感知发现自身成长。

我努力"让幼儿的变化看得见"，即让幼儿的变化被教师看见、被家长看见，也能够被同伴看见、被幼儿自己看见。例如，我们几乎每周都会组织幼儿开展"进步小明星"等评比活动，请幼儿夸夸自己、夸夸同伴，并收集一些孩子表现进步的视频或典型事件，及时给幼儿颁发小红花、小贴纸等，以示"进步宝宝"奖励。在"科学放手"和"快呈现"的理念指导下，我将"夸夸我自己"这项活动渗透到一日活动中，并在教室一角专辟了一个墙面。这样，既便于幼儿不受时间限制地关注自己，发现自己的优点和长处并及时加以表达，又可以根据幼儿兴趣，灵活地长期推进下去。在这里，张贴着每个孩子的学号，学号下面有一根藤蔓，藤蔓上可以"长出"这个孩子的优点。这给了孩子们聚焦的话题，孩子们在相互分享交流的过程中，彼此之间获得了更多认可。把自己的优点"大声说出来"更是在幼儿找到优点之后的强化式肯定，也是让所有人更加了解自己的有效途径。由此，幼儿学会了关注自己、审视自己，能够有意识地去发现自身的优点、他人的长处。"夸夸我自己"墙面的共建共享，更好地促进了幼儿的社会性发展。

"慢等待"是教师和家长的一种心态，"快呈现"则是助推幼儿成长的有效策略。我们在耐心等待幼儿成长的同时，应采取积极措施给予有效回应，使他们的成长有迹可循。

三、科学放手的评价诊断

《指南》针对各领域、各年龄段所阐述的子目标，成为教师设计教学活动的主要依据，也是评估幼儿阶段性发展状况的重要标准。教师逐步领会《指南》中"关注幼儿学习与发展的整体性，要注重领域之间、目标之间的相互渗透和整合"的要求。这意味着，在解读幼儿的行为和发展节点时，应从多个角度进行分析，而不应片面地评判幼儿的优劣。我们要以发展的眼光、赏识的态度，去看待幼儿发展中出现的每一个现象、呈现的每一种状态。

随着实践逐渐深入，教师对幼儿的评价从对照《指南》分解目标，转向"科学放手"式的多维度评价。评价方式从单一的标准性评价，转变为多元化的综合性评价；从偶然的捕捉式评价，转变为基于阶段性观察的系统化评价；从定性的评价，转向更加灵活、开放的评价方式。在这个过程中，我更加关注幼儿参与活动的状态、行为能力的变化，而不是单一的结果或指标；同时，抓住教育契机，引导幼儿逐步参与自我评价。

以"夸夸我自己"为例，我鼓励幼儿在自我评价过程中提升自我认知能力，增强自信心，从而培养他们积极肯定自己、欣赏自己的情感。同时，我引导他们逐渐学会关注、肯定和欣赏他人，营造积极向上、相互认可、乐于分享的温暖集体氛围。

结　语

科学放手的教育，是守护每一个孩子身心健康成长的基本方法，也是激发幼儿内在潜力、推动教育回归自由、自然的关键途径。通过减少管控、增加幼儿自主空间，引导孩子们在活动中自主选择、主动探究，在实践中不断提升自我认知与掌控意识。少管控、多自主的策略，旨在让幼儿的学习过程充满兴趣与自驱力；而轻结果、重过程的理念，强调幼儿通过体验与探索，获得多样化、多维度的成长经验。

科学放手的评价方式是一种积极性评价，要求教师避免简单直白的单一评价，多关注幼儿参与过程中的状态和变化，结合阶段性观察，鼓励孩子们学会自我评价与互相赏识。这不仅提升了孩子们的自信心，也在集体中营造了积极向上的人际氛围。科学放手的教育，给予幼儿充分的自主权，使他们真正成为学习的主人，促进他们在成长中不断积攒成长的力量。

第二节　插牌规则助力幼儿自主选择

在幼儿的世界里，每一次选择都是自主成长的脚步。插牌如同钥匙，开启自由探索的大门，让孩子们在规则中找到自我，在选择中绽放智慧。

自主游戏是教师依据幼儿的认知特点与活动能力，提供丰富的材料，创设相应区域，引导幼儿自主投入的一种游戏形式，也是深受幼儿喜爱的活动形式。孩子在老师所提供的游戏环境中，立足于自身的生活经验与喜好，通过对游戏内容、游戏伙伴及游戏方式的自主选择，实现内心情感的表达，获得个性需求的满足。

在三年的循环带班过程中，我根据不同年龄段幼儿的认知发展特点，设计了从简单到复杂的"插牌规则"。这一循序渐进的规则不仅将教学目标逐步渗透到游戏中，还让幼儿在自由选择的过程中获得了更大的自主权和参与感。实践证明，随着插牌规则的引入和深化，幼儿的自主选择能力、社交互动能力、问题解决能力等综合素质均得到了有效提升，逐步实现了教学与游戏的有机融合，对幼儿全面发展起到了积极的促进作用。

一、插牌规则的意义

插牌规则的设立，有助于幼儿提前规划自己即将参与的游戏项目、选择志同道合的游戏伙伴，也方便教师根据幼儿的活动情况，及时调整游戏区域的设置和每个区域的参与人数。这种规则不仅有助于游戏活动的顺利进行，还为孩子们的自主选择提供了结构化的支持。

在游戏开始前，幼儿可以根据自己的兴趣，选择感兴趣的游戏区域。在这一过程中，他们能够灵活选择和调整游戏伙伴，从而增强游戏的自主性。对于那些交往能力相对较弱的孩子，插牌规则鼓励他们主动参与游戏，逐步从被动参与向更加积极的社会化互动发展。

规则是特定环境或场合下，为维持秩序、促进交流和保护参与者权益而设定的行为准则。在插牌选择游戏区域时，幼儿需要学习并遵守"如何选择""何时选择""谁能优先选择"等一系列规则。在游戏过程中，教师还需考虑通过调整插牌形式，将不同的游戏规则渗透其中，使幼儿能够理解并接受。例如，引导游戏角色的分工，调配游戏物品的使用，以及实现各游戏区域之间的联系，都能在区域插牌中加以渗透。

插牌不仅体现了幼儿对游戏选择的主动性，还反映了他们内心的需求；而规则是集体活动有序开展的重要保障，是个体向社会化转变的锻炼路径。有效运用插牌规则，能让幼儿在选择与实践的过程中感受到自主的快乐，增强社会适应性。

二、插牌规则的作用

教师要真正了解幼儿，关键前提是观察。插牌规则为教师提供了一个有效的观察工具，能够帮助教师更好地了解幼儿对不同游戏区域的兴趣程度及其趣味倾向，从而更好地调整游戏区域的设置。插牌规则还有利于教师观察幼儿之间的结伴游戏情况，深入了解孩子之间的交往动态。插牌数量多的区域深受幼儿喜爱，说明环境创设、材料提供符合孩子们的认知需求与游戏能力；被冷落的区域则提醒教师孩子们对这里不感兴趣，需要教师补充新的游戏内容、调整游戏材料，或对该区域进行整体调整或撤换。在游戏结束时，教师还可根据插牌情况，针对性地检查幼儿的物品收归情况，并及时给予指导或商讨并确定新规则。

例如，教师设置了几个不同主题的游戏区，如"建筑区""艺术区""角色扮演区"。通过插牌规则，教师可以观察到"建筑区"旁边的插牌数量明显多于其他区域，这表明孩子们对该区域兴趣浓厚。在这种情况下，教师可以进一步丰富"建筑区"的游戏材料，例如，增加不同形状的积木、建筑模型等辅助材料或相关书籍，以激发孩子们的创造力和想象力，增强幼儿的自主学习能力。同时，教师还可以观察到在"建筑区"常结伴游戏的几个幼儿，他们可能正在共同构建"大型建筑"，这为教师提供了促进他们合作与交流的机会。

另外，教师观察到"艺术区"的插牌数量较少，需要思考原因，可能是该区域的材料不够丰富，缺乏多样的绘画工具或工艺材料。于是，教师可以调整该区域的材料提供，增添干花、松果、贝壳、小石子等天然素材和面粉、果皮等可食用素材，吸引孩子们的兴趣，随后观察这些调整是否提升了幼儿参与度，从而确认优化设置的有效性，并决定是否需要进一步调整。

可见，插牌规则不仅对教师设置和调整游戏区域具有重要的指导作用，还能帮助教师更客观、具体地了解幼儿的兴趣需求。通过插牌观察，教师不仅能够获得是否需要优化游戏区域设置信息，还能更好地了解幼儿的兴趣和社交动态，为后续活动的设计提供宝贵依据。

三、插牌规则的运用

不同年龄段的幼儿在认知特点与理解能力方面有所差异。因此，我在设计游戏插牌规则时，根据幼儿的年龄特点和活动需求进行了有针对性的调整。

小班阶段

小班幼儿具有明显的直观行动思维特征，更容易理解与操作具体且指向性强的插牌。因此，在设置游戏区域插牌时，我将插袋放置在各区域门口或显眼位置。例如，在"娃娃家"门口，我放置了4个插袋，表示可以有4名幼儿参与。然而，游戏过程中出现了幼儿争抢角色或角色分工不明确的情况。为此，我在插袋上贴上了"爸爸、妈妈、爷爷、奶奶"的标志，选择相应插袋的幼儿就意味着选择了相应的角色。在"小医院"旁，我设置了两个插袋，分别贴上了"医生"和"护士"的标志，以便幼儿在选择区域的同时明确承担的角色，并根据角色选择相应的道具，如服装、听诊器或针筒等。

我规定，每位幼儿在游戏前可以将自己的插牌插入感兴趣的区域，其他幼儿不得随意更改其选择。通过这一规则，教师可以快速了解每个幼儿的区域选择情况及其实际参与情况，并关注那些行动滞后的孩子，给予他们更多的引导和支持。幼儿通过一次次的自主选择，逐步掌握了插牌规则，明确了角色分工和责任担当，他们的预先安排意识得到了潜移默化的培养。

◯ 中班阶段

中班幼儿由直觉行动思维逐渐向具体形象性思维过渡，大部分幼儿能够清晰理解标志的意义。基于这一认知特点，我将班内所有游戏区域的标志集中在一个地方展示，每个标志后面对应相应人数的插袋。在区域集中展示区的显著位置设有"红绿灯插牌"，表示当天是否开展自主游戏："绿灯"代表开放自主游戏，"红灯"则代表暂停游戏。

此外，我还增加了"问号插袋"，如果幼儿不想选择教师预设的区域，他们可以自行创设新的游戏区域。这一变动激起了幼儿大胆畅想，使他们不再局限于教师设定的框架，而是开始尝试创新游戏。

例如，一群幼儿用椅子和围栏自建了一个"娃娃家"，这是因为原有的区域已经被别人占用。他们自主设计新区域的行为，为教室增添了生机和活力。这种灵活的插牌规则，让幼儿不仅学会了自主选择，还学会了创新与合作，游戏的多样性得以大大提升。

◯ 大班阶段

大班阶段是幼小衔接工作的关键时期。在游戏中，我着重培养幼儿的自主安排、物品管理和社会合作能力。我将部分区域的游戏材料合并，幼儿可以自行调配所需的材料，只要在活动结束后收归原位即可。随着幼儿游戏能力的增强，材料合并的规模逐渐扩大，幼儿对游戏区域的自主创设意识也逐步增强。

虽然游戏材料的分布有所改变，但区域选择的插牌规则依旧保留。幼儿仍需按照意愿选择区域或自主创设区域，再选取材料进行游戏。与此同时，为培养幼儿谨慎决策的意识，我将"每日一选择"变更为"每周一选择"，即幼儿在周一选择的游戏区域，需要持续游戏一周之后才能更换。

在不同阶段插牌规则的逐步调整与应用中，幼儿不仅锻炼了自主选择的能力，还逐渐提升了创新能力与合作意识，增强了对游戏规则的理解能力和遵守规则的自律性，有效促进了幼儿的社会性发展。

结　语

在区域选择方式的渐变中，幼儿不断突破惯性思维，能够及时顺应游戏选择的新方式、新规则。游戏中幼儿的"自主特性"，在一次次变化中愈发凸显出来。我认为，了解孩子的身心特点，明确其最近发展区，及时关注幼儿的能力与需求，是创设与调整自主游戏内容与规则的基本前提。引导幼儿在自主性游戏中逐步学会有计划、有步骤地参与活动，是插牌规则所赋予的特有作用。在游戏活动中，自主选择能使幼儿心情愉悦，也能促使幼儿更加主动地参与游戏。在有目的、有计划的插牌规则驱使下，幼儿获得的心理暗示是"我选，我能行"，此时，幼儿在活动中的表现是主动积极的。

我们只有赋予孩子足够的自主权，才能够培养出不乏想象力与创造力的孩子。在自主游戏中，孩子获得发展的多少，与教师对孩子的放手程度成正比。当教师循序渐进地引导幼儿自主选择游戏内容并投入游戏时，孩子会迸发出无限精彩。

第三节　选择效应：让幼儿成为学习的主人

要解放孩子的头脑、双手、脚、空间、时间，使他们充分得到自由的生活，从自由的生活中得到真正的教育。

——陶行知

教师在组织幼儿一日活动的过程中，常常会出现两种情况：一种是教师将各环节安排得过于死板，给幼儿自主选择的机会过少，选择的范围也很狭窄，生怕给予幼儿更多自主选择的机会时会出乱子，以致难以把控。在此过程中，教师的限制削弱了幼儿的自主学习能力，渐渐地，幼儿可能表现出胆怯、自我管理能力弱、缺乏创新意识等问题。另一种情况是教师对幼儿过于放任，既希望幼儿能够在自主的环境中个性获得更好的发展，又不知该如何收放自如地调控各个环节中幼儿的情绪。这种情况容易导致幼儿行为自由散漫，班级常规不良。

那么，如何在增强幼儿规则意识的同时，提高他们的自主学习能力呢？我想，给予幼儿选择的机会、赋予幼儿决定的权利，让幼儿真正成为学习的主人，是教师必须考虑的教育途径。实践告诉我，在生活、学习、游戏过程中，为孩子提供多种主动选择的机会，有利于促进幼儿自主学习能力的提高。

一、选择的意义

一方面，"选择"是主体的主动行为，它代表着一种兴趣、一种力量、一种智慧，同时也赋予了主体"选择"之后所应承担的责任。当我们在生活中对某件事做出选择时，这一"选择"必定是在兴趣、力量、智慧与责任的驱使下做出的，也必定会尽己所能地为自己的选择付出努力。

另一方面，"选择"必须是在开放的环境下、多元化的情境中进行的。为幼儿提供多样化的选择空间，不仅能激发他们参与活动的兴趣，还能培养他们的自我管理能力和责任意识。因此，选择的范围对幼儿的自主发展至关重要。类似于"霍布森选择效应"[①] 的选择绝非真正的选择，这样的选择形同虚设。在符合幼儿需求、给予幼儿充足选择空间的情况下，教师引导和鼓励幼儿对自己感兴趣的活动内容进行主动选择，有利于促进幼儿主动性思维模式的发展。在这种选择过程中，幼儿会更多地关注自身的兴趣、预计自身的能力，从而在自我需求得到满足的状态下，体验成功带来的愉悦，这也能够更好地激发幼儿主观能动性的发展。

二、选择的范围

《纲要》中提出幼儿教育的社会目标："1. 能主动参与各项活动，有

---

① 霍布森选择效应是指一种无选择余地的"选择"，典故源自 1631 年英国剑桥商人霍布森贩马时提出的条件：顾客可以挑选任何一匹马，但只能挑选靠近门边的那一匹。这实际上等于没有给顾客真正的选择权。

自信心；2. 乐意与人交往，学习互助、合作和分享，有同情心；3. 理解并遵守日常生活中基本的社会行为规则；4. 能努力做好力所能及的事，不怕困难，有初步的责任感；5. 爱父母长辈、老师和同伴，爱集体、爱家乡、爱祖国。"为幼儿提供适当的选择范围，是实现自主选择和责任感培养的基础。

给幼儿选择的机会，有助于其社会性综合能力的发展。在幼儿园日常活动中，许多环节都能以开放的形式，向幼儿提供"选择"的机会，而不必拘泥于教师时时处处的控制。

（一）生活活动中的自主选择

幼儿园的生活活动主要包括盥洗、如厕、穿衣、进餐、午睡等各个环节。教师应尽量避免过多的统一行动，可规定某段自由活动时间，请幼儿各自完成相应的生活内容；也可在一些过渡环节中，引导孩子选择一些适宜的活动项目；还可以鼓励孩子自主选择伙伴，相互协作完成生活服务任务。当幼儿在主动思考的情况下做出选择时，就能够更有序、更快乐地获得生活环节带来的相互影响、共同进步，获得自我决定后有效完成环节内容的自信心。如相互协作叠被子、扣纽扣就是很典型的例子；再如午餐环节中，分工合作分发碗筷等。

（二）游戏活动中的自主选择

游戏活动中的自主选择主要体现在同伴的选择、区域的选择、材料的选择等方面。幼儿可以根据自己的兴趣爱好，选择相应的区域从事游戏活动。不论是合作搭建结构材料，还是共同从事棋类游戏或合作性表演游戏时，幼儿都可以在教师的鼓励下自主结伴活动，完成与同伴间的交互作用，激发产生社会性交往的需求。在游戏中，幼儿通过自我行为作用于他人，尽情体验愉悦的游戏过程，并在与志趣相投的同伴的交往过程中实现互动活动，增强社会交往能力和合作能力。

（三）教学活动中的自主选择

教学活动中的自主选择，可以包括伙伴的选择与操作材料的选择。如舞蹈活动中舞伴的选择、数学活动中不同操作区域的选择、操作学习中材料的选择等。教学活动中的分组设置与操作材料的可选择性非常重要，主要表现为难易程度的层次性、操作模式的差异性、思考角度的多变性等。

幼儿在选择过程中，体现了对分组内容和操作材料的兴趣、对自我能力的认知，以及对材料难易程度的把握。

（四）体育活动中的自主选择

在组织幼儿体育活动时，自主选择主要表现为合作伙伴的选择、游戏场地的选择，以及活动器械的选择。教师在一个活动中同时提供几种活动器械，鼓励幼儿选择性地投入活动，其效果比仅仅提供一种器械好得多。在幼儿选择之后，教师可规定他们必须在一定时间内持续利用所选器械进行活动，不得随意调换，以培养幼儿对自己的选择承担责任的意识。在此过程中，教师首先要明确本次活动的基本目标，有针对性地为幼儿提供选择的机会，利用人员的组合特性、器械的运动特性引导幼儿完成相应的技能训练，鼓励幼儿创造性地从事游戏活动。多样的体育锻炼形式，为培养幼儿多元思维提供了可能。

三、选择的形式

幼儿园孩子的思维模式尚处在直觉行动思维向具体形象思维转变的过程中。依据幼儿的年龄特点，我们所提供的选择形式应该是直观的、形象的，能为幼儿所理解和接受的，便于幼儿操作的。我们常用的选择形式主要分为即时性选择和预计性选择两大类。

（一）即时性选择

即时性选择主要适用于教学或游戏活动过程中，涉及同伴组合、材料选用等具体情境。例如：音乐活动中的合作舞蹈、体育游戏中的搭档配合、数学游戏中的听指令协作等。这种选择方式同样适用于合作性游戏——幼儿在材料或规则引导下，需要选择合作伙伴或竞争对手，具体表现为：体育器械使用时的玩伴选择、棋牌游戏中的随机组队、建构活动中的分工合作等。此类选择既可由幼儿自主完成，也可在教师适度引导下进行，以鼓励幼儿在半开放环境中作出决策。

例如，在中班的"玩具出租屋"活动中，幼儿各自带来2~3种玩具，每周五被定为"玩具借还日"，幼儿可以根据自己的喜好，租借同伴带来的玩具。在租借过程中，幼儿拥有完全自主的选择权，能够自由选择喜爱的玩具。为了获得租借的机会，也为了更好地了解玩具的使用方法，幼儿需要主动与玩具主人沟通，这一过程帮助他们学会表达和解决问题，促进社交技能的培养。租借的基本规则是只有在归还上一次所借的玩具后，才能继续租借。玩具挑选好后，须向玩具主人说明，然后在登记区中挂上自己的租借牌，租借流程才算完毕（如图 2-1 所示）。在玩具租借过程中，幼儿的主动选择与决策意识表现得淋漓尽致。为了能够借到心仪的玩具，幼儿会采取一些策略，如与主人沟通或提前向老师打招呼；为了使自己的玩具能顺利借出去，玩具主人会利用空闲时刻向小伙伴们介绍玩法。孩子们对每件玩具的功能及其主人都了如指掌，那细致的观察力与惊人的记忆力，一次次令我折服。在这类即时性选择过程中，我深深感受到，幼儿明确了自己的权利，意识到自己的力量，并懂得了如何通过自己的努力达成所愿。在此过程中，幼儿的分享意识、保护玩具的责任感与社会交往能力，均得到了明显提高。

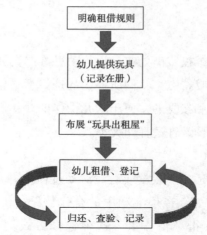

说明：1. 幼儿提供的玩具定期调整；
2. 一学期评选一次"玩具分享小达人"；
3. 租借过程中，玩具如有损坏须赔偿。

图 2-1　玩具出租屋操作流程图

（二）预计性选择

预计性选择是指幼儿在某项活动的准备阶段，对活动内容、所需材料、结伴人员等方面提前做出选择，以便更加顺利地参与活动。教师在引导幼儿预先计划时，需要帮助幼儿了解活动内容，共同制定具体规则，引导幼儿有计划地选择和安排将要参与的活动：一是从多个选项中确定具体的参与项目；二是确定参与活动的时间安排；三是准备好参与活动所需的材料。这种方式有利于幼儿有目的、有准备地参与活动，有利于提高幼儿行动的计划性。幼儿的预计性选择有助于教师提前检查和调控活动情况。例如，在活动前，教师可以充分了解幼儿的选择情况，再根据情况适当调整活动内容或组织形式，避免出现过度集中或分散的参与现象，确保活动的顺利进行。

我在设计游戏活动与项目活动时，会根据幼儿的年龄特点，既考虑多区域设置、多材料运用、多内容提供，也考虑其难度的差异化，以便幼儿能够根据自己的兴趣和意愿，有选择地参与活动。

1. 区域选择：区域包括班级区域、幼儿园公共区域和幼儿园游园活动区域等。幼儿在活动前，了解区域设置的情况后，自主决定去哪个游戏区域，也可以预估自己将参与的项目和完成的时间。例如，在"迎新年运动会"或"迎六一游园活动"中，幼儿可以提前申报想要参加的运动项目，并根据自己的选择提前做好准备。幼儿通过这种选择，能够提高对活动项目的预计能力，并学会根据个人兴趣选择合适的区域或项目进行活动。

2. 材料选择：在特定的活动中，幼儿需要根据活动的性质和要求，提前准备需要使用的材料或工具。例如，在参与社会实践活动"挖红薯"前，幼儿需要提前选择合适的工具；在春游活动前，幼儿需要思考旅途中要用到哪些物品，并提前准备好；在树林游戏前，幼儿需要根据小树林的具体场景和活动内容，预先选择需要携带的器具。这些选择能够增强幼儿的行动计划性，帮助他们在实践中学会规划和组织所需资源。

3. 内容选择：在集体活动和分组活动中，教师都需要为幼儿提供自主选择内容的机会，以便幼儿根据自己的兴趣和能力，选择参与的内容或分享的主题。例如，在"故事分享会"中，幼儿可以选择自己要讲述的故事；在"了不起的中国"小博士论坛中，幼儿可以选择自己擅长或感兴趣的内容进行分享。"今天我当小老师"也是典型的给予幼儿内容选择权的活动，幼儿可以预先自主确定"教什么"和"学什么"。这不仅能够提高幼儿的选择能力和决策能力，也能够培养其自主参与性和自我表现力。

通过这些多样化的预计性选择方式，幼儿能够逐渐学会如何进行自主规划和决策，增强自我管理能力、团队合作意识及问题解决能力。这些能力的培养有助于他们今后自信而有力量地学习和生活。

结　语

"选择"是挖掘幼儿参与活动积极性的有效途径，是激励幼儿主动完成任务的有利因素。教师将各种教学元素，层层深入地渗透于"选择"过程中，能有效促进幼儿学习、游戏等主观能动性的发展。"选择"作为一种中介式环节，能以隐性与显性、随机与预设等多种方式呈现在幼儿面前，给幼儿活动带来了积极效应。当幼儿的选择以可视性、预选性的形式呈现时，他们便拥有了更多思考和选择的空间，教师也能更有效地观察和调整活动内容，及时给予引导与支持。相信通过一次次的主动选择，幼儿自主学习的意识和能力一定会得到更为充分的发展。

第四节　会说话的互动环境赋能幼儿成长

环境如同语言，细微处引导幼儿的心灵。每一处互动，每一次探索，都是成长的契机。让环境会说话，赋能幼儿在自由与关爱中茁壮成长。

在幼儿教育中，环境是促使孩子健康成长的重要媒介。教师通过给幼儿提供丰富的物质材料、宽松的活动氛围、温馨的人际关系，给幼儿提供一个"会说话"的互动环境，为幼儿的全面发展提供支持。首先，富有趣味的物质环境吸引幼儿关注，激发他们的好奇心和自主性；其次，充满探索机会的学习环境为幼儿提供自主选择和实践的空间，激发他们的动手能力和创新思维；最后，温馨的人际环境让教师和幼儿之间建立起信任与合作，促进情感交流和团队精神，让幼儿在丰富的体验中获得身心的全面成长。

一、构建丰富的物质互动环境

幼儿园物质环境主要包括基本设施设备、游戏材料及幼儿随手可以触及的各种物品等。其中，教室墙面布置、活动区域设置、游戏材料选择与投放，均需要教师精心设计、巧妙规划后才能更好地发挥教育功能。

（一）创设吸引幼儿关注的互动墙面

教室墙面是在环境创设过程中不容教师忽视的重要内容。良好的墙面设计能够起到美化环境、传递信息、促进交流的作用。对于幼儿来说，只有能够与之产生互动、服务于他们的日常活动、启迪他们心智的墙面设计，才能更好地发挥教育功能。

孩子之间的相互学习是有效的教育途径，个别孩子已掌握的经验为其他孩子提供了相互学习的可能性，同伴之间的相互学习意识为孩子今后的学习打下了良好的基础。互动墙面为幼儿提供了一个自我表达和互动的平台，促进他们之间的社交与合作。

如"共进午餐预约区"的互动墙面设计，就让孩子们可以选择并预约同伴共进午餐。墙面可以设计多个互动区域，不仅增强了孩子的社交意识，还帮助他们表达自己的需求、偏好和饮食习惯，从而培养其合作精神、沟通技巧及自我照顾意识。

具体设计可以分为以下三个部分：

1. 互动预约区

墙面上设有专门的区域，孩子们可以在上面找到并选择自己想要与之共进午餐的同伴。每个孩子可以根据自己的兴趣或友谊圈来预约，这样既能促进孩子们之间的交往，也能增强他们的社交能力和选择能力。

2. 进餐公约区

该区域旨在引导孩子们共同约定一些午餐时的行为规范和分工合作。例如，可以引导孩子们一起制定简单的进餐规则，如"互相尊重""不浪费食物"等，并通过图文结合的方式展示在墙面上。通过这些公约，孩子们不仅能培养良好的就餐习惯，还能够在午餐期间分工合作。例如，有的孩子负责分发餐具，有的孩子负责帮助清理桌面，有的孩子负责提醒大家保持安静，等等。这样不仅能够增强孩子们的集体意识和责任感，同时也可以锻炼他们的沟通和协调能力。

3. 饮食偏好与禁忌区

这个区域帮助孩子们表达自己对食物的偏好或忌口。孩子们可以在墙面贴上自己的名字并标注自己特别喜欢、特别不喜欢，或因过敏、疾病等原因不能食用的食物。这不仅可以确保孩子们的饮食安全，还能帮助孩子们相互理解，避免误食可能对健康产生影响的食物。同时，这也让孩子们学着自我照顾和关心他人健康。

通过这些互动区域，孩子们不仅能够通过预约和表达来增强社交技能，还能在共同遵守进餐公约的过程中学习合作与责任。饮食偏好与禁忌区则能帮助孩子们了解自己和他人的健康需求，确保他们的饮食安全与舒适。

这些墙面内容充满了孩子们感兴趣的信息，既有物可看，又有事可做。渐渐地，幼儿在日常活动中会自觉关注墙面的变化，并根据实际情况及时更新和调整自己的信息。这种动态的参与，使孩子们能够更加积极地融入集体活动，并培养自主管理的意识。

（二）提供便于自主调整的教室环境

教室环境布置不仅限于墙面设计，还包括整个空间区域的合理规划和灵活调整。我告诉孩子们，教室里的所有设施都可以根据他们的需要进行移动，也可以根据不同活动的需求灵活调整。例如，长长的衣帽柜平时用来划分活动区和休闲区，但当我们需要更大的空间进行集体活动时，衣帽柜可以移动到教室一侧，活动空间立刻变得宽敞开阔，孩子们可以自由地在这个空间中活动。当进行区域活动时，各种柜子可以根据需要调整位置，重新划分出不同的学习或游戏区域，既保证了空间的灵活性，又避免了区域之间的彼此干扰。再如手工活动中，当我们需要更大的工作台时，孩子们把衣帽柜移开，腾出一块开放区域，把桌子拼接成几个大工作台，用来共同制作大型作品。当手工活动结束后，孩子们又可以将柜子恢复原位，划分出具有不同功能的活动区角。可见，教室不再是固定的布局，而是根据孩子需求或活动需要不断变化的互动空间。

灵活的教室环境给予幼儿自主调整、贯通运用的空间，当孩子们学会游刃有余地运用柜子、椅子及其他材料围建区域时，他们已经获得了更多锻炼的机会，增强了参与感和自主性。

（三）探索促进创新思维的游戏材料

每当设计一个教学活动或游戏活动时，我都会尽量挖掘身边可使用的材料，就地取材地开展活动。这样不仅可以大大减少教师的制作时间，而且幼儿在使用这些材料时，也会因熟悉程度较高而缩短对材料的适应过程，从而更快地投入到教师所要求的操作流程中去。同时，我们应考虑游戏材料的牢固度和可持续使用性，便于启发幼儿在日常活动中对材料进行再利用。

在一次数学活动"按规律排序"中，我用黑板上两种不同颜色的磁铁作为教具进行示范排序，形式分别为"ABA""ABB""AABB"。我先请幼儿仔细观察其排列规律，经过一阵探讨后，我又提出需要幼儿进一步思考的问题："如果老师请你在教室里找任何两样东西进行相应的排列，可以用什么来排列？"孩子们立即想到了很多实物：两种不同颜色的花片、两种不同形状的积木、两种背面花纹不同的扑克牌等。在相互交流中，孩子的思维越来越活跃。我又启发说："如果你只有一张纸、一支笔，可以完成这项任务吗？"孩子们开阔了思路，回答道："可以画两种不同的线条排列。""可以用两种不同的图形表示。"

孩子们的自由操作给我带来了无限惊喜：整个活动室就是一个自由的操作空间，他们在各自认为最合适的地方进行着相应的排列，有的坐在桌子上，有的趴在地上，有的蹲在自己的小椅子前……整个教室充满了温馨，零而不乱；孩子们个个投入自己的序列世界里。令我惊喜的是，孩子们从简单的一一、二二排列，逐步发展到复杂的七七、八八序列；他们排列的图形也是各式各样，有螺旋形、直线形、圆弧形等；有的小朋友排到后来还想到了与同伴合作接连。在最后的分享环节，孩子们像欣赏艺术品般观摩彼此的作品，并积极检查排序的正确性，展现出令人感动的专注力与合作精神。

我再追问："如果教室里除了小朋友坐的椅子外，什么都没有，你还能怎样完成这项任务？"孩子们展开畅想："可以用椅子的正反排列。""可以用椅子和小朋友间隔排列。""我可以用声音排列。"……

在设计教学活动时，我倾向于利用身边的现成材料进行活动设计，这不仅减少了教师的准备时间，还帮助幼儿更快适应材料，迅速投入活动。这种方式让孩子们能够在熟悉的环境中进行创意操作，增强了活动的可持续性与再利用性。这种自由探索和创新思维的激发，尤其体现在如"按规律排序"这样的活动中，孩子们通过自由选择、排列不同的物品，拓展了思维和创意，促进了自主学习和问题解决能力的提高。

二、营造愉悦的人际互动环境

温馨的人际环境对于幼儿的情感发展和社交能力培养至关重要。建立积极的师幼互动、幼幼互动，以及幼儿园内外其他人员参与的有效互动，能够有效提升幼儿的自信心、归属感和团队精神。在这种充满关爱与信任的人际氛围中，幼儿更愿意表达自我、参与活动。这样的环境为他们的成长提供了安全感和积极的情感支持，让他们在集体中获得心理上的满足与快乐。

（一）促进师生之间的积极互动

积极的师幼互动是营造良好教育环境的关键。教师应在日常教学中注重与幼儿的平等交流，倾听他们的想法与感受，鼓励他们表达个人观点。通过聆听幼儿日常生活中的小故事或提出共性问题，引导幼儿进行讨论，让他们成为事件的分享者和问题的解决者，教师则是友好的倾听者、问题的抛出者和讨论的组织者。在此过程中，教师的一个甜甜的微笑、一个暖暖的拥抱、一个小小的鼓励、一个夸张的表扬，都是促进师幼之间亲密互动的法宝。

（二）鼓励幼儿之间的合作与分享

在日常活动中，教师可以通过设计合作性任务和集体游戏，引导幼儿主动与同伴合作、分享。合作性任务可分为小范围合作（如2~3人共同完成美术作品或整理材料）、小组合作（如5~6人一起参与搬运游戏）和全班合作（如长卷画）。集体游戏包括分组竞赛式游戏（如词语接龙、拔河比赛）和团队合作式游戏（如"贴烧饼"、传话游戏）。在这些活动中，教师应强调分享与互助的重要性，让幼儿在帮助同伴、分享资源的过程中感受到合作的快乐和成就感。这不仅能增强幼儿的团队精神，还能帮助他们建立友谊，培养关爱他人的品质。

（三）建立与更多人群的有效互动

在幼儿园里，温馨、快乐的人际环境体现为师幼之间的亲密交往；体现为幼儿之间的友好相处；还体现在幼儿园其他成员与幼儿融洽相处的过程中，如保健医生的晨间检查、保育员的生活照料、保安人员的早晚接送，又如家长、社区工作人员及其他社会成员的积极参与。一切人际环境，都成为我们引导幼儿社会化成长的有利因素。有矛盾才会有心智的成长，才会懂得据理力争或宽宏礼让；有困难才会明白人与人之间互相帮助的可贵；有感动才能体会到当下的幸福。教师能做的是在自由自然的交往环境中，引导孩子学会与人相处，引导孩子从多角度看待同一件事情，鼓励孩子勇于承担服务大家的社会责任，渐渐地，让孩子体会到所处环境的氛围与自己的状态息息相关。

三、激发探究的学习互动环境

一个能够激发幼儿自主学习的环境，必定为幼儿提供了自由选择和独立探索的机会，让他们在实践中提升解决问题的能力，发展创造力。教师通过设置不同的探索区域、提供多样化的学习材料，为幼儿创造一个充满好奇心和动手操作机会的空间。在这个环境中，幼儿可以按照自己的兴趣和节奏进行学习，从中体验发现与创造的快乐，进而增强自主学习意识。

（一）设置多样的探索区域

一个充满探索机会的环境能够激发幼儿的好奇心，促进其自主学习。教师针对幼儿的不同兴趣和个体差异，在教室内外设置多种探索区域，可以是科学角、艺术角、建筑区等以功能划分的区域；也可以是以主题命题的区域，如在树林中，我们设置了"树枝搭搭乐""绳与树的游戏"等；还可以按场景划分区域，如围绕幼儿园里的石榴树，引导幼儿探索发现"石榴树的故事"。幼儿在各功能区、主题与场景提示下，可根据自己的兴趣和节奏进行选择和学习。通过这种自主选择，幼儿发展自我调控和决策能力，体验探索与发现带来的乐趣。

（二）提供多功能的学习材料

丰富多样的学习材料是支持幼儿自主学习的核心。教师应根据幼儿的年龄特点和兴趣爱好，提供各种适合他们使用的操作性材料，如积木、实验工具、绘画工具、自然物品等。这些材料应具备适宜性、开放性与多功能性，鼓励幼儿通过动手实践和实验，发展他们的动手能力和创造性思维。当然，材料的提供应根据活动需求精准选择，而非一味堆砌，并根据实际使用情况及时调整。每次提供的材料应引导幼儿充分利用，并鼓励多样化使用。

心理学家怀特指出："在促进幼儿早期教育方面，最有效的做法是创造良好的环境。"教师应为幼儿创设一个激发自主学习的互动环境，提供自由、灵活的学习空间，让他们根据兴趣选择学习内容，进行独立探索。丰富的学习材料和互动性墙面增加了幼儿动手操作的机会，提升了探索过程的趣味性和实效性。当用敏锐的眼光发现环境中蕴藏的教育契机，挖掘身边环境中的教育资源时，教师会发现物质和人际环境是取之不尽、用之不竭的宝贵资源。环境的创设与材料的提供，考验着教师有效利用这些资源的能力，旨在赋能幼儿成长。可以说，周围环境中充满教育资源，缺少的只是发现它们的慧眼。

第五节　将社会热点引入课程

社会热点如同时代的脉搏，反映着人们生活的方式和社会进步的轨迹。将其引入课程，让孩子们在讨论与思辨中，逐渐学会关注周围、理解社会。

21世纪的到来，将社会带入了高速发展的时期，各种新生事物层出不穷，影响着人们的生活。我们必须以开放的状态，随时准备接纳新现象、新事物的出现，去适应社会生活的变化。陶行知提出："生活即教育、社会即学校。"关注社会热点，及时捕捉有教育价值的信息并应用于课程，能够帮助幼儿更好地理解社会现象、适应社会生活。同时，教师更需要在幼儿内心种下一颗不断探寻和乐于创新的种子，培养幼儿良好的学习意识，增强其学习能力和学习自信。

一、探寻"社会热点"

"社会热点"是指在特定时间内，引发公众广泛关注和讨论的社会事件、问题或现象。通俗地说，就是当前大家都在关注和讨论的话题或事件，如某个新闻事件、某个社会问题或某件流行物品等。这些热点将影响人们的生活方式和意识形态，同时对社会的发展产生影响。

幼儿生来就是社会人，我们的教育需要帮助他们更好地适应社会生活。教师应着眼于当下，去捕捉生活中幼儿熟悉的社会现象、引发幼儿关注的热点话题，与时俱进地开展教学活动，从而增强幼儿的社会适应性。

21世纪，社会生活因科技进步而发生了巨大变化，扫二维码付款、共享单车的出现、足不出户购物，甚至无人驾驶汽车等新兴产业的发展，使得人们的生活更加便捷、灵活。对于生于这个时代的幼儿来说，其所见的事物和状态是一种本有现象，而新生事物的出现，需要他们快速熟识和接纳。

➡ 案例一　社会现象之"二维码"

如今，二维码已渗透到我们生活的方方面面。在与幼儿的交谈中，他们能够说出二维码的多种应用场景，如扫码支付、扫码加好友、扫码听音乐等。这时，探寻二维码中的秘密，成为水到渠成的话题。带领幼儿仔细观察二维码，他们会发现那大方块中藏着小方块，是由不规则排列的小方块构成的。图案秘密的破解，促使幼儿想亲自动手画一画，为自己设计一个"二维码"。当画好的二维码，用手机怎么扫也无法辨认时，孩子们懂得了二维码并不是随手就能画出来的东西，而是充满了科技含量的创造。教师接着引导幼儿借助手机，定制一个属于自己的二维码，可以将故事、音乐、视频、图片等许多内容"藏"于其中。随后，社会调查"生活中的二维码"、美术活动"我来设计二维码"、区域设计"我的故事你来听"等一系列活动有序开展。

➡ 案例二　社会现象之"共享单车"

"共享单车"作为一项新生事物出现在大街小巷，扫码—使用—归还的流程是那么便捷，给人们生活带来了极大便利，也给教师提供了教育的契机。追随儿童的兴趣，主题课程"马路上的共享单车"应运而生。社会调查"我看到的共享单车"、数学统计"每天数一数"（同一个地点共享单车的数量变化）、美术活动"我设计的共享单车"、语言活动"共享单车的故事"、社会活动"怎样保护共享单车？"等教学活动逐个生成。幼儿学会关注"社会共享"之后，教师进一步引导幼儿思考，班内可以开展哪些

"共享"活动。于是，共享图书、共享玩具、共享画笔等活动纷纷出现，孩子们踊跃集结各类物品，并积极参与。

➡ 案例三　社会现象之"快递小哥"

马路上来回穿梭的快递小哥，已成为城市中一道不可忽略的风景线，各种各样的网上购物，均由快递小哥送达。这一现象给我们带来许多教育的启示：教师可以引导幼儿认识到，为他人提供服务、给别人带来方便，是社会和谐共存的基本规则；让孩子意识到服务他人、帮助别人是一件快乐的事；告诉孩子们应尊重劳动者、感恩为自己提供服务的人。于是，社会活动"快递员好辛苦"、语言活动"快递小哥谢谢你"、美术活动"我见过的快递员"等成为教学活动中的主要内容。这样，实践体验活动"幼儿园里的快递员"如火如荼地开展起来，而"我为大家做点啥"也成为孩子们在生活中持续思考的话题。

二、令人怦然心动的自然现象

人身处自然环境中，通过不断调整身心适应环境，个体需要便能在变化的环境中得到满足。引导幼儿感知自然界中的变化，发现自然界赠予的惊喜，是一件特别美好的事情。教师应及时将幼儿发现的自然之美融入教育教学过程中，并加以扩展与延伸，使幼儿在认知上得以提升，更好地感悟自然之美、感恩自然之赠。

➡ 案例一　春花烂漫之樱花季

阳春三月是无锡一年中最美的时节，到处春花烂漫、繁花似锦。那或洁白或粉红的樱花盛开在小区里、马路旁、池塘边，让整座城市绚丽而秀美。每株樱花树都以至纯至美的风姿展现在人们面前，使人不禁驻足观赏。幼儿园旁的公园里也有成片的樱花林，孩子们早晨来园时，从樱花林中穿过；放学回家时，在樱花林中嬉戏。教师将如此美景引入教学，社会活动"樱花的来历"、美工活动"片片樱花林"、创意故事"樱花树"等，均被教师充实到教学活动中。

案例二　神奇天象之日食

神奇的天象对幼儿来说充满了神秘色彩。有一天，天空出现了"日食"现象，转眼间遮天蔽日，天空漆黑一片，孩子们不由紧张起来。好在时间不长，太阳渐渐出来了，天空也越来越明亮。孩子们在教师引导下，跑到室外，全程观看了这一天象，一堂别样的"自然天象"教学活动就这样应运而生了。随后，小博士论坛"宇宙的奥秘"、科学观察"日食月食"、美工活动"制作星球""制作飞行器"等活动均有序开展。实践证明，抓住时机、适时教育，远比刻意设计、专门营造的教学活动有效得多。

三、振奋人心的人文精神

文化传承是教育者须时刻牢记的使命。我们需要以节气、节庆为契机开展教育教学活动，需要紧扣当下热点赛事开展活动，也需要抓住幼儿能够理解的国家大事开展活动。通过这些活动，教育者能够生动地向幼儿传播传统文化、弘扬民族精神、展示科技进步，从而激发幼儿的爱国热情，增强幼儿的集体荣誉感，萌发幼儿的文化认同感和民族自豪感，确保文化和精神代代相传，延续创新。

案例一　由"马拉松比赛"点燃教育主题

2014 年起，无锡马拉松比赛在每年 3 月如期举行，它是无锡市一项重要体育赛事，其中包括"万人徒步活动""最美蠡湖环湖行"等活动，多少热爱运动、乐享生活的无锡市民参与其中。浩浩荡荡的队伍穿行于五彩花海之中、行走于湖光山色之间，彰显着"千里之行，始于足下"的坚定信念，享受着"醉美家乡"的旖旎秀美。于是，"爱家乡"的主题活动拉开了序幕：班内播放"马拉松直播视频"，历史分享"马拉松的来历"，社会调查与故事分享"无锡马拉松中的故事"，利用社区资源开展亲子体育运动"幼儿园的马拉松"；以及美工活动"奔跑吧！运动员"、健康教育"奔跑时注意啥"、社会活动"我为马拉松做点啥"等活动，纷纷顺应

"马拉松"赛事，有声有色地进行着。

➡ 案例二　以"烈士纪念日"熏陶民族精神

每年的 9 月 30 日被定为"烈士纪念日"。在这一天，北京天安门广场上隆重的纪念仪式，寄托着中华儿女的哀思。我们借烈士纪念日和国庆节相继来临之际，积极开展爱国主义教育，举办"战争故事分享会"，传唱战争年代的儿童歌曲；开展科学活动"各种各样的军用武器"、美术活动"我设计的兵器"，引导幼儿了解中国的军事文化。这些教育活动旨在告诉孩子，今天的幸福生活是无数先烈用生命换来的，让孩子感受祖国的繁荣富强，了解勇敢智慧的中国人，增强作为中国人的自豪感。

四、反思课程实施　梳理教育价值

陶行知说："行是知之始，知是行之成。"基于社会热点或社会现象开展的教学活动，是以幼儿生活经验为铺垫的，促使幼儿很快融入、积极参与到活动中。再看社会热点元素，重审生成课程架构，教师只有仔细分析其中的教育内涵和价值，进行全面梳理，才能让幼儿更有效地将"知"与"行"融合在一起。

（一）微观课程与宏观社会之间的关系

每一个社会热点都是具象的，可以被人们直接感知，甚至可以直接作用于我们的生活。这种社会影响力，助推着人们生活的变化，影响着社会的进步。我们所做的是将宏观社会中所呈现出的具体现象加以提取，引导幼儿从微观现象中，感知变化的社会生活和不变的精神追求，从而更好地适应这个社会。

在"社会生活的多样现象"中，不难发现，这些社会现象的共同特性都以"为大众提供更好、更优质的服务，为人们生活提供方便、快捷、安全的有利条件"为核心。

以"令人怦然心动的自然现象"来分析，人们生活应遵循自然规律、尊重自然变化，并在大自然变化的过程中感受美、发现美、欣赏美，乐于探寻其中的奥秘，将这些"美"融于我们的表达，运用于我们的生活。

以"振奋人心的人文精神"来思考，可以发现不论社会如何变化，人们精神世界的需求都不会轻易改变。人们积极奋进、昂扬向上的激情不能变，爱家爱国的情怀不能变，因为这些是让我们有勇气面对挑战的根基。

由此可见，教师基于幼儿年龄特点，从宏观的社会现象中截取贴近幼儿生活的微观典型，引导幼儿感知和理解社会现象和人文精神，是将幼儿培养成适应社会生活、顺应时代需要的社会人的有效途径。

（二）课程多样性和连贯性之间的关系

抓住社会热点开展主题课程，顺应幼儿对社会感知和社会认知的需求，具有即时性、灵活性和可变性等基本特点。这些课程之间也存在着动态的连贯性，主要包括认知领域的延续性、课程设计的开放性、操作模式的衔接性等。

1. 认知领域的延续性

在课程中，认知领域的延续性确保幼儿所学知识和技能之间能够相互关联。例如，幼儿在进行"植物生长观察"时，学习到植物的基本生长条件，如阳光、水分和土壤。接下来，在"垃圾分类游戏"中，教师可以引导幼儿讨论"如何通过保护环境来促进植物的生长"。这样，幼儿能够将之前学到的知识运用到新的情境中，形成贯通的认知体系。

2. 课程设计的开放性

课程设计的开放性体现在教师能够根据幼儿的兴趣和反馈，灵活调整课程内容。例如，在开展与环保相关的主题课程时，如果幼儿对河道污染表现出浓厚的兴趣，教师可以即兴加入一个关于河道生物生长的内容，讨论如何保护河流环境并引申到海洋环境的保护。这样的调整不仅增强了课程的吸引力，而且能让幼儿感受到他们的兴趣被重视，从而促进幼儿的主动学习。

3. 操作模式的衔接性

操作模式的衔接性体现在不同活动之间的无缝连接。例如，在"环保手工制作"环节，孩子们可以运用在"垃圾分类游戏"中学到的垃圾分类技能，利用废旧材料制作新玩具。教师通过引导，让孩子们讨论如何选择合适的材料和工具运用于制作活动，从而在实践中巩固之前的知识。这种衔接不仅提升了孩子们的动手能力，而且增强了他们的逻辑思维能力。

通过这三方面的有机融合，课程不仅体现了多样性，而且确保了各个环节之间的有效衔接和内在联系，帮助幼儿更全面地理解社会热点和相关知识。

综上所述，抓住社会热点开展教育活动，是扎根于生活的真教育。教师需要挖掘社会中存在的、幼儿熟知的且能理解的教育元素，将其运用于主题课程，以构建有效的社会课程，帮助幼儿更好地适应社会。教师要用敏锐的洞察力去捕捉，用专业的辨析力去解析，更要基于对幼儿知识经验的了解，将所捕捉的信息以课程的形式呈现给幼儿。这正是"知行合一"的典型写照：知晓明了+付之行动＝呈现效果——体验成就感。一切都以完整的认知模式和完美的心理模式运作，并且可以不断再实践、持续提升。

第六节　将节气文化融于课程

节气如诗，流转四季的脚步带来自然的智慧。将节气文化融于课程，让幼儿在天地间感知时令的变幻，体悟生活的智慧，在传统文化中静静生长。

二十四节气承载着中国悠久的农耕智慧与文化底蕴，如何引导幼儿将这一优秀传统文化传承下去，成为幼儿园的重要课题。教师通过深入挖掘符合当地时令特征的节气文化，在幼儿课程中融入节气元素，让孩子们能够在充满童趣的活动中感知节气的魅力：一是探寻家乡节气足迹，带领幼儿走出教室，走进大自然，亲身体验家乡四季的美景与变化；二是通过动手制作和互动体验，让孩子们在民间手工艺与生活智慧中领悟节气的意义，感受节气文化的传承；三是发掘节气的儿童化表达，创编童趣故事、录制视频、绘制绘本，将传统文化以符合幼儿认知的方式生动展现。通过这些方式，节气文化不仅仅成了孩子们的学习内容，更成为他们感知自然、感受家乡文化的重要一环。

一、在节气文化中积累智慧

教师将节气文化融入幼儿的日常生活，设计一系列活动，主要包括引导幼儿观察自然现象、感受季节的变化、寻找当地物产、了解不同节气对应的食物、参与传统风俗活动、制作传统美食等，在丰富多样的活动中增强幼儿对节气文化的认知。孩子们不仅能在这些体验中感知自然节气，而且能在衣食住行等日常生活中积累生活智慧。

（一）从自然规律中感受古人智慧

古人通过对自然的观察，发现了"春分秋分，昼夜平分""清明白露，时序分明"等自然变化规律，用生动和细腻的方式表达时间，提供了除"公历"之外的另一种时序记录方式。孩子们不仅能通过时钟和日历感知时间，而且能将时间的概念扩展到四季和每一年，通过记录和探索，积累顺应自然规律和适时而行的生活智慧。

（二）从时令餐饮中了解食育文化

千百年来，中国人讲究按时令饮食，讲究用自然食物滋养身体。民间流传着"立春食芽、小满食果、秋分食丰、白露食白"等应节气而生的饮食习俗。于是，教师带领孩子们根据时令进行采摘，寻找当地的当季美食，如"春分"摘马兰、挖春笋，"白露"寻找芋芳和菱角等。在教师的指导下，孩子们参与采摘，一起动手制作当季美食，品尝亲自采摘的美味，还了解到这些食物的生长过程和营养价值，在实践中感知节气变化，积累了对自然的感知和对饮食文化的理解。

（三）从时令谚语中学习生活常识

无锡位于长江中下游，属于亚热带季风气候，雨量充沛、四季分明。许多时令谚语代代相传，指导着人们的日常生活。如"白露身不露，寒露脚不露""小寒添衣保暖""大寒裹暖防冷"，提醒人们及时添加衣物、防寒保暖。教师利用这些谚语，引导幼儿关注天气变化，聆听天气预报，观察班内的温度计，记录下当天的气温和阴晴，并阶段性地总结气候与节气之间的关系，学习随着时令变化的自我保护方法。同时，教师带领孩子们观察人们的穿着，发现节气与着装之间的关系。

（四）从传统习俗中了解人们生活

节气文化与自然紧密相连，蕴藏着中国人的生活智慧。在幼儿园课程中，教师需要渗透与节气相关的传统习俗，增进孩子对节气文化的认知和对自然的敏感性。"清明祭扫"，让孩子们通过倾听故事和参与家庭祭扫，理解缅怀与传承的意义；"小满摘茶"，请家长带孩子亲自体验采摘过程，感受春夏交替带来的变化；"秋分赏月"，通过制作月饼和讲述团圆故事，加强孩子们对家庭和团聚的理解；"冬至大如年"，无锡的冬至家家户户吃汤圆，表示一家人团团圆圆，教师和孩子们一起搓圆子、包汤圆，在互动中体验温暖与分享。

这些课程设计不仅丰富了孩子们的生活体验，还培养了他们对传统文化的兴趣，帮助他们在成长过程中更好地理解生活的节奏与自然的变化。

二、在节气课程中涵育素养

教师根据幼儿的年龄特点，深入挖掘节气的教育内涵，将节气文化融入多个领域的活动中，设计出符合发展需求的多样活动，帮助幼儿在知识、情感和能力等多个方面得到均衡发展。

（一）基于自然变化的科学探究

以"大寒"节气为例，教师为不同年龄段的幼儿设计了丰富的活动：小班的"雪花飘飘"，孩子们用白纸撕、剪成碎屑，挥洒起来，成了漫天的雪花；中班的"冬季动物探险"则通过绘本和角色扮演，帮助孩子们了解动物在冬天的生活方式；大班的"霜的秘密"引导幼儿观察霜的形成，进行简单的实验，探索不同条件下霜的变化。通过这些活动，孩子们不仅能观察自然现象，而且还能提出问题、寻找答案并动手尝试，从而提升科学素养，培养探索精神和实践能力。

（二）基于自然生长的艺术表达

春生夏长，秋收冬藏。随着自然节气的变化，万物都有属于自己的美好形态，植物的发芽、长叶、花开、结果等皆目之所及，自然界的风声雨声、鸟歌虫鸣均耳之所闻。我们引导幼儿依据时节写生、创想：谷雨时节绘雨生百谷、秧苗初插，秋分时节听秋虫呢喃、伴乐叮咚。在丰富幼儿感性经验和审美情趣的同时，提升其创造美、表现美的能力。

（三）基于民间表达的人文熏陶

节气传统中流传已久的诗文谚语、故事歌谣，是节气文化中宝贵的精神财富。教师搜集符合幼儿认知能力的民间节气故事、诗文曲赋，让幼儿在音韵优美、对仗工整的《数九歌》《寒露谣》等作品中，通过念一念、唱一唱，理解作品内容，体会文字韵律之美；通过亲身体验，尝试创编属于自己的《数九儿歌》《寒露歌谣》，用切身体验和独特的语言表达对节气的认识和感受。

（四）基于节气习俗的品格养成

不同地区在不同节气都有独特的传统习俗，这些节气习俗成为一代代人深刻的文化记忆。我园根据不同节气，开展丰富多彩的仪式活动，让幼儿在体验本土文化的同时，感受节气中的独特情感。例如，春分时节，孩子们骑上竹马，在欢声笑语中建立同伴间的深厚情谊；立夏时节，幼儿与家人一起采摘野菜，围坐一起制作"立夏饼"，在共同劳动和分享中体会友爱与和谐；霜降时节，正是秋收冬藏的关键时期，师生齐聚一堂，亲手腌制萝卜，在这富有秋意的时节中畅谈收获与储藏，感受自然节律带来的丰收与团聚的喜悦。

这些充满烟火气的传统习俗，不仅让幼儿在互动中感受到积极的人际关系，而且在潜移默化中对他们的人格塑造产生了深远的影响。通过这些活动，幼儿不仅得以传承传统文化，而且在成长过程中培养了健全的人格与健康的情感。

三、在节气实践中萌发情感

二十四节气是中国传统文化的精髓，从一时一景到一粥一饭，处处展现了中国人丰富的生活智慧和深厚的文化积淀。我国幅员辽阔，南北气候与物候差异显著，虽然同属中华大地，各地的节气文化却有着各自独特的表达方式。江南地区四季分明、物产丰饶，承载着人们对远山青黛、杏花细雨的美好想象。在课程设计中，教师深入挖掘二十四节气与无锡本地气候、物产、民俗的内在联系，融入本土文化元素，引导幼儿感受家乡的风土人情，激发对家乡、对祖国的深厚情感。

（一）探寻家乡节气足迹：绘制属于幼儿的节气地图

江南地区，四季分明。在不同的季节，气候变化引起自然现象的明显变化。教师通过家园合作，组织幼儿开展二十四节气的自然探索活动。春分时节，鼋头渚的樱花盛放，幼儿在家长陪同下，拿着纸笔或相机，记录那如云似霞的樱花美景；夏至时分，梅雨季悄然来临，孩子们装备齐全，前往雨中的蠡园，绿意满湖的荷叶映衬着红粉的荷花，烟雨江南的诗情画意深深印刻在他们心中……孩子们走出幼儿园，跟随节气的脚步探访家乡风光，每走到一处，班级里的"家乡地图"中就增添新的标注，逐步绘制出一幅幅独具时令特色的"节气地图"。每个节气的风景，都成为幼儿心中关于家乡的初始记忆，深刻而温暖。

（二）感受节气文化传承：体验节气文化中的生活智慧

节气不仅仅是时令的变化，更蕴含着世代传承的生活智慧与文化精髓。惊蛰时节，受国家非物质文化遗产"惠山泥人"的熏陶，孩子们在泥土中玩耍，捏出属于自己的"泥人小阿福"；夏至到来，教师带孩子们在竹林中乘凉、嬉戏；霜降来临，秋意正浓，教师和孩子们一起走进大自然赏秋、采橘、挖红薯；冬至，是一年中白天最短、夜晚最长的一天，也是"数九寒天"的第一天，教师一方面带领孩子们在冬至前后持续做好日出日落的观察记录，另一方面和孩子们一起"画图数九"，等待春天的到来。

（三）发掘节气童趣表达：寻找节气传承的儿童化表达

二十四节气起源于古代中国，它的形成与中国的农耕文明密切相关。为了让节气文化更贴近儿童的认知，教师积极探索适合幼儿的表达形式，拓展节气课程的趣味性与丰富性。教师通过搜集并整理相关的民间传说，与幼儿一起进行内容的童趣改编，加入更多生动的元素，使节气更具吸引力与记忆点，创作出适合孩子的节气故事。教师根据节气特征录制了相关视频，将民间俗语、谚语按照朗朗上口、节奏优美的原则改编为童谣和儿歌，推出了"小可爱说节气"系列视频，得到社会的积极反馈。此外，孩子们根据自己对节气的体验与理解，亲手绘制了二十四节气绘本，用独特的视角和表现方式，为节气文化增添了富有创意的儿童化表达。

教师将节气文化融入童趣课程，不仅为幼儿打开了了解中国传统文化的一扇窗，也让他们在亲身体验和创作中建立起与自然、文化的情感连接。节气的变化是伴随他们成长的点滴记忆，从探访家乡美景到传承民间智慧，再到创造属于自己的节气表达，孩子们在这个过程中不断丰富对世界的认知，培养了爱家乡、爱自然、爱祖国的美好情感。在节气轮转中，孩子们将带着这份对传统文化的理解与热爱，继续走向未来。

第二部分

序列性教学

　　教育是一个持续的多维过程，由无数个细节纵横交错构成。学前教育更是需要将各领域教育目标、教学内容融于日常、融于各类活动、融于幼儿所能触及的社会生活，促使幼儿全面发展。我以序列性的方式，整理了开展幼儿园阅读教学、艺术教学和园家社共育三大版块的点滴经验和心得体会。阅读教学如春风拂面，引导孩子们在书香中遨游，让每一个故事成为心灵的滋养；艺术教学如缤纷彩虹，展现他们的想象与创造，一笔一声都饱含着教育者的用心与关怀；园家社共育如纽带，将幼儿园、家庭与社会紧密相连，共同为幼儿的成长铺就坚实的基础。

第三章　阅历书香

　　在幼儿的成长旅程中，书香如晨曦般轻盈而深远，唤醒他们纯净的心灵，开启智慧的大门。在书籍的世界里，孩子们如同小小旅行家，翻开一页页纸张，仿佛踏上了一段段奇妙的旅程。孩子们每一次触摸绘本，都是与画面的对话、与世界的相遇，从中汲取知识的甘露，收获思想的果实。我们让幼儿园书香萦绕，教师如同提灯的引路人，用爱与耐心点燃孩子们的阅读兴趣，带领孩子们迈向书海，让他们在书页间自由徜徉，播下智慧的种子，等待它在心灵的沃土上开花结果。

第一节 在快乐对话中进行绘本教学

绘本如桥，连接孩子的世界与故事的奇境。快乐的对话在纸页间流淌，让幼儿在轻松愉悦中倾听、表达与思考，于故事的精彩中汲取智慧，获得成长。

余秋雨曾提出"快乐的阅读非常重要"。愉悦的情绪，不仅能激发人们的阅读兴趣，还能激活阅读思维。幼儿园阅读活动，主要包括自由阅读和集体共读。自由阅读分为幼儿自发的自由阅读和教师引导下的自由阅读，阅读的快乐主要来自对阅读对象的兴趣，即在个体与书本的愉快对话中产生。而集体共读主要由教师组织，共读的快乐更多来自组织者的引导方向、组织形式，也可来自共同阅读者的相互影响，即在个体与共同阅读者、与书本之间的愉快对话中产生。丰富多样的绘本为年幼儿童从事阅读活动、养成阅读习惯创造了良好的条件，也为教师组织绘本教学提供了丰富的资源。

绘本作为一种阅读材料，以静态的画面或附加文字向读者传递信息。优质的绘本，在内容上，具有丰富的表达性和对话性；在构图上，具有鲜明的设计感与和谐感；在色彩上，具有高级感与儿童视角的美感。优质的绘本能够供读者多角度品读、理解和感悟。教师需要针对幼儿相应的年龄特点，选择适宜的绘本，投放在幼儿可触及的活动环境中。通过绘本内容的自吸引、教师讲述的他吸引，以及主题或任务布置的需求吸引等方式，促使幼儿关注绘本，激起幼儿的阅读意愿，使他们主动与绘本"对话"，与同伴、教师及家长对话，从而获得对阅读内容更深的理解。

一、引导幼儿参与阅读

阅读是读者与书本之间的互动。引导幼儿参与阅读，是教师根据当前的教学目标，选择相应的阅读内容，采取有效的引导策略，通过集体教学、区域活动、日常阅读等不同的组织形式，激发幼儿主动参与阅读活动。这种引导，指向教师推荐的某一本书或一类书，阅读形式可以是幼儿自主阅读，也可以是与他人共读。教师通过引导幼儿关注主要角色、设疑启发思考、共读典型元素等方法，有效地引导幼儿深入阅读，帮助幼儿理解阅读内容、享受阅读乐趣。

（一）关注主要角色

教师对绘本主要角色进行介绍，或引导幼儿解析绘本中的主要角色，这有助于幼儿对该绘本建立初步的了解。在阅读过程中，教师引导幼儿重点关注这些角色的变化，关注其他角色、场景与主角之间的联系，进行相关的想象链接和语言描述。幼儿基于个人生活经验，对绘本内容赋予了个性化理解，从而将绘本表达丰富并完善起来。

例如，教师在引导幼儿阅读绘本《我爸爸》时，先介绍书中的主要角色——布朗的爸爸，让孩子们对书中人物有一个初步的认识。接着，提醒孩子在阅读过程中，注意观察爸爸的行为表情、着装等各方面的变化，想象如果自己是布朗，会怎么与爸爸互动。这种方法有助于孩子们更好地投入故事中，加深对故事的理解。

再如阅读绘本《小脚丫》时，我告诉幼儿"小脚丫可以走天下"，请幼儿找找图书中的"小脚丫"来到了哪里。于是，孩子们在阅读时就有了目标，如同探宝一样先寻找哪里有小脚丫，然后观察发生了哪些有趣的事情，在破解谜团的过程中获得阅读的快乐。

（二）设疑启发思考

很多优秀绘本所表述的故事都是迂回曲折的，这是教师运用设疑启发幼儿积极思考的有利时机，便于一次次地激起幼儿阅读的兴趣。以绘本《爷爷一定有办法》为例，当故事中的毯子变小了，可以引导孩子们猜测："爷爷会用这块小毯子做什么呢？""当奇妙的外套变小了，又可以用来干什么？"教师通过提出开放式的问题，激发幼儿的好奇心和想象力，鼓励他们积极参与故事畅想。

再如绘本《一根羽毛也不能动》，孩子们感慨于蜜蜂、野兔、乌鸦来捣乱时，鸭子和天鹅的淡定；感慨于一阵大风吹来时，两个家伙的坚持。但当狐狸出现时，孩子们不禁惊呼起来："快跑啊！狐狸来了！"此时，故事情节层层深入，将幼儿的情绪不断调动起来，形势变得越来越紧张，孩子们的心也仿佛被揪了起来——悬念就此产生了。故事进行到此处时，教师首先可以让幼儿猜测"两个参赛者会怎么做",请幼儿给他们提出建议;随后,当鸭子和天鹅被狐狸运进洞里时,孩子们的心几乎已经跳到嗓子眼,他们不理解鸭子和天鹅为什么还在坚持,此时教师可以再次让幼儿发挥想象,创编接下来的情节;最后,教师引导幼儿辩论"鸭子和天鹅到底谁赢得了比赛",这是本故事的点睛之笔,能够引导幼儿在思考与辨析的过程中,正确判断比赛的胜负。通过设疑,教师可以在带领幼儿阅读本书后帮助幼儿总结提炼:生活中的胜负是多角度的,有时候,看似输了,实则赢了;有时候,看似赢了,实则输了。幼儿在思考中辨析,在辨析中领悟。

(三) 共读典型元素

教师提供给幼儿阅读的绘本,应结构简洁明了,画面表达清晰,前后表述模式贯通一致。在给幼儿推荐绘本时,教师首先要自己充分阅读,掌握绘本中的典型元素与表达内容。典型元素主要包括角色贯穿、色彩表达、构图延续、叙述方式等。随后,教师根据幼儿已有经验和教学目标,选取绘本中某个素材进行解读,帮助幼儿构建阅读样本,引导幼儿向样本借力,进行自主阅读或师幼共读。以绘本《我爸爸》为例,教师首先运用角色观察法,引导幼儿总览全书,再借助叙述模式,打开某页画面向幼儿提问:"你看到这一页爸爸在干什么?"并请幼儿用"爸爸像××一样××"的句式说一句话,同时出示该句式的提示卡,以便幼儿在自主阅读时,对照该模式进行经验迁移。再如,教师运用色彩表达法,引导幼儿关注《我爸爸》的封面是黄色的,请幼儿针对色彩进行观察、感知、联想与表达,并引导幼儿阅读时仔细寻找其他页面是否也藏着黄色,联想黄色表达了哪些意思。可见,当教师提供了绘本中的典型元素时,幼儿阅读就有了参照和依托,便于幼儿更有目的性地进行共同阅读。

二、激发同伴对话共读

《指南》中提到,教师要引导幼儿"喜欢与他人一起谈论图书和故事有关内容"。通过同伴间的互动,同伴对话共读不仅能加深幼儿对绘本内容的理解,还能激发他们的语言表达能力,活跃他们的思维,提升他们的社交技能。教师的任务是在集体绘本教学过程中设计多样化的同伴对话环节，激发幼儿之间的对话与合作，让他们在互动中共同成长。以下是激发同伴对话共读的三点关键策略。

（一）提供充足的绘本资源，激发自主选择和自由讨论

教师在集体教学中应确保绘本数量充足，让每个幼儿都有机会根据自己的兴趣选择并进行精读。这不仅能激发幼儿的阅读兴趣，还能为同伴之间的对话提供丰富的素材。当幼儿能够根据自身需求自主翻阅绘本时，他们在讨论中会表现出更大的兴趣和主动性，积极分享自己对故事的理解，并与同伴展开富有个人见解的对话。

例如，在阅读《小绿狼》时，教师为每个幼儿提供了多种形式的绘本资源，既有实物绘本，让孩子们能够触摸书籍、翻阅图画，又提供了电子书，通过投影或平板设备让孩子们在数字平台上互动阅读。此外，教师还从《小绿狼》中选取精选书页，复印或投影给孩子们，确保每个孩子都能看到自己感兴趣的内容，并聚焦于故事的关键情节。教师在组织教学活动时，首先介绍小绿狼的形象，然后提供不同形式的绘本资源，鼓励孩子根据兴趣自主选择并精读。每个孩子在阅读后与同伴分享自己的理解和感受。有的孩子对小绿狼如何改变自己感兴趣；有的孩子则关注小绿狼在不同场景中的情感变化，探讨小绿狼在各种情境下的心情。这些丰富的绘本资源激发了孩子们多元的思考和自由表达，促进了他们对故事的深入理解。

（二）精选共读页面，激发深度讨论和思考

教师应精心选择共读的页面，确保这些内容能够激发幼儿的思考和讨论。在教学过程中，教师可以通过在绘本中贴标签或列出页码的方式，引导幼儿关注特定内容，进而激发他们的好奇心，鼓励其对故事细节的深入探索。同样以《小绿狼》为例，教师可以精心选择几个关键的页面进行讨论，比如小绿狼决定改变自己外貌的情节。教师提出问题："如果你是小绿狼，你会选择怎样的变化来融入狼群？"教师鼓励幼儿从角色的情感和动机展开思考，激发幼儿的同理心。同时，这种设问也为幼儿提供了讨论的空间，他们可能会提出不同的答案，甚至想出不同的方式让小绿狼改变自己。这样的互动不仅加深了幼儿对故事内容的理解，也促进了他们创意思维的发展。

通过精选页面和精心设计的引导问题，教师能够引发幼儿对故事情节的深入分析，并促使他们从不同视角看待故事中的人物和情境。这种互动式的讨论不仅加深了幼儿对故事的理解，还培养了他们的批判性思维和表达能力。

（三）鼓励同伴间的互动和协作，激发共读热情

同伴对话共读的核心是激发幼儿之间的互动。教师可以通过小组共读、三两自由组合阅读等形式，鼓励幼儿在小组内分享各自的观点与感受。在这个过程中，幼儿不仅能够通过同伴的反馈拓展思路，还能在集体讨论中学会倾听与表达，激发参与热情和主动学习的态度。通过这种互动，幼儿能够在交流中加深对绘本的理解，体验到阅读的乐趣。

例如，教师在组织幼儿阅读《小绿狼》时，将幼儿分成小组，每个小组讨论小绿狼如何改变自己外貌来融入狼群的问题，并一起从图书中寻找答案。幼儿会分享自己的看法，比如有的发现小绿狼滚了泥，有的发现小绿狼刷了灰，大家一起统计小绿狼总共想了几种方法，并相互商量记录的方法。通过这样的互动，幼儿不仅加深了对故事情节的理解，也激发了对绘本精读的兴趣和探究欲。这种互动与协作不仅增强了幼儿的参与热情，也帮助他们在交流中形成独立思考的能力，让阅读变得更加富有意义和乐趣。

三、运用技巧帮助阅读

在绘本教学中，一些阅读小技巧的运用，能够提升幼儿的阅读兴趣和阅读能力。我主要从引导幼儿关注页码、学习正确使用书签和设计问题卡片等方面进行尝试。

（一）关注页码有益处——有序阅读

书本具有鲜明的序列性，引导孩子阅读，应从封面开始。绘本的封面上有图书名称和主角提示，读者既可以根据名称和画面对书本内容进行想象与联想，又可以将其作为接下来阅读图书内容的重要线索。页码是大部分书籍中不可或缺的一个重要内容（不包括近年来越来越多的无页码绘本），它标志着每一页渐进式的内容呈现，也记录着全书的总页数，不仅为读者在阅读过程中提供了沟通交流的便利，也能提示读者关注阅读进度。

在绘本教学中，教师引导幼儿既要关注绘本中的主体及主要情节，又要关注其中的细节，包括色彩、背景、线条等。教师根据教学目标，对照绘本内容，设计相应的阅读要求，并制作"阅读提示卡"提示幼儿根据要求自主阅读。如大班绘本《夜里不睡觉的人》，画面内容相对独立，呈现内容具有非连续性。教师提出阅读引导："请小朋友找一找，图书中告诉我们夜里有哪些人不睡觉？请你们把找到的书页页码记录下来，并在页码旁边用最简单的方式表现出是谁。"在集中交流时，教师借助 PPT，根据幼儿的发现，及时点开相应图片，鼓励幼儿用自己的语言讲解画面。

再如绘本故事《一根羽毛也不能动》，教师提出问题："鸭子和天鹅总共进行了几场比赛？""在比'一根羽毛也不能动'时，谁来捣乱了？"在教学时，教师引导幼儿带着以上问题分两次自主阅读，鼓励幼儿从画面中寻找答案，并尝试报出页码，与大家分享自己的发现。

在集体共读绘本时，教师通过运用图书页码，引导幼儿听指令共同翻阅，让幼儿感受页码带来的阅读便利，体验页码在阅读过程中的重要性，为培养幼儿的有序阅读习惯奠定良好的基础。

（二）小小书签用处大——创意表达

在绘本阅读过程中，教师主要以三种方式引导幼儿阅读：一是通过引导幼儿发现书本中每一页的重要线索；二是引导幼儿关注画面的整体与细节，进行关联表达；三是引导幼儿尝试从图书中找到相关问题的答案。书签是读书的辅助工具，有两个功能：一是在暂停阅读时，帮助读者记住本次阅读的位置，便于下次快速翻到此处，继续阅读；二是给书本的某个位置做醒目的标记，便于重温或交流时能迅速找到。

例如，在绘本《会走路的树》的教学中，教师提出一个主要问题，提供两种颜色的小书签（由彩纸裁剪而成），请幼儿从图书中寻找答案。教师提出的问题是："树的愿望有没有实现？谁帮助它实现了这个愿望？"请幼儿边阅读，边用小书签在图书中做好标记。因为有了书签，幼儿阅读图书的兴趣更加浓厚了，他们兴致勃勃地在图书中寻找答案，并用书签在答案处做好标记；因为有了书签，他们比以往阅读得更加仔细了，能够主动地观察每一页画面的细节，并能够生动地将这些细节融入自己的故事创编中。

（三）问题卡片巧运用——精读细思

爱因斯坦认为，重要的是不要停止发问，好奇心有其存在的理由。有效的学习是在好奇心驱使下，通过不停发问和寻找答案来获得新知。问题卡片的设计是引导幼儿专注阅读、思考阅读的有效激励策略。教师根据阅读内容，提出 1~3 个相关问题，并要求幼儿用绘画、标记等方式将问题记录下来，为大家共读、交流提供素材。卡片上的问题，源自幼儿的用心阅读，回答问题者可以是他人，也可以是本人，是针对问题有目的地阅读后获得的答案。幼儿在阅读时，学会提出问题与解答问题，有利于养成精读与思考的意识，增强发现问题的能力，并初步培养边阅读边记录的学习习惯。

针对不同年龄段的幼儿，需分层次运用问题卡片。对于小班幼儿，教师可预设问题，并将问题以幼儿能够理解的方式呈现，包括画面展示、语言讲解，鼓励幼儿在绘本中寻找答案。在此过程中，幼儿体验到了问题卡的用途，为后续阅读积累经验。对于中班幼儿，教师既可在师幼共读中引导幼儿提出疑问，也可直接提出疑问，引导幼儿发现答案并表达。答案可以通过采访他人（包括同伴、教师、家长）获得，也可以鼓励幼儿为其他人设疑，以"考考你"的方式与同伴交流阅读收获。对于大班幼儿，教师应鼓励幼儿自主阅读、大胆设疑，完成问题卡上的书面表达，并将问题卡中的每个问题单列，请幼儿书面回应不同答案，形成与该绘本一体的拓展类阅读内容。

结　语

教师在进行绘本教学时，应注重引导幼儿阅读与思考，并运用多种方式提炼经验，践行"教学做合一"的教学理念。绘本教学不仅仅是为了让幼儿了解该绘本的故事情节，更重要的是培养幼儿良好的阅读习惯，帮助幼儿掌握有效的阅读方式，让幼儿在与绘本、与他人的快乐对话中爱上阅读。

教师需要给幼儿提供充裕的时间、自由的空间，利用多样化的教学模式、灵活机动的组织流程，鼓励幼儿参与阅读。让幼儿与具象生动的画面对话，给予幼儿开放性的想象空间；让幼儿感知绘本中鲜明的色彩搭配，给予幼儿美的享受；让幼儿领略绘本中精美的语言和画面，领悟其中蕴含的深刻道理。教师在组织绘本教学时，应淡化"教"的意识，致力于探究如何提高幼儿阅读绘本的主动性，引导幼儿在阅读过程中体验到愉悦的情绪、碰撞出思维的火花，从而让幼儿阅读活动在快乐对话中进行。

第二节　让阅读区充满温度

阅读不只是一个简单的视觉扫描的过程，而是一个用自己的心灵去触碰画面中的人物、环境、事件的过程。

——虞永平

《指南》指出，应为幼儿创设自由、宽松的语言交往环境，鼓励和支持幼儿与成人、同伴交流，让幼儿想说、敢说、喜欢说并能得到积极回应。一个自由、宽松的阅读环境是有温度、有情感的，可以让幼儿的心灵沉静下来，安心地与图书对话、与阅读材料对话。首先，阅读环境应该是温馨且相对安静的，既可以满足幼儿自主阅读，又可以供幼儿自由表达；其次，阅读材料是有情感的，既有父母参与产生的亲情，又有同伴相互捧场的友情；最后，阅读材料是动态提供的，既有图书的动态调整，又有孩子个人故事的分享，孩子们的"口述日记"成为区域中的重要阅读材料。

一、我的阅读我做主

在儿童自驱力下进行的阅读行为，才能真正促进幼儿的有效阅读。教师在创设阅读区时，首先应听一听孩子的声音，判断当前儿童的需求；其次，所创设的阅读环境应具有鲜明的环境暗示作用，便于幼儿自主取放图书，并养成良好的阅读习惯。

（一）图书的提供

阅读区是幼儿查询资料、拓展学习的主要场所，其中提供的图书应是幼儿感兴趣的，或是与当前主题相关的。在创设区域时，一是应根据幼儿的认知特点，为图书架上的图书贴上对应的编号或标识，提示幼儿有序取放；二是应在区域旁设计并制作一个插牌处，幼儿可以将自己读过的图书记录在卡片上，并插入其中；三是应明确阅读要求，如每周每人至少读一本书，最后比一比谁读的书最多等。

这种区域创设方式不仅便于幼儿直观了解自己的阅读情况和同伴的阅读进度，也有助于教师观察幼儿的参与情况，并了解他们对不同书籍类别的兴趣，便于调整图书投放顺序。同时，这种方式帮助幼儿养成有序取放图书的习惯，便于他们登记并展示自己读过的书籍，也能鼓励幼儿向同伴推荐书本。通过这些活动，不仅能使幼儿理解书本的编号和页码的意义，还能培养他们良好的记录意识。

（二）图书的收集

在阅读区内，设置"新书推介"角，孩子们可以将新带来的图书或自制图书放入其中，与大家共享。如果读到此书的幼儿觉得不错，想向大家推荐，则可设计一个推荐卡，推荐卡上用简明的方式表达"推荐理由"，并将卡片插入"我推荐的图书"栏中，使彼此的共享更具互动性和参考性。

此外，在该区的一角墙面上，可以张贴幼儿推荐图书的二维码，二维码中藏着故事录音，有些录音故事是从网上下载的，有些是幼儿或亲子讲述的。一旁的图书架上还可提供与录音故事匹配的绘本或幼儿的自制图书。孩子们可以扫码听故事，并记录自己的感受。可见，阅读区中收集的阅读材料可以是幼儿推荐的图书、自制图书，也可以是视听材料，还可以是教师根据实际需要提供的相应的图书。

二、我和爸妈共读书

"听一听"区域中提供的故事是由家长和孩子在家里共同讲述并进行录音的，孩子们再将故事录音、相关图书及亲子阅读照片带来。

（一）工作推进方式

1. 家长工作先行

（1）微型讲座：教师在班级群中进行小讲座，与家长分享亲子共读的重要意义，明确"我和爸爸妈妈共读书"活动将正式启动。

（2）明确规则：制定区域规则，鼓励孩子有始有终地阅读。

（3）共同分享：请孩子将自己讲述的故事带入班级与同伴分享，提升幼儿阅读成就感。

经过一段时间观察，教师发现幼儿聆听自己和同伴所讲的故事时，比听网络故事时多了份乐趣与亲近，聆听时更加专注。同时，幼儿在与同伴分享图书、共同聆听时，当事人能够以主人身份，更自主、清晰地与同伴交流图书内容及故事情节发展。

2. 区域环境设置

（1）氛围营造：摆放舒适的桌椅、靠垫，提供舒适的阅读环境。

（2）设备提供：放置迷你音响和 U 盘，内放亲子阅读录音，标注每个故事编码和名称，并提供与录音匹配的图书，图书插袋上贴有相应故事编码。

（3）墙面展示：创设墙面，其主题为"我与妈妈共读书"，并在上面张贴亲子阅读照片，标上编码，提供点赞贴纸，鼓励孩子们互相点赞。

（二）活动实况陈述

教师在班级微信群里进行了微型讲座后，家长们一下子沸腾了。大家一致认为这是一件非常有意义的事情，既乐意以这次"读书活动"为契机，开展家庭亲子阅读；又愿意为孩子未来拥有良好的阅读习惯而共同努力。随后，家长们纷纷响应号召，发来录制的故事音频。我们通过精心筛选，录用了部分故事，同时对大家的亲子共读情况提出指导性意见和建议。

孩子们对语言区中新投放的内容情有独钟，纷纷舒适地坐在该区域中，开着小音响，翻着匹配的图书。当讲述者也在区域中时，便会摆出头头是道的架势，担任起导读者的角色。

这一举措，使该区域中图书的利用率提高了，浏览量也增加了许多。当教师将幼儿在该区域中的表现分享到家长群时，家长鼓励孩子参与活动的积极性更高了，从图书挑选、故事讲述、道具准备等方面帮助孩子进行更加充分的准备。就这样，班级亲子阅读的良好氛围已初步形成，教师致力于将这良性循环持续推进下去。

三、"口述日记"乐分享

《指南》中指出："应在生活情境和阅读活动中，引导幼儿自然而然地产生对文字的兴趣。"每当我带中班幼儿时，都会在开学初推出"口述日记"活动。活动的操作方式是,家长为孩子准备一本专门的日记本,引导幼儿有序地讲述一件事情,由家长帮助记录下来,并鼓励幼儿以独特的方式参与记录,从而激发幼儿对记录、表述的兴趣,让幼儿萌发对文字记录的向往。

在指导幼儿完成"口述日记"的过程中,家长不仅实现了高质量的亲子陪伴,更在与孩子共同创作的过程中增进了相互理解和欣赏,从而强化了亲子情感联结。同时,这一活动也隐含着重要的教育价值:教师通过这种方式向幼儿传递积极的自我认知——"你能行,你可以做到!"这实质是在培养幼儿用自己独特的方式清晰表达思想的能力,为其日后自主表达需求和想法奠定基础。

(一)启动工作

1. 发布公告:在班级群里发布"口述日记"活动的通知,说明活动的目的和形式。通知中详细说明活动的意义,以及家长和孩子需要做的准备工作。(见附一)

2. 家长培训:通过小讲座和示范,指导家长记录孩子的"口述日记"。提供一些具体的建议,包括如何引导孩子口述、如何记录孩子的语言、如何鼓励孩子用绘画或简单的文字参与记录等。

附一:

班级公告(一)

家长朋友们:

大家好!

从下周开始,我们将启动孩子"口述日记"活动哦!

具体形式:孩子口述一件事情,要求说清楚时间、地点、和谁、干了什么、心情怎样(五要素)。

记录方式:

(1)请家长根据孩子的讲述用文字记录下来;

(2)如果孩子能用简笔画表达某些内容,可以鼓励孩子画出来;如果孩子能自己写字,可以让他们自己写。(切记,不必刻意教孩子写字)

日记本规格：为便于保管，日记本统一使用 145 mm×210 mm 的软面抄。

下周我们将进行首次尝试，可以一周写一篇，也可以写多篇。日记本将于每周五发放，周三交回。周三到周五放在教室，供孩子们相互分享阅读。

这一活动对孩子语言表达能力及未来写作能力非常有帮助，期待得到家长们的大力支持！

无锡市新吴区实验幼儿园　中二班

20××年 9 月×日

（二）情况实录

这一倡议的发出，获得了家长们的高度认可和鼎力支持。周一，我就收到了 12 位孩子带来的日记本。翻开日记本，记录方式精彩纷呈——有的纯粹是幼儿涂画；有的完全是家长记录；还有的则是幼儿说、家长帮助记录。在此过程中，家长们做到了如果孩子可以用绘画的方式表达的，就让孩子用绘画来取代文字；如果孩子想自己描画简易文字，就放手让孩子自己书写。

为了让家长更好地了解实行这一举措的用意、引导家长掌握更行之有效的记录形式，我每次都会将家长们有意思的、特别的记录内容拍照分享到班级群里，供家长和孩子参考与共读。渐渐地，有的家长竟在孩子陈述的尾部写上了自己的感悟和"家长寄语"，一下子提升了日记本的温度。

有不少家长表示："非常感谢老师想出了这个方法，让我更好地了解了孩子的能力和丰富的内心世界，原来我的孩子竟然这么棒！"

对于教师来说，这项活动至此仅仅是个开始，日记本在自由阅读和班级共读中激起了幼儿极大的热情。此时我又发布了第二则班级公告。（见附二）

附二：

> ### 班级公告（二）
>
> 　　家长朋友们：
>
> 　　经过一个月的"口述日记"体验，孩子们讲述自己故事的积极性越来越高啦！为了进一步激发孩子们的表达兴趣，我们决定在班内开设"小小演说家"活动，让孩子每天有机会讲述自己的故事。为了让您的孩子更好地参与其中，现提出以下几点建议：
>
> 　　1. 尽量以孩子陈述的口吻记录（家长的角色仅是帮助记录，无需修饰）。
>
> 　　2. 尽量引导孩子参与记录，可以用简单的文字记录，或用画面表达具体的词汇。
>
> 　　这一举措可以培养孩子以下几方面能力：
>
> 　　1. 初步培养对事件记录的兴趣、对文字记录的兴趣；
>
> 　　2. 激发孩子乐于与他人（包括家长和同伴）分享自己的经历；
>
> 　　3. 引导孩子学习用文字和画面表达自己的想法和思考；
>
> 　　4. 培养孩子的作业意识，为日后的学习奠定良好基础。
>
> 无锡市新吴区实验幼儿园　中二班
>
> 20××年 10 月×日

（三）分享与反馈

1. 班级分享：将孩子们的日记本放在图书架上，供同伴阅读和交流，激发幼儿阅读兴趣，鼓励他们分享自己的故事。

2. 小小演说家：设立"小小演说家"角色区，每天请 3~5 位孩子讲述自己的日记内容，增强幼儿的自信心和表达能力，同时培养他们的演说能力。

3. 家长反馈：通过微信群分享孩子的表现视频，让家长了解孩子的进步，增强家园互动，形成良好的家园合作关系。

通过这一系列的分享与反馈机制，孩子们不仅在日记记录中获得了语言表达的机会，还在班级内外的互动中提升了自信心和表达能力。同时，家长通过视频分享，也能及时了解孩子的进展，进一步增强了家园之间的联系。这些互动形式不仅培养了孩子们在日常生活中良好的表达习惯，也促使家庭和教师共同关注孩子成长的过程。

随着活动的深入，教师将继续根据孩子们在完成"口述日记"过程中的表现，灵活调整活动方式，例如增加更多互动环节或引导孩子通过不同的创意方式表达日记内容，进一步激发他们的兴趣并提高其语言表达能力。这样的互动模式，为孩子们提供了一个全方位发展的平台，既锻炼了他们的语言能力，也增强了他们的社交能力和团队合作精神。

（四）活动成效

1. 关于幼儿

（1）因为有了"口述日记本"的支持，孩子们的表述更加有依据了，他们似懂非懂地阅读着自己的日记，颇有新闻主持人的风范；

（2）这项活动得到了家长们的支持，且由于自己的日记有可能在班级中被分享，孩子们更加认真地对待这件事情；

（3）幼儿更加自信了，更乐于参与日记的完成和在集体面前展现自我。

2. 关于家长

（1）将家园共育推向了新高度，越来越多的家长参与到这项活动中来；

（2）看到孩子们充满自信地在集体面前讲述日记，家长们感到无比欣慰与自豪。谁都不想让自己孩子错失这样锻炼的机会，更不想看到自己的孩子落后于其他孩子，所以更加积极配合。

3. 未来验证

（1）任务意识：多届幼儿升入小学后，普遍表现出较强的任务意识。他们能够按时完成作业，主动承担课堂任务，并积极参与集体活动。

（2）表达能力：孩子们在小学阶段展现了较强的表达能力，能够在课堂上大胆自信地发言，清晰地表达自己的想法。这一能力源于在幼儿园阶段"口述日记"活动的锻炼。

（3）自我表现能力：许多孩子将从中班开始养成的表达和自我展示的习惯延续到小学中高年级。在课堂讨论、学科汇报和其他集体活动中，孩子们能够自信地展示自己的观点，具有较强的自我表现力。

正如《指南》所指出的，为幼儿创设一个自由、宽松的语言交往环境，是促进其语言发展和情感表达的关键。在这样的环境中，幼儿不仅能安心地与图书对话，还能通过与成人、同伴的互动，建立起自信，提高表达能力。通过精心设计的阅读区，我们为孩子们提供了一个有温度的空间，使他们能够自由地探索知识、分享故事，感受阅读带来的乐趣与成长。

阅读区中的图书、亲子共读，以及"口述日记"的分享，都为孩子们搭建了情感交流的桥梁。无论是书本中传递的知识，还是日记中的故事与流露的情感，都是孩子们成长道路上的宝贵财富。在这样的阅读环境中，孩子们不仅仅得到了知识的滋养，更体验到了来自家庭、同伴和教师的关爱与支持，真正做到了"想说、敢说、喜欢说"，从而更加积极向上，提升了语言表达能力与自信心。在未来，我们将继续完善这一温馨而富有情感的阅读环境，促进孩子们在更广阔的世界中自信地表达自己、探索未知、分享成长。

第三节 例谈大班阅读区创设与支持策略

语言，是孩子们探索世界的钥匙，是连接未来的桥梁。孩子们在阅读区中用小小的手翻动书页，故事在他们眼中变得鲜活，文字在他们心中生长。在幼小衔接的关键阶段，这片阅读的沃土，承载着他们的梦想与成长，为他们迈向小学生活铺就一条生动而充实的道路。

教育部 2021 年颁布的《幼儿园入学准备教育指导要点》中，明确阐述了在幼小科学衔接工作中关于幼儿语言能力发展的基本目标和要求，强调了语言发展在幼儿整体学习与发展中的重要作用。语言既是儿童表达认知、情感、思想的主要工具，也是用来叙述事件、表征理解的基本手段。帮助大班幼儿做好阅读与书写准备、提高幼儿语言理解和运用能力，是幼小衔接工作中的重要任务。教师通过区域环境创设、语言游戏多样化探索、教师指导方法多元化三个维度给予有效支持，引导幼儿学会专心倾听，激发幼儿对文字符号的兴趣，使其乐于主动表征，为进入小学学习做好准备。

一、区域环境创设

在创设阅读区环境时，对场域和空间进行创意设计与有效利用是重要一环。教师应通过挖掘墙面、桌面、地面、柜面等资源的可利用性，对空间区域进行架空式立体设计，营造宽松有序的区域环境，以满足幼儿阅读与表达的需求。

（一）硬件设施利用

1. 墙面利用

当我们靠墙面创设阅读区时，墙面就成为阅读空间的重要组成部分。教师应利用墙面高度，合理考虑视觉元素的利用，幼儿可触及高度以外的墙面可以作为"表征展示区"，较低的墙面可以用作"游戏互动区"，使墙面从静态装饰变为动态学习场景。例如，在墙面上设计成套的词汇分类图表，将与"动物""植物""日常用品"等相关的文字、图片和拼图挂在墙上，供幼儿随时组合与操作，帮助他们在互动中加深对词汇的理解。此外，成果展示区的设置还能鼓励幼儿参与创编与表达，通过展示自己的作品，增强自信心与成就感。墙面也可以设计动态互动区域，如投放"文字接龙游戏"的规则图板或"故事接龙"的故事起点，让幼儿以此为基础，自发参与并创作后续情节。墙面信息的直观呈现和丰富的可操作性，让孩子们能够在不经意间获取知识，深化语言理解与运用能力。

2. 桌面利用

桌面是幼儿对游戏材料进行操作和探索的主要场所。教师根据幼儿认知特点和学习需要，设计可供幼儿在桌面上操作的游戏材料，能够激起幼儿的语言表达兴趣，锻炼动手操作能力。例如，在"象形文字匹配"活动中，教师提供了早期象形文字与现代汉字的卡片，并将相关的图画放置在桌面两侧，幼儿通过观察卡片中的细节特点，自行连接古文字与现代汉字，进一步通过说出这些汉字的意思完成学习任务。这一活动不仅让幼儿感受到汉字演变的趣味，也增强了其语言运用与表达能力。再如"看报纸找汉字"活动，利用废旧报纸和图书，要求幼儿在报纸中圈出指定的文字，通过这一细致的任务培养幼儿的专注力和识字能力。此外，"偏旁匹配"活动围绕汉字的偏旁部首进行趣味化设计，帮助幼儿认识偏旁的形态和意义，形成结构化的文字认知。例如，教师可以在桌面上提供标有不同偏旁的卡片，幼儿需将同类偏旁的文字归类并组合成完整词语，这不仅能够提高幼儿的观察能力，还能提升其逻辑思维能力。

3. 地面利用

地面空间不仅包括区域划分以内的地面，还可以向区域外延展，利用区域周边更多的地面。地面游戏设计须注意动静结合，既要满足身体活动需求，又要融入语言游戏的教育目标。例如，"跳网格造句"是一项结合了肢体动作与语言能力的游戏。教师在地面划分出多个网格，每个网格内写有词汇或短语，幼儿需按照指令从一个网格跳到另一个网格，并用所在网格的内容造句。通过这一动态游戏，幼儿不仅强化了对词语的理解，还在动作与语言的结合中增强了记忆力和表达能力。再如"看图说话"活动的地面设计，通过投放大幅图片或卡通场景，让幼儿站在图片前扮演角色并描述故事情节，这一方式充分激发了他们的想象力与叙述能力；而"词汇接龙"游戏则利用地面道具如文字卡片或拼图，让幼儿根据规则逐个接龙，既考验了反应速度，也培养了团队合作精神。地面活动的有序组织，让幼儿在轻松愉悦的氛围中完成了语言技能的学习与内化。

4. 空间利用

在区域环境创设中，我们还可以通过向空中延展的方式进一步优化空间利用。例如，通过顶部垂挂的方式营造阅读氛围，将与阅读主题相关的图片、文字、装饰物悬挂在空间中，激发幼儿的好奇心和探索欲。同时，从底部向上进行架空设计，可以增加更多立体化的互动区域，如设置框架式"阅读剧场"或悬挂式"故事画廊"，为幼儿提供沉浸式的语言活动场景。这种多维度的空间利用，不仅丰富了幼儿的感官体验，还为他们营造了动态、灵活且富有吸引力的学习环境，使他们在宽松有序的氛围中，自由选择活动内容，充分发挥语言表达能力和创造力，真正实现语言能力的发展与提升。

（二）阅读材料提供

在优化区域环境的基础上，阅读材料的选择与提供对幼儿的阅读兴趣对语言学习效果有着至关重要的影响。教师应以幼小科学衔接思想为指导，精心挑选适宜的阅读材料并配备辅助工具，引导幼儿与阅读内容建立有效互动，从而激发幼儿的阅读兴趣，提升幼儿参与阅读的积极性。

1. 图书提供有方向

教师根据幼儿的兴趣需求与当前主题，在阅读区中提供能够吸引幼儿注意力且幼儿看得懂的图书，并在区域一角设立了"好书推荐区"。"好书推荐区"包含了"好书陈列处"和"好书投票处"，旨在鼓励推荐书籍的幼儿与大家分享推荐理由和图书内容，并以赋予投票权利的方式激发其他幼儿参与阅读的积极性。这种形式，激励幼儿在幼儿园、家里、图书馆等各个地方主动寻找自己眼中最好看的图书，增强了幼儿主动阅读的意识，拓展了阅读内容，也促使师幼、幼幼之间的互动交流更加精准而深入。"好书推荐"能够促进幼儿在广泛阅读中识别图书的优劣，能够锻炼幼儿的语言表达能力和自我表现能力。好书推荐与投票能向教师传递幼儿阅读水平和兴趣倾向的信号，便于教师更有针对性地调整教育策略。

此外，大班幼儿即将升入小学，教师可以收集小学一年级的教科书，包括数学、语文、思想品德等基本教材，陈列在书架上，供幼儿自主阅读与分享。这样既能减少幼儿对小学课本的陌生感，又能激发幼儿对小学学习的向往之情。

2. 自制图书乐趣多

《指南》指出，在语言领域的教学中应"鼓励和支持幼儿自编故事，并为自编的故事配上图画、制成图书"。为了引导幼儿大胆尝试自编图书，教师在语言区中设置"自编图书专区"，在区域中投放相关的辅助材料，如纸张、彩笔、胶带、剪刀等基本材料，还提供折叠纸卡、角色图卡、辅助饰物及其他辅助工具，供幼儿自主投入图书创编设计。

在幼儿阅读过程中，图书破损情况不可避免，教师将"修补图书"作为自制图书项目的一部分，鼓励幼儿在图书发生损坏时及时修补；同时还提供了"给图书包书皮""自制书签"等活动的材料，既能在活动中锻炼幼儿的动手操作能力，也能够引导幼儿养成爱护图书、有序阅读的良好习惯。

二、语言游戏多样化探索

我们在语言区中还设计了丰富多样的文字游戏，包括有趣的偏旁部首游戏、找一找圈一圈游戏、同伴名字匹配记游戏等。

1. 找偏旁擂台赛：偏旁部首的感知活动，使幼儿明白了带有"三点水"的文字与水相关、带有"草字头"的文字与植物相关、带有"提手旁"的文字与手部动作相关……于是，"找字游戏"在区域活动中顺理成章地诞生了。为了给孩子们以参考，我在墙面上制作了一些标识，如"三点水"用蓝色表示，"草字头"用绿色标识，"提手旁"用红色表示。孩子们在阅读时，可以根据颜色提示在报纸中圈出相应的文字。墙面上的"找字擂台榜"上展示着幼儿找汉字的数量情况，你追我赶的孩子们学会了耐心细致地阅读，并在阅读时圈圈点点做标记。

2. 我为朋友找名字：投放幼儿学号、照片、名字匹配游戏，可引发幼儿关注同伴姓名。在墙面板上完成匹配游戏，成为孩子的兴趣焦点，他们凭着记忆从散落的"字海"中找出好朋友的名字，并将文字卡片逐个插在好朋友的照片旁边；大家通过与名单校对、同伴间相互检查等方式，对全班幼儿的姓名有了更多认识。

3. 文字匹配游戏：我国文字历史悠久，形体变化多样，为幼儿呈现实物转化为象形文字，再演变为现代汉字的过程，易于幼儿理解且趣味无穷。教师搜集了从象形文字到现代汉字的系列图片，打印并塑封，投放在区域中，引导幼儿尝试匹配游戏，进一步探索与感知文字演变的趣味性。教师还提供了沙盘、印模、文字纸板、水砂纸等材料，引导幼儿大胆地动手描一描、画一画，感受书写的乐趣。

4. 真实事件表征：皮亚杰的认知发展理论指出，处于前运算阶段的儿童（2~7岁）的符号思维能力和表征能力迅速发展。[①] 为幼儿提供丰富多样的生活和游戏情境，通过照片、视频、同伴叙述等形式在区域中再现活动场景，给幼儿提供以第三视角观察和表征的机会，有利于幼儿产生情感共鸣和认知链接，激发幼儿语言表达的欲望。同时，教师可提供与活动场景匹配的文字图卡，助力幼儿表达、表征。例如，在一次户外活动中，孩子们在廊道上骑小车，发生了小车乱扔、轮子卡住、超载、交通拥堵等问题。老师将活动场

---

① 戴安娜·帕帕拉，萨莉·奥尔茨，露丝·费尔德曼. 发展心理学：从生命早期到青春期（第10版·上册）［M］. 李西营，等译. 北京：人民邮电出版社，2013，273.

景拍摄下来，作为讲述素材投放到区域中，鼓励幼儿多视角观察与表达。

三、教师指导方法多元化

日常活动中的语言具有随机性和偶然性，而班级语言环境的可控范围和调节空间较大。教师可以根据幼儿的认知能力和兴趣需求，营造相应的活动环境。通过区域活动中的诱导式留白、趣味性语言游戏和递进式介入，引导幼儿主动表达、积极表征。

1. 诱导式留白

良好的活动环境能够激发幼儿主动参与的积极性。在创设阅读环境时，适宜阅读的桌椅摆放、采光状况是基本条件；在区域中创设诱导式空间留白，提供折、剪、画等辅助性表征工具和材料，为幼儿思辨和即兴表达提供条件。一个电视框、一个小话筒，为幼儿创设了小主持人的场景；一本图书中夹着外显的书签、一张粘贴在相应书页上的纸张，有助于引发幼儿的好奇心，促使其翻阅精读、畅想创编；表演场景、角色类表征物件，符合幼儿角色认知的特点和装扮需求，能够激发幼儿积极运用肢体语言、口语演说、美工附加等方式大胆参与表达。

2. 互动式参与

自主学习能力决定儿童个性化成长的高度。利用区域性环境资源，为幼儿营造适宜自主学习的空间，鼓励幼儿尝试多样化的书面表征，有利于促进幼儿学习能力的提升。游戏设计的趣味性主要包括游戏内容的趣味性、互动方式的趣味性和表现形式的趣味性。如"你出题，我表演"的偏旁游戏，幼儿能够在与同伴的互动中相互学习、共同成长；再如"看封面画书名""按书名找图书""看图书做记录"等游戏，促使幼儿关注图书和文字，在画一画、记一记、找一找的过程中增强了自主学习能力和符号表征能力。

3. 递进式介入

能够清楚地表述一件事情是一种能力，而这种能力源自持续不断的积累。基于对幼儿语言表达能力和逻辑思维能力的掌握，教师可循序渐进地提出讲述要求，鼓励幼儿根据已有经验和亲身感知进行创意表达，有效促进幼儿语言表达能力的提升。如层层递进的"走一走、说一说"游戏，就是一个典型范例。我们在教室中央的空旷场地内设计了这个游戏，幼儿两两结伴参与。第一阶段，两名幼儿分别挑选相对简单的图卡放在对方所在的网格中，一名幼儿掷骰子，另一名幼儿按所抛的数字行走，停留在某网格，就要按照"时间、地点、人物、事件、感受"五要素表述一句话，说得合理即过关，不合理就得暂停一次游戏。第二阶段，教师将简单的实物图卡改为内容相对丰富的图卡，要求幼儿讲述事件时把五要素讲清楚。第三阶段，孩子们将图卡捏在手中，每次行进都需要完成与网格中的图卡及手中的图卡相关联的表述。幼儿在一次次层层深入的语言游戏中，既锻炼了依据逻辑对要素进行整合的能力，也锻炼了认真倾听对方讲述的能力。

幼儿的语言能力是在交流和运用中发展起来的，应为幼儿创设"想说、敢说、喜欢说"的自由而宽松的环境，并能让幼儿适时地得到成人的积极回应。[①] 我们在为幼儿创设阅读区时，从宽松有序的环境布置到趣味丰富的阅读材料设计，再到多样化的指导方式，每个环节都应充分考虑能否促使幼儿"想说、敢说、喜欢说"，能否满足幼儿多样化的语言学习需求，能否促进幼儿自信心与表达力的发展。阅读区，作为幼儿园语言教育的重要场域，在幼小衔接的关键阶段，不仅仅承担着为幼儿语言入学做准备的任务，更为幼儿进入小学后的学习与表达能力奠定坚实基础。

第四节　指向完整儿童的幼儿园立体阅读探析

阅读是一扇通向广阔世界的窗，带领孩子们探索无尽的可能。立体阅读是在多感官交织的体验中，激发孩子对世界的好奇与探究，带领孩子发现生活的丰富与美好。通过触摸、聆听与观察，孩子们感知到更多的细节和情感，每一次阅读，都是一次心灵的旅行，一次与世界对话的契机。

我国幼教界普遍关注早期阅读，对于早期阅读的重要意义已达成充分认识。[②] 从搜集到的大量关于早期阅读经验的文章看，学者已从阅读内容的多元化、阅读形式的多样化、阅读体验的多维化等方面，进行了丰富的

---

① 王丹，论幼小衔接视角下的家庭语言教育 [J]《教育科学》（大连），2020（1）：91-96.

② 周兢. 论早期阅读教育的几个基本理论问题：兼谈当前国际早期阅读教育的走向 [J]. 学前教育研究，2005（1）：20-23.

实践研究。但对幼儿阅读行为与幼儿认知特点之间的深度匹配性研究，其研究内容较为单一，目前仅围绕阅读行为本身和阅读演绎方式进行了一定探究，尚未找到基于幼儿自身感知的、促进认知经验不断生长的立体化阅读方面的研究资料。我们发现，根据幼儿认知经验选择匹配的阅读内容，并将文本内容转化为具象化、实体化、生活化的体验形式，有利于幼儿获得更为积极有效的阅读效果和认知提升。从完整儿童和立体阅读之间的关系来看，完整儿童是培养目标，立体阅读是活动形式，教师应基于两者设计阅读活动，充分考虑幼儿身体、心智、精神等各方面的全面发展，或通过多种阅读内容的立体整合，促使幼儿完整成长。

本节基于文献研究和园本调研，提出了指向完整儿童的幼儿园立体阅读的必要性，明确了在理论层面和实践层面的研究价值，并阐述了基于立体阅读实践，幼儿园构建出的"悦心""越行""跃启"三种文化样态。

一、国内外同一研究领域现状

（一）关于完整儿童的概念阐释

我国学者认为，儿童从一开始就拥有完整的生命，他们的身体、心智、精神和道德等方面是相互联系、共同发展的[①]；"完整儿童"的教育是以儿童发展为本的教育，活动课程是基于儿童的发展需要与学习顺序，以培养全面均衡发展的完整儿童为目标的课程体系。国外学者海尔曼以"恩物"为叙述对象，将儿童视为最基本的完整整体；杜威认为，儿童教育的完整性目标不仅体现在智力发展上，而且体现在社会性、道德和身体的共同发展上；哈佛大学心理学博士霍尔提出"关注完整儿童发展的体现"；纽约普拉特学院院长亨德森强调儿童与周围环境的相互作用。综上所述，我国对于完整儿童的研究内容较少、起步较晚，对于完整儿童在概念维度的界定不够明确，多以对现状的调查研究为主，围绕当前幼儿发展的现状、问题及措施开展研究，对政策文件的解读、对教师观念的改变，以及对如何造就完整儿童的研究较少。

---

① 周兢. 论早期阅读教育的几个基本理论问题：兼谈当前国际早期阅读教育的走向 [J]. 学前教育研究，2005（1）：20-23.

（二）关于多种阅读的概念剖析

我国学者主要聚焦于作为早期阅读核心经验子维度之一的早期阅读能力及其习惯培养策略进行研究，提出了多元化阅读、多维阅读、全阅读等概念，其中指向立体阅读的实践研究已经启动。可见，幼儿早期阅读概念是指向阅读活动的年龄，多元化阅读、多维阅读、全阅读和立体阅读等概念是阅读的形式与方法，即通过多样化的手段和多视角的阅读，促使幼儿更好地理解阅读内容、提升阅读兴趣。从表 3-1 对各类阅读形式的概念剖析来看，多元化阅读、多维阅读和全阅读倾向于通过多样化的阅读形式，引导幼儿理解、掌握阅读内容，而立体阅读则是基于幼儿认知经验，实现多元经验的叠加。国外对于早期阅读支持策略的研究呈现出多元化的趋势，但尚未查询到有关立体阅读的相关特定论述。

表 3-1　各类阅读形式的概念

序列	类别			
	多元化阅读	多维阅读	全阅读	立体阅读
指向	早期阅读核心经验：早期阅读品质、早期阅读能力、早期识字	多系统、多角度、多方面	全人员、全时空、全领域	情景体验、多元融合
目标	提升幼儿阅读品质、早期阅读能力和早期书写能力	以更加灵活多变的思维审视周围事物、思考问题	完成自我与自我、自我与他者、自我与社会之间的联结	提升核心素养
形式	在集体教学互动、个别化学习活动、亲子阅读活动中创设阅读情境，提供多种类型的阅读材料，搭建多种主题的阅读互动关系，采用多种阅读指导方法	多方法、多手段、多模式的运用，让幼儿实践、体验、体会	感官维度、阅读层次、多维情境	电子阅读、有字与无字阅读、影视与演出阅读；充分挖掘绘本价值，借助绘本呈现多元信息，展开多领域活动

（三）关于立体阅读的运用情况

国内立体阅读概念多运用于图书馆阅读的推广与运用，或运用于义务教育阶段。简健萍提出，3~6 岁幼儿的图画书阅读教育，其实是一个从平面走向立体的阅读引导过程。黄海虹认为，借助立体阅读的方式开展集体阅读活动和阅读延伸活动，能够帮助幼儿深入解读绘本内容，促进幼儿对绘本内容的个性化表达①。国外立体阅读这一概念在幼儿园中的运用情况不明，已有研究多以量化的数据验证不同的阅读材料、阅读环境、互动关系对儿童学业成绩、读写技能、学习兴趣、亲子互动质量的影响。总体来讲，我国幼儿立体阅读尚未得到广泛的研究，现有研究以多元化阅读或者全阅读为主，且主要聚焦于中小学的语文学科教学；学前教育领域的相关研究较为零散，已有研究多集中于策略性研究和经验梳理，缺乏相关的实证研究。

二、核心概念的园本化界定

（一）完整儿童

"完整儿童"是指儿童完整的身体、心智和精神三大方面和谐而富有个性的发展。如图3-1所示，完整的身体指向生理发育和物理空间意义上身体的全部；完整的心智指向幼儿的自我认知、自我意识、自我情感，以及思考力、意志力、判断力等方面的发展；完整的精神指向成长敏感点，引导幼儿在经历过程、经验积累、生活体验中实现自尊心、自信心、责任心、主动进取精神、学习兴趣和良好习惯等各方面的全面发展。

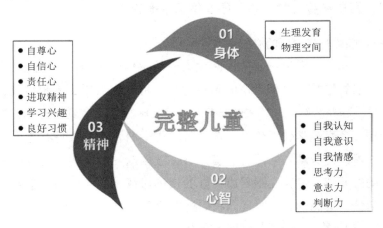

图 3-1　完整儿童概念图解

---

① 黄海虹. 双渠道助推绘本"立体阅读"，支持幼儿个性表达 [J]. 山西教育（幼教），2022（6）：54-56.

（二）立体阅读

"立体阅读"是指基于儿童立场，遵循3~6岁儿童学习与发展的规律，围绕主题或项目活动，运用立体的环境资源、多维的阅读思路、丰富的活动内容，开展的一种兼具全面性、建构化、生动感的阅读活动。立体阅读的培养目标指向幼儿身体、心智和精神的全面发展；活动内容指向课程体系和幼儿经验动态化与生长性的持续建构；组织形式是借助教学策略和艺术手法，使阅读内容呈现出活力和真实感。

（三）指向完整儿童的幼儿园立体阅读研究

我们紧紧围绕国家"培养全面发展的儿童"的要求和幼儿自身发展需求，以幼儿园立体阅读活动为抓手，通过对阅读环境、阅读内容、阅读教学、阅读活动的实践研究，逐步形成以教与学双向建构为主线的立体阅读活动实践体系，促进幼儿完整成长。我们将立体阅读概念有机贯穿于主题活动、游戏活动、生活活动和节日活动中，有效渗透到幼儿园日常活动里，旨在增强立体阅读活动理念、目标、时空、内容、活动组织、活动评价、师幼关系、家园共育等各方面的内在一致性，协调复杂教学情境中诸要素之间的关系，实现立体阅读教育促进幼儿身体、心智、精神全面发展目标。

三、指向完整儿童的幼儿园立体阅读研究必要性

（一）顺应时代发展的必然要求

习近平总书记在致首届全民阅读大会的贺信中指出："阅读是人类获取知识、启智增慧、培养道德的重要途径，可以让人得到思想启发，树立崇高理想，涵养浩然之气。"2023年"六一"国际儿童节到来之际，习近平总书记在北京育英学校考察时强调，新时代中国儿童应该是有志向、有梦想，爱学习、爱劳动，懂感恩、懂友善，敢创新、敢奋斗，德智体美劳全面发展的好儿童。培养儿童养成良好的阅读习惯，学会向书本学习，促使儿童爱阅读、会阅读，是时代向我们提出的要求。

（二）指向幼儿完整成长的现实需求

幼儿期是感觉经验的开创期、创造经验的感觉期、感觉知识的敏感

期，感觉经验具有不可替代性。① 立体阅读将绘本内容转化为能给幼儿带来觉知的具体环境、事物或现象，促使幼儿在与之互动的过程中产生感觉和经验生长。这一转化，便将绘本内容从平面的样态转化成能够激发幼儿身体、心智、精神完整发展的多样化样态，教师通过对阅读内容的安排与选择，促使幼儿在阅读理解、实践体验中获取完整发展的均衡性与个性成长。

（三）丰富幼教理论与实践的有益探索

从理论层面来看，本节以实践为基石，丰富完整儿童和立体阅读的内涵，论证立体阅读的意义；深入研究完整儿童与幼儿立体阅读之间的关系，以及完整儿童理念下的幼儿立体阅读活动体系，以期为我国立体阅读促进幼儿完整成长提出更为科学有效的教育主张。近年来，教师分别从国内外教育理念、课程建设、阅读形式等多方面进行梳理、归纳，发现"完整儿童"的概念增加了对幼儿心智层面和精神层面的培养要求，从而对教师解读《指南》的五大领域发展目标展开了深层次引领。幼儿认知是在自身感知产生链接的基础上不断生长的，立体阅读通过绘本与生活双向转换，有效整合环境资源，积极拓展教学策略，促进幼儿完整成长。

四、基于立体阅读构建幼儿园文化样态

立体阅读在幼儿园的深度渗透，推动校园文化从"阅读为本"向"文化为魂"转变，形成了以阅读为载体的多维度教育生态。教师通过实践研究，不断丰富阅读内容与方式，使环境、活动与幼儿认知需求高变契合，推动文化样态的内涵发展。在这一过程中，教师依托绘本环境创设，打造了校园的"悦心样态"，让孩子们在阅读中感受到温暖与激励。多样化的阅读活动，激发了孩子们在日常生活中的"越行动态"，鼓励他们不断探索与表达。教师与幼儿的互动和文化积淀，激发了幼儿园整体的"跃启状态"，让园所文化焕发持久的活力与教育创造力，推动园所文化的持续成长与深化。

---

① 张思宇，吕欢. 浅谈蒙台梭利的秩序敏感期［J］. 新作文：教研，2019（2）：239.

（一）以立体阅读营造环境悦心样态

所谓"悦心"，即愉悦身心。

环境对幼儿的心智成长和个性发展有着不可替代的影响，将有意义的阅读内容融入幼儿园环境创设，有利于教师环创思路有所依循，有利于赋予幼儿园环境更贴近幼儿的教育价值。教师以有意义的阅读内容为主线，将阅读内容融于环境，促发幼儿将阅读内容与原有经验链接、与生活实际链接，帮助幼儿对阅读内容产生全面性的理解、建构化的认知、生动性的体验。教师致力于营造愉悦身心的立体阅读环境，以传递给幼儿多元化的阅读方式、多方面的阅读感知，给予幼儿多渠道的阅读信息支持，促进幼儿、家长、教师、园所等多个主体的共同发展。

例如，教师在带领小班幼儿阅读《小蝌蚪找妈妈》前，一是组织幼儿观察不同环境中的小蝌蚪，引导幼儿照料、观察、比较班级自然角中饲养的小蝌蚪，二是在户外的轮胎池里饲养小蝌蚪，三是关注幼儿园旁的小池塘，引导幼儿对其中的小蝌蚪进行仔细观察，发现并比较它们的生长变化差异。当小蝌蚪长出两条前腿时，教师引导幼儿观察、猜想、联想小蝌蚪接下来的成长样态可能会发生怎样的变化，并进行语言、绘画、动作等模仿；当小蝌蚪长出两条后腿时，教师开始引导幼儿阅读绘本，此时的阅读建立在幼儿认知经验的基础之上，所以幼儿对绘本内容的感知、联想及表达驾轻就熟、极为顺畅。从这个例子可见，立体阅读是教师指引下的阅读，是基于实践经验的阅读，是在真实环境与童话故事之间共生的阅读，促进了幼儿知识经验积累，也促进了幼儿的心智生长和精神成长。

（二）以立体阅读构建师幼越行动态

所谓"越行"，即不断努力、超越困难。

通过对幼儿园教师的问卷调查与抽查，以及对国内各类相关文章的分析，作者发现教师在组织阅读活动时，主要以书面阅读为主，这种阅读形式与幼儿的建构化认知特点接洽度不够。立体阅读是将书面的书本阅读转向立体的、动态的体验阅读。将阅读内容融于幼儿一日生活中，融于真实环境中，融于家庭与社区的互相联动中，可以形成一种阅读场域的融合化和时空跨越的动态化。我们倡导"所见即可读"，充分利用幼儿可触的各类环境资源，将相关绘本与幼儿书面表达融入其中，动态地穿行于幼儿的各项活动、各种场域和不同时空。只有师幼共同行动，不断努力和超越困难，才能构建一个获得经验生长的立体阅读样态。

例如，在细雨蒙蒙的春天，一条条蚯蚓爬到了操场上、小路上，引起了孩子们的注意，于是一场"找蚯蚓大比拼"拉开了序幕，比赛规则是将找到的每一条蚯蚓的地理位置、长度、形态都记录下来。随着幼儿的寻找、统计、收集，一本别样的"蚯蚓绘本"生成了，故事就是孩子们叙述的探寻过程，随后绘本《蚯蚓的日记》自然而然地成为孩子们的读本，并启发幼儿进一步开展饲养蚯蚓、观察蚯蚓、畅想蚯蚓的故事等行动，孩子们探究、想象、生成的"蚯蚓故事"在不断生发和延展。

（三）以立体阅读促发园所跃启状态

所谓"跃启"，即打开思路，快速前进。

从学前儿童的思维模式、学习方式和经验建构特点来看，立体阅读是在行动中实践，引导幼儿在主动探寻中解决问题，促使幼儿在阅读绘本和阅读场景中不断思考、超越自我，是有待幼儿园大力研究和推进的教学形式。教师需要对"立体阅读"模式进一步解析与策略化，在实践中深入思考如何有效运用并推进立体阅读，从而在共同研究中打开思路，快速提升教学能力。近年来，教师尝试了多样化的立体阅读研究路径，包括从绘本走向生活、借绘本生成活动、将生活引入绘本等拓展性教育策略，尝试将阅读内容转化为幼儿可视、可触摸、可互动、可游戏的立体化阅读素材，并鼓励幼儿在阅读体验中积极参与表达，丰富阅读内容。教师将立体阅读的管理模式、操作方式、活动方案进行体系化、样本化的整理，促进幼儿园、家园共育及社会共育的一体化共读模式的形成。教师以"启"为幼儿培养目标，促使幼儿养成爱阅读、善思考、乐探索的学习品质；以"跃"为教师发展目标，专注于教师共研、师幼共探，构建立体阅读活动方案，促进教师获得飞跃式的专业成长。

结　语

指向完整儿童的幼儿园立体阅读，是将阅读内容与幼儿的生活体验、真实的社会实践相结合的学习形式。教师以儿童为本，坚持儿童立场，让幼儿在体验中感知、在经历中理解、在阅读中获得，发现生活与阅读的联结，感受阅读的乐趣。教师通过将绘本阅读内容融入幼儿的生活与活动，引导幼儿在沉浸体验中感受与理解，促使生活与绘本之间产生经验链接，从而引发幼儿阅读兴趣；通过将生活体验聚焦于阅读内容，引导幼儿发现书本是生活与体验的表达形式，并乐于尝试以文本形式表达。艺术作品源于生活，又高于生活。当我们将书本阅读内容向生活化、动态化的立体化阅读转型时，便形成了跨学科整合、体验式阅读的学习方式和生活样式，有利于达成完整儿童的培养目标。

第五节　贯通绘本与生活的幼儿园立体阅读范式

立体阅读将绘本与生活紧密连接，引导孩子通过书本感知生活，同时在日常中发现阅读的乐趣。绘本是孩子理解世界的桥梁，而生活中的多感官体验则帮助他们更深刻地理解绘本内容，构建丰富的学习感悟。

2023 年 6 月，教育部办公厅印发了关于广泛开展全民终身学习活动的通知，要求开展全民阅读活动，营造全民阅读氛围、打造全民阅读生态，助力建设人人皆学、处处能学、时时可学的学习型社会和学习型大国，并为之探索新路径、新模式。3~6 岁儿童从个体而言是"全民阅读"的萌芽阶段；从社会群体而言，是"全民阅读"的前阅读群体。引导幼儿参与阅读、爱上阅读并养成良好的阅读习惯，不仅对其未来学习具有深远影响，还能驱动家庭和社会阅读氛围的建设与形成。

我园基于文献研究和园本调研，确立了"指向完整儿童的立体阅读"理念，认为学前儿童阅读不应局限于绘本阅读，而要通过将绘本与日常生活、区域场景和实践活动相结合，构建一个多元化的、互动性强的阅读模式。这一模式通过教师为幼儿提供丰富的阅读材料、多样的互动形式和情境化的阅读活动，引导幼儿"阅绘本、阅生活、阅场景"，培养幼儿在不同场合都能"看得见、说得出、善思辨"的能力。为实现这一目标，幼儿园经过深度实践研究，探索出了四个贯通绘本与生活的幼儿园立体阅读实践范式：从绘本走向生活、借绘本生成活动、将生活引入绘本、阅场景生成表达。这四个范式将幼儿的绘本阅读与其生活阅历、场景感知、创意表达等有机贯通，为教师进一步开展立体阅读活动提供了参照，也为培养"完整儿童"的目标奠定了坚实基础。

一、从绘本走向生活

绘本以图文结合或纯画面的形式叙述故事内容，供阅读主体不断探寻、发现其中的新信息。这些信息与幼儿的生活经验和内在情感产生联系时，就会促进认知生长和情感共鸣。教师既是幼儿绘本阅读的陪伴者，也是共读者，捕捉绘本中的教育元素，链接幼儿生活，有利于幼儿更好地理解绘本内容，迁移认知与表达经验，提升阅读与理解能力。从绘本走向生活的范式需要注意以下几点：

1. 内容选择贴近幼儿生活

绘本内容应与幼儿的日常生活紧密相连，幼儿通过阅读绘本，拓展生活经验，提升生活认知。教师有意识地将绘本内容向实际生活迁移，帮助幼儿在生活中发现和识别绘本中的元素，形成认知积累。如在阅读绘本《阿诗有块大花布》时，教师可引导幼儿关注生活中一直接触却未曾留意的布。随之，幼儿会发现布的多样性、可变性及运用的特定性：纱布可以用来包扎伤口，棉布可以用来保温，防水布可以用来遮风挡雨……在一次次师幼及家长共同参与的调查、收集、商讨、畅玩中，幼儿对各种布的特性越来越了解，运用布的经验越来越丰富，扩展了认知经验和活动能力。

2. 感官体验促进深度理解

绘本阅读不仅有视觉和语言的感知，还可以通过触觉、听觉等多种感官的参与，全面激发幼儿的感官系统，帮助他们更深入地理解绘本中的内容与情感。在传统的绘本阅读过程中，幼儿通常通过眼睛看到图画、通过语言理解故事，而立体阅读能够将触觉、听觉等其他感官融入体验式阅读活动中，孩子们对绘本的体验将更加丰富，理解也会更加深刻。例如，在阅读《月亮的味道》时，教师鼓励幼儿想象摸到月亮的感觉，并寻找能呈现这种感觉的材料（如丝绸、棉布等），在共同触摸、体验中，引发幼儿沉浸式想象。同时，教师为幼儿播放轻柔的背景音乐，营造出故事的宁静氛围，帮助幼儿感受月亮的温暖与神秘，使绘本阅读变得更加生动与真实。

3. 多元互动激发创意表达

在立体阅读中，教师不仅仅是绘本的伴读者，更是幼儿探索世界的引导者。通过师幼互动、家园共读、亲子活动等形式，教师鼓励幼儿将绘本内容与实际生活经验相联系，通过与场景互动、与同伴互动、与家长互动等方式，促进幼儿在交流与讨论中积极表达自己的理解与感受，从而提升语言表达、社交能力和思维能力。例如，在阅读《大卫，不可以》时，教师引导幼儿在"大卫，不可以！"的提醒中体验妈妈的关爱之情。同时，引导幼儿通过分析绘本中大卫的行为，与同伴讨论规则与行为的关系，在真实生活中感知规则的重要性。这种互动式的学习帮助孩子们更好地理解故事情节、反思自身行为，并提高他们的问题解决能力。

二、借绘本生成活动

绘本是教师开展教育教学的信息源，挖掘绘本中契合幼儿认知经验的教育元素，借鉴绘本中的表达形式，以绘本内容为核心，构建活动框架，生成并扩展更为丰富的活动内容，以多样化的形式组织幼儿开展活动，帮助幼儿积累具身体验和认知经验。幼儿充分体验后再转入绘本阅读时，便能够更好地理解绘本内容，实现在自身感知中产生经验相链接的认知生长。

1. 绘本内容为核心，构建活动框架

绘本作为幼儿学习的重要载体，不仅承载着丰富的知识与情感，还能激发幼儿的想象力和创造力。教师基于幼儿的兴趣和发展需求，深入挖掘绘本中核心情节和主题的教育价值，构建促进幼儿身体、心智、精神等全面发展的系列性活动框架，帮助幼儿将书本中的知识与实际生活经验相结合，增强他们的理解与应用能力。如绘本《好饿的毛毛虫》展示了毛毛虫变成蝴蝶的过程，但没有基于真实观察和感受的直接阅读会导致幼儿的认知仅停留在平面。教师与幼儿共同饲养毛毛虫，引导幼儿持续观察虫卵变成蝴蝶的全过程，幼儿再去阅读绘本时，感知体验便产生了质的飞跃（如图 3-2 所示）。在此过程中，教师组织幼儿记录毛毛虫的变化过程，开展体育活动"毛毛虫爬"，构建了指向核心经验的序列性体验活动，增强幼儿

对蝴蝶生命周期的理解，提升了幼儿的综合实践能力。

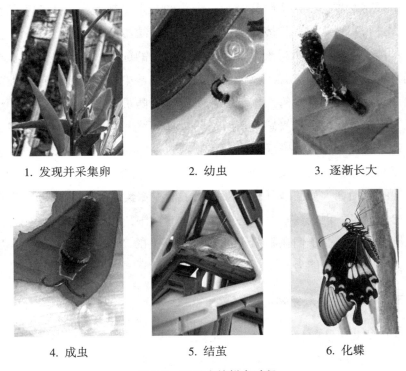

| 1. 发现并采集卵 | 2. 幼虫 | 3. 逐渐长大 |
| 4. 成虫 | 5. 结茧 | 6. 化蝶 |

图 3-2　毛毛虫的蜕变过程

2. 活动形式多样化，丰富认知体验

绘本通过生动的图画和富有感染力的文字，展现出丰富的情感、场景和故事情节，能够激发幼儿的想象力和好奇心。教师将绘本内容转化为多感官活动，如角色扮演、手工制作、游戏活动等，帮助幼儿更好地理解故事中的人物、情节和情感变化，同时激发他们的探索欲望和创造力。以绘本《猜猜我有多爱你》为例，教师可以设计一个角色扮演活动，让幼儿扮演"大兔子"和"小兔子"，并通过情景模拟展示"大兔子"与"小兔子"之间的互动与情感表达。教师可以引导幼儿思考："如果你是小兔子，你会怎么表达自己的爱？"通过这类活动，幼儿不仅能加深对绘本中情感和主题的理解，还能在互动中发展语言表达能力、社交技巧和情感认知。通过角色扮演，孩子们不仅能理解爱与表达的意义，还能在情感共鸣中学习如何与他人建立更深的情感联系。

3. 结合社会实践，进行情境演绎

教师将绘本与社会实践相结合，带领幼儿走出教室，进入真实的社会场景，进行实地观察和情境演绎，帮助他们将绘本中的知识与实际生活经验相链接。在此过程中，绘本是社会实践活动的起点，情境演绎是社会实践的再现。通过这一方式，孩子们不仅能从书本中学到知识，还能在实践中加深对这些知识的理解。例如，在阅读《消防员的一天》时，教师组织幼儿参观消防大队，亲身感受消防员的工作环境和日常任务。在参观过程中，幼儿通过与消防员的互动，了解消防员如何应对突发火灾和紧急情况，以及其为保护人们安全所做的贡献。回到幼儿园后，"小小消防员"情境演绎活动如火如荼地开展起来，孩子们根据绘本中的情节和参观活动中获得的信息，创设场景、准备道具，分工合作，共同游戏。在社会实践和经历体验中，孩子们在不知不觉中成了班里的"安全小卫士"，增强了社会责任感和实践能力。

三、将生活引入绘本

源自幼儿生活的教育有助于幼儿认知发展、产生情感共鸣。教师应从幼儿的生活经验出发，将绘本作为桥梁，把生活中的情境与书中的内容连接起来，帮助幼儿更好地理解和应用知识。教师可以根据幼儿在日常生活中遇到的情况或发生的问题，与幼儿共同讨论、明确主题，鼓励幼儿开展寻书、探书、交流书等系列活动，赋予幼儿依书循证、获得解答的意识和愿望。

1. 从自然现象出发，利用绘本引导幼儿探究

大自然是最好的老师，每一季都有独特的风景，带给孩子别样的体验。当幼儿接触到某种自然现象时，教师在引导幼儿观察现场的同时，设计与实际生活相关的问题情境，激发他们的好奇心和探究欲望。同时，教师与幼儿共同讨论并收集相关的绘本，引导幼儿将真实所见与绘本表达相结合，将观察到的事物转化为对绘本的理解。如在烟雨蒙蒙的春天，一条条蚯蚓爬到操场上，引起了幼儿的注意。于是，中二班开启了一场"寻找蚯蚓的秘密"的行动。教师先与幼儿共同提出各种关于蚯蚓的问题："蚯蚓为什么爬出来？""蚯蚓喜欢生活在哪里？""蚯蚓能长到多长？"随后，

教师鼓励幼儿寻找相关的书籍来解答问题。在这个过程中，幼儿不仅学会了如何提出问题，还能通过阅读找到答案，增强了自主学习能力。家长则作为后援团，积极参与其中，支持孩子的探索。

2. 从生活经验出发，借助绘本帮助幼儿理解

生活即教育，幼儿在日常生活与游戏活动中会发生各种各样的事情。教师要善于捕捉幼儿寻常时刻中富有教育价值的信息，从幼儿生活经验出发，收集与之相关的绘本，通过绘本中的信息帮助幼儿更好地理解生活中的事物和现象。幼儿的认知世界大多建立在他们直接的生活经验上，因此，教师可以通过与生活紧密结合的方式，引导幼儿从绘本中提取知识，并将这些知识转化为日常生活中的应用。例如，当选择绘本《彩虹桥》时，教师可以设计一个简单的活动，带领孩子们一起在户外寻找自然界中的彩虹现象，观察其颜色的变化和形态特征。通过让孩子们亲身感受彩虹的美丽和独特，帮助他们将绘本中的抽象内容与实际的自然现象联系起来，从而加深他们的理解。

四、阅场景生成表达

绘本是静态的，而生活是动态的，绘本是作家和绘图家基于生活创作生成的。我们的教育不仅仅希望幼儿看得见绘本中的内容，更希望他们能够洞察生活中的人、事、物，并能够在动态的生活场景中做出积极反应；既希望幼儿能描述静态的故事情节，也希望他们能在实际生活中表达自己对事物的看法和理解，增强沟通能力；既希望幼儿能甄别画面中的寓意，也希望他们能够在生活中建立思辨能力，判断生活中的善恶美丑。

1. 观察生活场景，理解动态变化

我们生活中的场景是立体的、动态的、多变的，为幼儿提供了丰富的观察和思考机会。教师应引导幼儿观察周围的环境，并鼓励幼儿用语言表达自己的所见所思，帮助他们理解这些场景中的动态变化。例如，幼儿园的种植园地是一个看似静态却不断变化的场域，教师带领孩子们一起观察植物的生长过程。随着季节的变化，幼儿会看到种子发芽、长成小苗、开花结果。教师通过引导幼儿从不同的观察角度（如广角式、聚焦式、散点式等）发现并记录植物的变化，鼓励幼儿用自己的语言描述植物的生长过

程。绘本《小小种子》与此时孩子们的认知产生关联，有助于增强幼儿对植物生长的理解。

2. 思辨真实场景，表达自我感受

在引导幼儿观察真实场景中的事物变化时，教师应鼓励幼儿进行积极思辨，帮助他们建立对善恶、美丑的基本判断能力。通过故事中的情境，引导孩子们对现实生活中的行为、选择进行讨论，培养他们的道德意识和思辨能力。例如，在阅读《小红帽》时，教师引导幼儿思考小红帽为何要听妈妈的话、狼的行为是否正确，帮助孩子们理解善与恶、对与错的关系。教师通过类似的讨论帮助孩子们在现实生活中理解道德规范，并通过角色扮演等形式表达自己的观点和判断。

3. 延伸生活情境，提升认知表达

孩子的生活情境既是动态的，又是可控的，教师可以在幼儿生活经验的基础上不断拓展生活情境，将生活中的场景与绘本内容结合，鼓励幼儿在实践中提升认知能力和语言表达能力。以绘本《大卫，不可以》为例，教师引导孩子们观察小朋友们在幼儿园里的行为，并与大卫的行为进行对比，讨论哪些行为是可以接受的、哪些是需要改正的，在实际情境中思考如何改正不合适的行为，从而明确班级规则、完善班级公约。

幼儿期是感觉经验的开创期、创造经验的感觉期、感觉知识的敏感期，感觉经验具有不可替代性。立体阅读的四个范式将绘本内容与幼儿的生活经验紧密结合，打破了传统平面阅读的局限，激发了幼儿的感官体验与认知发展。每个范式不仅鼓励幼儿在生活中寻找和应用知识，还通过感官的参与、创意的表达、情境的模拟等方式，促进了幼儿身体、心智和情感等方面的全面发展。这四个范式不仅为教师提供了开展幼儿园立体阅读的模板和灵活的实践参考，也为幼儿园教育模式的创新与优化提供了新的思路。

第六节　"四步走"教研模式驱动幼儿园立体阅读

"四步走"教研模式如同层层展开的画卷，引导幼儿园立体阅读有序推进。在循序渐进的探索中，教学稳步推进，每一步都为孩子开启一个新的阅读世界。

国内外学者相继提出，阅读材料、阅读情景、阅读内容、阅读途径和互动关系的多样化，有助于促进幼儿的早期阅读发展。[①] Jennifer 等人认为，教师为幼儿创造多种接触阅读和写作材料的环境和刺激，有助于促进幼儿阅读和写作能力的培养。[②] 从皮亚杰的认知发展理论来看，学龄前儿童尚处于前运算阶段，教育者应重视儿童与环境、材料之间的互动体验，在模仿过程中形成抽象的逻辑思维。[③] 基于以上理论，我园致力于进行"指向完整儿童的幼儿园立体阅读实践研究"，这一课题被列为无锡市"十四五"教育科学规划课题。一年来，幼儿园以立体阅读为抓手，以促进幼儿完整成长和提升教师专业能力为目标，从理论研究出发，在教学实践中探寻，组织全体教师针对实际问题共学共研，确立了循环而上的"四步走"园本教研模式。"四步走"教研即寻找教研真实问题—聚焦教师共性需求—剖析教学典型案例—凝练课题研究方略。本节就以上四个步骤的操作方式进行了详细说明，并对这一教研模式从放手实践、共享辨析、归纳提炼三个方面进行了成效剖析，完整呈现"四步走"园本教研模式的意义和价值。

一、"四步走"园本教研实施步骤

指向完整儿童的幼儿园立体阅读"四步走"教研模式，强调教师对教学实践中产生的真实问题进行教研，强调将教师的共性需求和典型案例作为研讨对象，强调教研应以多样化、多元化、多维化的方式开展。可见，"四步走"教研模式以共性问题为前提、以目标认同为基础、以典型案例为抓手来推进课题研究步伐，提升教师教研能力，促进幼儿完整成长。

第一步：寻找教研真实问题

在组织教研活动时，首先应充分了解教师在立体阅读的组织与实施中

---

① 张春颖. 幼儿园多元化阅读活动对 3~6 岁幼儿早期阅读核心经验学习与发展影响的实证研究 ［D］. 上海：华东师范大学，2022.

② Wharton-McDonald R, Pressley M, Hampston J M. Literacy instruction in nine first-grade classrooms：Teacher characteristics and student achievement ［J］. The elementary school journal, 1998, 99 （2）：101-128.

③ 陈鸿. 皮亚杰认知发展理论下儿童阅读需求特点及分级阅读服务创新策略研究 ［J］. 河南图书馆学刊，2024，44 （5）：114-117.

的具体问题和需求，通过向教师广泛征集近阶段产生的真实问题，获得有价值的教研素材。其次，通过与教师点对点式访谈，包括一对一的教师访谈、一对班的班组访谈、一对组的年级组访谈、组与组之间的共研式探讨，来了解教师的个人理解和群组想法，发现不同教师之间的认知差异、实施差异，引导教师从差异中共同研讨、相互学习，从差异中发现问题、加以循证。最后，组织者收集到各种真实问题后，将问题进行汇总、诊断，确认其教研价值和教研紧迫性，确定教研活动的开展形式，并根据教研需求列入具体安排中，分层推进。

具体操作实例：

1. 问题征集：通过问卷调查和面对面访谈，收集教师在开展立体阅读活动中遇到的真实问题，引导教师从素材选择、活动开展、家园配合等多维度思考，提出有质量的问题。

2. 问题汇总：将收集到的问题进行分类汇总，形成问题清单，明确教研的重点和方向，并根据问题的重要性和紧迫性，定期开展教研活动。

第二步：聚焦教师共性需求

为了提升教研效率，在组织教研活动前，组织者需要根据问题产生的对象及其教研价值，确定教研活动的范围和形式。如果是全园教师共同参与的教研活动，那么研讨的应该是全体教师的共性问题。教研活动开展前，将问题抛给全体教师，以便教师在教研前期进行充分思考，包括理论支撑层面的思考和活动组织过程中问题的再次确认，这一举措可以促使教师提前思考问题的解决方式。可见，聚焦教师的共性需求，不仅仅是组织者收集与汇总问题的过程，更是教师对该问题和实际需求的再思考、再实践、再求证的过程，从而使教研更有聚焦性，更具可研性和实证性，有利于教师将课题研究推向深入。

具体操作实例：

1. 问题聚焦：通过教师会议，讨论各类问题的重要性与紧迫性，将问题按序排列并确定当前最迫切需要解决的共性问题。

2. 前期准备：教师提前准备相关理论资料和实践案例，为教研活动做好准备。

第三步：剖析教学典型案例

教研活动中，采用典型案例剖析的方式，有利于参与者深入理解话题的前因后果，激活思维，参与研讨。幼儿园每月会组织教师就本班立体阅读的实践情况，汇总典型案例或实践亮点，进行共享交流；每次交流之后，课题组成员基于教师们的分享，进行再汇总分析，凝练有推进价值的典型案例，进行再研讨，发现共性问题，及时提出调整建议，并根据当前情况提出下阶段实践方向。如在某次教师的分享交流中，多个班级提出了由绘本引发话题、将绘本内容与自然融合的立体阅读形式；也有教师提出了带领幼儿走进自然"读自然、话自然"的立体阅读概念。课题组立即针对这些新思路、新想法进行深入研讨、诊断价值，力求准确把握教师对课题实践的现实状况和推进情况。

具体操作实例如下：

1. 案例分享：教师分享自己班级开展立体阅读的成功案例，介绍活动组织过程、教学策略运用、阶段性活动成效等。如"小蝌蚪找妈妈"的实践活动，包括观察小蝌蚪的生长过程、绘制成长记录表、创编故事等。

2. 案例分析：课题组成员对分享的案例进行深入分析，提取有价值的经验和做法，提出改进建议。

第四步：凝练课题研究方略

教研活动按人员范围，可分为课题组教研、年级组教研、全园性教研及结对园共研；按场域，可分为集中式分享教研、现场观摩式教研。不同的教研模式具有不同的功能，课题组教研是由核心组成员参与的教研活动，也可阶段性邀请专家参与，其作用是对课题研究情况诊断把脉、明确研究方向；年级组教研是同组教师针对园部明确的课题研究方向，进行深化落实的研讨活动；园部教研是全体教师进行经验分享、共同研讨的教研活动；邀请结对园共研是以实验园与对照园比较的方式进行的教研活动，以便更清晰地确定研究的成效，同时也充分发挥课题研究的辐射作用。我们将教研融于日常教学实践，以多边对话驱动，不断调整课题研究方向，把控研究进程，凝练研究成果。

具体操作实例：

1. 教研形式：根据不同的教研需求，确定相应的参与人员，选择合适的教研形式，如课题组教研、年级组教研、全园性教研等。

2. 成果凝练：每次开展教研活动后，都要及时梳理、总结问题的解决情况，并提炼经验。经过阶段性教研后，需要凝练出有效的立体阅读策略和方法，形成可推广的经验和成果。

二、"四步走"园本教研模式成效剖析

陶行知先生曾经提出："要晓得上头的命令，只不过举其大端，其中详细的情形，必定要我们去试验。"① "上头的命令"，既包含上级部门的文件纲要，又包含专家权威的指示精神，更是幼儿园教师共同规划的未来发展方向。课题研究是一项阶段性任务，研究目标的设定和研究步骤的规划，决定了课题"最近发展区"。课题的高质量完成，依赖于教师立足当下的教学实践和持续探究。因为立足实践的教育才是有根的教育，立足实际的教研才是有意义的研究，所以幼儿园以"指向完整儿童的立体阅读"为研究抓手，指引教师从实践出发，以多样化的教研方式，借助典型案例，帮助教师及时解决日常教学中的实际问题，由此构建适合园本实际的"四步走"教研模式。从实践历程来看，"四步走"教研模式起到了领路人、掌舵者的功能，为教研活动的有效开展提供了样本参照，为课题研究的高质量发展确立了行动指南。以下将从"放手实践""共享辨析""归纳提炼"三个方面剖析"四步走"园本教研模式的实施成效。

（一）放手实践——广开立体阅读实践思路

幼儿园鼓励教师根据自己的认知经验，放开手脚、大胆实践，为课题研究提供真实有效的研究样本。"放开手脚"即没有束缚，不给界限；"大胆实践"即教师以开拓者、验证者的思维去尝试立体阅读的多样性，并发现其成效。

表 3-2 为全园教师实施一个月的"立体阅读"实践研究后，汇报交流情况的抽样统计，主要内容包括阅读的类别、形式、内容和涉及的绘本。

---

① 林雅珍. 嘉兴实践：促进劳动课程高质量实施的教研支撑 [J]. 教育家，2024（15）：44-45.

表 3-2　立体阅读抽样统计表

序号	类别	形式	内容	绘本
1	从绘本走进生活	从书本中获取信息后在生活中求证	亲子共读：走进图书馆，借阅图书，和父母一起阅读	《一百只蜗牛去散步》《第一次去图书馆》《猫头鹰先生的图书馆》
2	从生活走向绘本	主题活动	1. 参观小学：看电子导航地图，设计路线图 2. 探秘春天	《如果你坐得歪歪扭扭》
3	阅自然积极表达	链接自然，将绘本场景融入自然	1. 表征自然，形成图书 2. 将绘本材料融入自然	《我的连衣裙》《蚯蚓的日记》《小蝌蚪找妈妈》
4	以绘本构建主题	由绘本中的教学元素构建主题	以某绘本为核心，展开多样化活动	《花婆婆》《好饿的毛毛虫》《彩虹色的花》《阿诗的花风筝》《葫芦兄弟》
5	以标识引导阅读	从手段运用出发	1. 建构区表达 2. 自制图书	表征集、建构区作品推荐集
6	由话题引发阅读	创编文学作品	辩论赛、演讲赛、剧场、配音	幼儿创编作品

　　基于幼儿园的"悦心、越行、跃启"研究思路，我园着力"营造良好的阅读环境，愉悦幼儿身心""以多样化的阅读形式，越行于各类活动""借立体阅读活动的开展，跃启师幼潜能"。随着幼儿园立体阅读研究的逐渐推进，教师研读大量文献资料，根据本班幼儿的实际情况，放开手脚、大胆尝试，共同在实践中循证、验证，将指向完整儿童的立体阅读实践研究推向深入。

（二）共享辨析——聚合立体阅读组织策略

　　"四步走"层级教研活动的组织与实施，一方面促使教师基于本班实际进行推进式实践研究，另一方面给予教师畅所欲言的机会和平台，实现课题既生根于教师团队，又生长于师幼实践，活化了课题的成效性。

以某次教研分享为例，经过对各班分享交流的内容进行深入剖析，我们发现，各班实施的"立体阅读"形式可概括为"从绘本走进生活""由绘本建构主题""将生活融入绘本"，教师采用了"阅自然引发表达""阅标识明确要求""以话题推动阅读"的形式鼓励幼儿进行阅读。参与其中的阅读者包括幼儿、教师、家长；阅读形式有亲子阅读、师幼共读、幼儿自读，有些教师还尝试以社会群体的阅读行为感染幼儿。组织形式有主题活动的开展、区域活动的推进、亲子共读的伴随、场域交融的体验等。表3-3是幼儿园12个班在某个月实践研究之后的分享交流过程中出现的高频词统计结果。

表3-3　2024年4月交流情况汇总表

班级	亲子阅读	走进自然	创编	引用绘本	主题活动	游戏	立体阅读	涵盖领域*
小一班	✓	✓	✓	✓	✓	✓	✓	3
小二班	×	✓	✓	✓	✓	×	✓	5
小三班	×	✓	✓	✓	✓	×	×	3
小四班	✓	✓	✓	✓	✓	✓	✓	3
中一班	✓	×	✓	✓	✓	✓	✓	2
中二班	✓	✓	✓	✓	×	×	✓	2
中三班	✓	✓	✓	✓	✓	✓	✓	2
中四班	×	×	✓	✓	✓	✓	✓	3
大一班	✓	✓	✓	✓	✓	×	✓	4
大二班	✓	✓	✓	✓	✓	×	✓	5
大三班	✓	✓	✓	✓	✓	✓	✓	3
大四班	×	✓	✓	×	✓	✓	✓	3

*备注：《指南》中的五大领域包含健康、语言、社会、科学、艺术，教师在分享过程中，涵盖1个领域就填写数字"1"，涵盖2个领域就填写数字"2"……涵盖5个领域就填写数字"5"。

由此可见，教师在该月实践立体阅读时，立体阅读概念的表述引用率为92%；创编策略引用率为100%；绘本引用率为92%；融入自然率为83%；亲子阅读和主题概念的引用率为67%；游戏概念的引用率为50%。其中75%的班级立体阅读的指向领域达到3个以上，而25%的班级仅考虑到 2 个领域。

随后，课题组向全体教师明确，在接下来的研究进程中，应重点关注以下三点：

1. 进一步明确"立体阅读"与常规阅读之间的差异；

2. 聚焦阅读的"立体性"如何体现；

3. 如何通过立体阅读真正促进幼儿完整成长（应尽可能涵盖五大领域，以及心智、精神的成长）。

（三）归纳提炼——推广立体阅读成效之举

"四步走"教研策略在园本教研中，促使教师个人、班级、年级组、园部对课题及时进行深入实践、回顾反思、归纳提炼，包括活动样本的确立、实践案例的梳理、经验文章的撰写，以及其他相关成果的分类汇总。教研活动的开展，便于教师之间、班级之间、年级组之间及幼儿园之间经验的推广与分享，更好地驱动教师由实践型教师向研究型教师转变。

具体来说，在教研活动中，不同班级之间的互动和经验交流至关重要。例如，在某次教研中，一个班级分享了将绘本《小黑鱼》中的情节转化到多领域活动中的成功案例，其他班级也积极参与讨论并分享了自己的教学实践经验。通过这样的互动，教师们可以相互学习，借鉴成功的教学策略，同时针对不同班级的实际情况进行调整与改进。在《小黑鱼》的案例中，通过教师们的经验分享，其他班级借鉴了其中的活动设计，如在美工活动中通过色块变化表现小黑鱼的成长，在表演游戏中模仿小黑鱼的冒险旅程，等等，这些跨班级的互动和经验交流，极大地促进了教学模式的丰富与创新。同时，教师们也通过班级间的反馈和反思，进一步完善了立体阅读活动的实施方案，使之更加适应不同孩子的需求。

这一过程帮助教师从实践型教师向研究型教师转变，不仅增强了他们的教育研究能力，也推动了班级、年级组和园区之间的合作与共同进步。通过教研活动的持续推进，教师们不断创新，将立体阅读活动融入更加丰富、系统的教学方案中，为幼儿园文化的深入发展和教育质量的提升提供了坚实的基础。

结　语

　　"四步走"教研模式有力地助推幼儿园立体阅读走向深入，促使教师由立体阅读的实践者逐渐成长为研究者。每一次教研活动都是由教师梳理并总结实践经验，在共同探讨中产生碰撞思绪，在对照理论解析中升华教学认知。"四步走"教研模式促使每位教师在教研过程中做一个有准备的实践者和研讨者，也为每一位教师成为教研活动的组织者提供了参照样本，为本课题外的其他教研活动提供了教研模板，便于教师驾轻就熟地参与或组织高质量的教研活动。

第四章　畅享艺韵

　　在音符、形态与色彩交织的世界里，孩子们宛如灵动的小小艺术家。每一个动作、每一段旋律、每一笔线条，都是他们心灵的绽放与情感的表达。他们在音乐的韵律中，翩然舞动，身体与节奏完美融合；在形体塑造的探索里，自由地诉说着内心的故事；在美术创作的天地间，用缤纷色彩描绘出心中的奇幻世界。在这多彩的艺术乐园中，教师恰似温柔的引路人，用心点燃孩子的艺术激情，让他们在艺术的感知与创意的表达中自由翱翔。

第一节　生活教育理论下幼儿体验式歌唱教学

晨间的阳光、晚间的微风，都能成为孩子们歌唱的灵感源泉。每一首歌都源于生活的点滴，孩子们通过歌声表达对世界的感知与理解。

歌唱是一种直接且自然的音乐形式，借助富有旋律的歌词和声音来传情达意。在幼儿园音乐教学活动中，歌唱这一表现形式占据着极为重要的地位。以江苏省《幼儿园综合活动课程》为例分析，经统计，在各年龄段中，歌唱活动相较于其他形式在音乐活动中占比最高，约为 37%～56%（如表 4-1 所示）。

表 4-1　江苏省《幼儿园综合活动课程》各类音乐活动占比统计

类别	小班				中班				大班				总计	占比
	上学期		下学期		上学期		下学期		上学期		下学期			
	数量	占比	数量	占比	数量	占比	数量	占比	数量	占比	数量	占比		
歌唱	7	37%	9	53%	9	47.4%	9	47.4%	11	50%	10	55.5%	55	48%
韵律活动	4	21%	3	18%	2	10.5%	1	5.3%	3	14%	1	5.5%	14	12%
音乐游戏	7	37%	2	11%	3	15.8%	4	21%	2	9%	1	5.5%	19	17%
音乐欣赏	1	5%	1	6%	2	10.5%	1	5.3%	2	9%	2	11%	9	8%
打击乐			1	6%			4	21%	2	9%	1	5.5%	8	7%
舞蹈			1	6%	3	15.8%			2	9%	3	17%	9	8%
总计	19	100%	17	100%	19	100%	19	100%	22	100%	18	100%	114	100%

将三个年龄段的音乐活动总数进行整合统计后，可以明显看出，歌唱活动在音乐领域中占比相当大，而其他形式的音乐活动分布基本均衡，如图 4-1 所示。

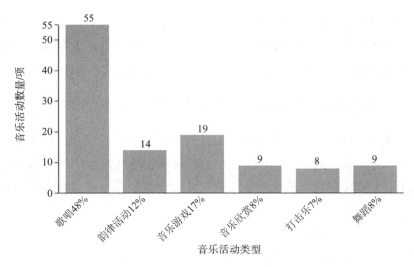

图 4-1　三个年龄段音乐活动中歌唱活动占比

深入分析《幼儿园综合活动课程》的内容，可发现大部分其他形式的音乐教学内容，同样是以不同难易程度的歌曲作为素材，选择纯音乐作为教学内容的仅占极少部分（如图 4-2 所示）。纯音乐主要应用于韵律活动、打击乐和舞蹈等音乐教学形式中。

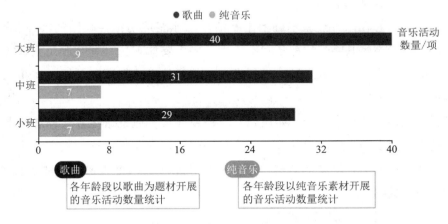

图 4-2　歌曲和纯音乐数据统计

从生活教育理论视角来看，为实现幼儿园音乐教学的生活性与具身化，教师需引导幼儿通过身体感知和实际活动去认识、理解世界，学习运用富有节奏和旋律的声音，以及肢体动作来表达自身感受与体验，进而提升幼儿的音乐表现能力和情感表达能力。本节将从幼儿体验式歌唱活动的视角，深入探讨三个教育原则和四个实施策略，确保教育内容与幼儿的实际生活紧密相连，真正达成歌唱与幼儿生活相融相生的美好样态。

一、生活教育理论对幼儿园歌唱活动的指导意义

生活教育理论认为，教育应与儿童的日常生活紧密结合，只有源于生活的教育才是真正的教育。在这一理论指导下，幼儿园歌唱活动应融入幼儿的生活经验，将歌曲教学与幼儿的日常活动相结合，通过身体感知和自主表达，增强音乐学习的实践意义。

（一）源于生活的感知与回应

在幼儿园的歌唱活动中，教师利用幼儿真实的生活体验与感知，引导他们通过身体动作和节奏表达做出回应。例如，孩子通过模仿自然界的声音（如鸟鸣和风声）、日常生活中的动作（像跳跃和拍手），在无意识的自然情境中，体验旋律的起伏、节奏的快慢等各种元素。幼儿在生活体验中感知、在自然理解中回应，强化了教育与生活的一体性，使音乐学习更加生动且富有感染力。

（二）来自经验的体验和共鸣

幼儿只有在原有经验基础上不断活动，才能推动精神胚胎的实体化。情感体验与情感共鸣是精神胚胎不断生长的重要体现，只有贴近儿童真实生活的音乐表达，才能激发幼儿更为丰富的经验生长和情感链接。在幼儿园的歌唱活动中，教师可以挑选与幼儿生活经验相关的歌曲，引导幼儿用声音表达他们的日常感受，如快乐、悲伤或兴奋。通过这种方式，幼儿不仅能在情感上与音乐产生共鸣，还能更深刻地理解和记忆音乐内容，从而在表达和探索个人情感的同时，学会通过艺术形式与他人进行情感交流，增强情感共鸣。

（三）富于个性的想象和创意

心理学界有一个共识：个性是创造力的基础。教育的根本目的在于激发人的创造潜能，这一理念与陶行知的生活教育理论不谋而合。每个幼儿都拥有富于个性化的生活经历和体验，教师只有充分尊重幼儿的个性认知和个性表达，才能更好地激发幼儿的想象力和创造力。在幼儿园的歌唱活

动中，教师利用儿童熟悉的歌词、音乐和日常生活中的动作，引导幼儿大胆想象，激发幼儿的想象力和创意表达能力。

二、生活教育理论下幼儿园体验式歌唱教学的三个原则

幼儿园体验式歌唱活动是一种注重幼儿亲身参与体验的教学方法，旨在通过音乐旋律与歌词的有机结合，培养幼儿的音乐感知能力、情感表达能力和想象力，促进其身心发展。从"生活即教育，社会即学校"的视角看，幼儿园体验式歌唱活动应遵循以下三个原则。

（一）亲历体验原则

幼儿园体验式歌唱活动，需要教师创设丰富的音乐活动和游戏，让幼儿通过自己的声音和身体动作积极参与，引领幼儿在生活中体验音乐的魅力，感受音乐带来的乐趣。

（二）鼓励表达原则

在歌唱活动中，教师鼓励幼儿用声音、音乐、绘画、美工作品及肢体动作来表现情感，提升其自主表达能力。提供一个轻松愉悦的学习环境，支持幼儿大胆地表达自己的想法和情感，从而形成"教学做合一"的教学模式。

（三）合作互动原则

歌唱活动中，教师需要重视培养幼儿与同伴之间的协调与合作能力。通过合唱形式培养幼儿集体观念和群体意识，增进幼儿团队合作精神。活动内容应源自幼儿的生活，鼓励伙伴之间互动合作，丰富并增进幼儿的社会性体验。教师帮助幼儿在实践中发展音乐能力，促进其情感、社交及创造性思维的综合发展，确保教育活动与幼儿的生活经验、情感需求紧密相连，真正达到教育与生活的无缝衔接。

三、生活教育理论下幼儿园体验式歌唱教学的四步策略

《指南》中音乐领域的核心经验包含两层含义：一是感受、表达和创造；二是对"美"的倾向性引导。教师组织幼儿歌唱活动时，应"在生活里找教育，为生活而教育"，以多样化的方式，引导幼儿在日常生活中感受音乐的美，用音乐形式表达生活中的美，并基于对音乐的感知，运用音

乐的方式进行个性化表达，尝试创造美。

（一）教材选择：以幼儿日常生活经验为基础

在幼儿园的歌唱教学中，选择与幼儿日常生活经验密切相关的歌曲作为教材，能够帮助幼儿快速与歌曲内容建立联系，有助于提高幼儿的参与积极性，增强幼儿对歌曲的理解力。在选择教材时，教师应考虑以下几个方面：歌曲是否围绕幼儿生活经验展开；歌词和旋律是否简洁易懂；歌曲内容是否具有较强的互动性和参与性。

1. 与幼儿生活经验紧密相连：在挑选教材时，选择与家庭、朋友、动物、季节、食物等与幼儿的日常生活密切相关的歌曲，这样有利于幼儿产生经验链接和学习兴趣，便于幼儿更好地理解和体验歌曲内容。

2. 歌词和旋律简明易懂：选择简单易懂、旋律明快的歌曲，不仅可以使幼儿容易记住和模仿，还能提高他们的歌唱积极性和自信心，从而促使幼儿沉浸于音乐、享受音乐。例如，小班歌曲《跳跳糖》通过简单的叠字和重复句式，生动地表现出跳跳糖的调皮与可爱，配合明快重复的旋律，让幼儿很快就能掌握，并不由自主地跟随音乐律动。

3. 有较强的互动性和参与性：选择有动作、手势或合唱部分的歌曲，有助于增强幼儿的学习兴趣和积极性，便于幼儿通过身体的参与更好地理解和表达歌曲的内容。

（二）活动设计：以幼儿亲身体验为支架

陶行知的生活教育理论强调，教育应以生活为本，教育与生活不可分割。在设计歌唱活动时，教师依据幼儿的"五感"体验和生活经验，提出了相应的支架性教学策略。

1. 多样化的"五感"体验：教师在组织幼儿参与音乐活动时，需要充分调动幼儿的触觉、听觉、视觉、味觉、嗅觉等多种感觉，结合多样化的感官体验设计，让幼儿参与到活动中来。"五感"体验参与音乐表达，可以增强幼儿对歌曲的兴趣和理解，激发他们的好奇心和探索欲，也有助于幼儿的身体协调和感官发展。如歌曲《大雨小雨》，幼儿一方面运用自制乐器进行有强弱变化的伴奏，表达对大雨小雨的认知；另一方面在声音速度的变化中体验不同音乐元素运用的趣味性。再如幼儿歌曲《花儿朵朵开》，教师在引导幼儿演唱歌曲的同时，请幼儿模仿嗅闻花朵的动作，幼儿通过长短不一的闻花香的嗅觉体验，感受音乐中长句与短句的表达特点，加深对歌曲的感知。

2. 多层面的生活体验：幼儿的生活体验既包含家庭生活、社会生活和幼儿园生活等多种自然存在的生活体验，又包括教师因教学需要而刻意营造的前期生活经验积累。对于前一种生活体验，每位幼儿之间的生活体验既有共同点，又是个性化的。因此，在歌唱活动中，教师既要抓准趋于共同经验生长的教育可能性，又要尊重幼儿个体差异，鼓励幼儿富有个性化的表达，这一切的教育都源自对幼儿生活内容、生活经验，以及原有经验和能力的把握。如歌曲《郊游》，对于幼儿来说，这首歌具备相应的生活体验，幼儿不仅能够理解歌曲中富有画面感的歌词表达，而且能够在情感上获得呼应，所以很容易在经验与精神碰撞中获得积极成长。对于第二种生活体验，教师可以根据幼儿生活经验和教学需要创设相应的生活体验，助力幼儿更有指向性的学习。如歌曲《爷爷为我打月饼》，这首歌曲的歌词内容已与当今幼儿的生活经验完全脱节，运用这首歌曲进行教学时，教师一方面可以调整歌词内容，将歌词与目前幼儿生活经验相匹配，另一方面可以给幼儿进行前期经验铺垫，通过讲故事、看视频等方式，帮助幼儿建立经验链接，这样才有可能进行有效的音乐活动。

（三）活动组织：以幼儿经验叠加为根本

幼儿经验在各种印象的整理、排列和归纳中不断生长，并在不知不觉中被吸收和内化，最终为理性思维的形成奠定基础。在幼儿园的歌唱活动中，教师需要将幼儿个体的经验和背景作为基础，通过逐步叠加和扩展，构建起更丰富的音乐体验和理解。其中，了解幼儿个体经验是前提条件，结合幼儿兴趣爱好是教育基础，创设情境和扮演角色是组织形式。

1. 了解幼儿个体经验：在教学开始前，了解每个幼儿的个体经验、兴趣和背景，可以帮助教师更好地选择适合幼儿的歌曲和教学方法。教师可以通过观察、交流和家长反馈等方式对幼儿的经验进行前期了解。如在开展《颠倒歌》歌唱活动时，教师需要了解幼儿对"颠倒"的现象和词汇等方面的掌握情况，如果经验不足，则需要进一步帮助其认知，做好充分准备后再组织活动。

2. 结合幼儿兴趣喜好：在教学过程中，紧密结合幼儿的兴趣和喜好，挑选他们喜爱的歌曲和主题，能够显著提升幼儿的参与积极性，点燃他们的歌唱热情。教师要主动融入幼儿的生活，精准把握幼儿现阶段的兴趣爱好与关注点，敏锐捕捉可用于教学的元素来组织活动。比如，当孩子们对电影《大鱼海棠》感兴趣时，教师可以巧妙运用其中的音乐元素开展音乐活动；又如，当歌曲《孤勇者》广泛流行时，教师可以从复杂的音乐中提取适宜的教学元素，应用于歌唱活动。

3. 创设情境和角色扮演：创设情境和角色扮演是助力幼儿丰富生活体验、实现生活体验链接的高效手段。教师根据幼儿的生活经验选定合适的歌曲后，需要创设相应的活动情境，以此激发幼儿参与活动的浓厚兴趣。教师通过运用角色扮演，不仅能增进幼儿体验感，还能有效链接幼儿已有的经验，激励幼儿更积极地投身于活动之中。例如，在开展《我有一个家》歌唱活动时，让幼儿分别扮演家庭成员，通过歌唱抒发家庭关系与情感，在歌曲演唱过程中实现经验迁移与情感的表达。

（四）引导创新：以幼儿视域拓展为指引

在幼儿园歌唱活动中，鼓励幼儿表达自己的想法和创意非常重要。教师要提供多元丰富的学习体验与资源，拓宽幼儿的视野，优化他们的思维方式，引导幼儿尝试运用自己的语言、有规律的节奏及改编或创编的旋律，来表达事件或情感，进而让幼儿真切体验到音乐创新带来的乐趣与成就感。

1. 尊重儿童，倾听幼儿想法

在教学活动中，教师应重视幼儿的意见和想法，倾听他们的心声，尊重他们的选择与决策。在音乐活动中，教师应鼓励幼儿分享自己对音乐的理解和喜好，并给予积极的反馈与支持，这有助于幼儿养成大胆表达的良好习惯。例如，汪老师在组织小班幼儿学习歌曲《咔嚓咔嚓》时，先播放咬薯片的声音，让幼儿猜测这是什么声音。尽管幼儿的答案五花八门，并未出现教师预想的结果，但教师对幼儿的表现均予以肯定，还选取了其中一名幼儿所说的声音融入歌曲演唱中。这一典型案例充分展示了教师倾听幼儿讲述、尊重幼儿思维成果，并将其灵活运用到歌曲演唱中的过程，对全体幼儿后续发展有着极为重要的意义。

2. 鼓励幼儿，大胆创作表达

教师应为幼儿提供丰富多样的音乐材料，给予幼儿充分的创作与表达机会，鼓励他们大胆改编或创编歌词、增减或创唱旋律、编排简单的舞蹈动作。教师可以给出一些具有启发性的主题或情境，激发幼儿的创造力和想象力。比如在组织"千万别上当"音乐活动教学时，教师运用古典音乐《胡桃夹子》中的两首乐曲，与绘本《千万别上当》中的四个典型情节进行巧妙匹配、剪辑与制作，创作出一首充满趣味的新乐曲。在欣赏过程中，教师充分调动幼儿的听觉，鼓励幼儿大胆想象与表达；随后进一步开启幼儿的视觉与听觉，引导幼儿学习将音乐与画面情节有机结合，并创编与故事情节相关的歌词。在整个过程中，幼儿的想象无拘无束、表演自然流畅、情绪愉悦欢快，每个人都能在多种感官体验中获得成功的喜悦。

3. 支持幼儿，提倡合作互动

在音乐活动中，教师要营造一个宽松愉悦的活动氛围，提供适宜的空间环境，引导幼儿在与同伴合作互动的情境里，感受音乐创编的乐趣。例如小班"小手拍拍"音乐活动，该歌曲歌词生动形象，便于幼儿理解与表演。教师在组织活动时，先让幼儿聆听旋律，感受其明快的节奏与活泼的旋律，鼓励幼儿用肢体动作展现自己的感觉；随后，教师示范演唱歌曲，帮助幼儿理解并掌握歌曲内容，鼓励幼儿运用身体动作进行表演。在此过程中，教师为幼儿打造倾听旋律、欣赏歌曲的教学环境，鼓励他们自主表达；接着，引导幼儿与同伴合作表演歌曲内容、创编歌词，让幼儿在愉悦开放的氛围中，充分体验到与同伴合作、与教师互动的快乐，以及参与音乐活动的乐趣。

结　语

生活教育理论着重强调生活经验在教育进程中的核心地位，认为身体经验对于认知和学习同样举足轻重。在这一理论的指导下，教师更加明确幼儿感官体验、情绪体验及与同伴的合作体验在歌唱活动中的重要价值。在歌唱活动中，教师需要借助多样化的感官与身体体验活动，激发幼儿感受音乐、体验音乐、表达音乐的热情，从而推动其情感、社交能力及创造性思维的综合发展。

第二节 幼儿音乐欣赏与游戏化教学

音乐是儿童心灵的语言，它不仅能激发情感的共鸣，还能促进思维与身体的协调发展。幼儿音乐欣赏与游戏化教学，就像一场和声音、节奏的奇妙舞蹈，让孩子们在愉悦的氛围中感知音乐的美妙。

音乐是一种语言，它不受地域、年龄、时空的限制。不同的音乐给人以不同的感受。比如在倾听肖邦的《小狗圆舞曲》时，人们能够感受到乐曲中的生动意趣，仿佛能看到小狗快速旋转着追咬自己尾巴的情形；在欣赏爵士版《西班牙斗牛士进行曲》时，人们能够立刻感受到斗牛士斗牛时的那种英勇无畏；一曲《二泉映月》让人领略到人世间的沧桑与温情；一首《小苹果》让男女老幼一起释放激情、舞动生命，快乐地跳起来；一首《江南 style》更是掀起了一股新的舞蹈热潮。3~6 岁的幼儿，已具备初步鉴赏音乐的能力，引导幼儿感受音乐的优美旋律和意境，结合视、听、唱、动等方式感受音乐，能够强化幼儿的音乐感知和情绪体验。

一、选择易于理解的音乐素材

一个适合幼儿欣赏、易于幼儿理解的音乐形象，有助于激发幼儿主动参与欣赏、积极投入表达的兴趣和热情。在选择音乐时，主要需考虑以下几个方面。

（一）乐段清晰，对比鲜明

3~6 岁幼儿正处于从具体形象思维阶段向抽象逻辑思维阶段过渡的时期，过于抽象、冗长的乐曲容易造成幼儿听觉疲劳，甚至让他们无法理解和接受。所以，在选择音乐作品时，应选择乐段清晰、节奏明快、相对短小的乐曲或乐段。如果是多段体的旋律，乐段与乐段之间应对比鲜明，便于幼儿听辨并理解。例如幼儿园经典欣赏曲目《狮王进行曲》，凭借清晰的乐段划分、鲜明的差异对比，带给幼儿强烈的感受，引发其情节想象。

（二）篇幅适宜，适当剪辑

如果一个音乐作品内容富有趣味性，但乐曲过长、乐段过于复杂，那么教师需进行必要的筛选与剪辑，截取其中的一部分给幼儿欣赏与表达。如果有些音乐形象表现速度过快，幼儿来不及在表现时做出及时反应，教师就需要对这些音乐作品在速度上进行减速处理。当幼儿对作品完全掌握后，可还原成原作品进行感受体验。例如莫扎特的《小星星变奏曲》，其主旋律简短且朗朗上口，被广泛传唱，而完整的作品却有 12 次变奏，教师可以根据幼儿能力和欣赏需要，选择其中的 3~4 次差异较大的变奏乐段，引导幼儿在欣赏时，感受其中的变与不变，并配以相应的想象进行表达。

（三）情感直观，主题明确

在挑选音乐欣赏的作品时，应注意选择那些情感表达直观、主题明确的音乐素材。这样的音乐作品能够迅速引起欣赏者的情感共鸣，使欣赏者感受到音乐所传达的情感和故事。可作为音乐欣赏素材的，既可以是乐曲，也可以是歌曲。例如，欢快的音乐可以让人感到愉悦，悲伤的音乐则可以引发共情。如名曲《喜洋洋》是一首典型的中国民乐，乐曲中洋溢着节庆的喜庆气氛，使人忍不住要跟随乐曲动起来。再如《彼得与狼》，乐曲中不同的乐器分别代表了不同的角色，幼儿在欣赏中将角色与乐器音色加以匹配，增强了欣赏趣味性，帮助幼儿积累了欣赏经验。

二、设计贴近生活的音乐情境

音乐作品是由作曲家根据自己当时的经历和感想创作的。教师选择音乐作品时，应立足于幼儿生活经验、理解能力和表现能力，采用幼儿易于理解的教学方式，营造适宜的活动情境，提供匹配的辅助材料，运用幼儿易于理解的语言、画面、肢体动作，引导幼儿聆听音乐、参与音乐活动，引导幼儿迁移经验，感受作品中特有的情绪情感，并大胆表达。

（一）将日常生活融入音乐分析

《纲要》指出："引导幼儿接触周围环境和生活中美好的人、事、物，丰富他们的感性经验和审美情趣，激发他们表现美、创造美的情趣。"幼儿具备丰富的生活经验是前提，将幼儿的生活经验有效地融入艺术活动是良好的教学策略。以中国民乐《喜洋洋》为例，教师将包饺子的生活情境融入其中，幼儿很快掌握了不同乐段的情境和情感，体验到擀饺子皮、包饺子、煮饺子的过程。当教师引导幼儿思考"生活中有什么事情让我们感到特别开心"时，放烟花、做游戏等均成为孩子们讨论的话题。于是，教师就《喜洋洋》中几个重复和变化的乐段，讨论了同一主题的不同情节及表现形式。一个来源于幼儿生活经验的"喜洋洋"音乐活动，便以生活与游戏相融的形式随之展开了。

（二）将角色扮演融入音乐讲解

童话故事深受幼儿喜爱，将幼儿熟知的童话故事与音乐作品有机结合，能够帮助幼儿更好地理解音乐作品，从而让幼儿体验到文学作品和艺术作品相融相通的美好。

如《胡桃夹子进行曲》因其鲜明有趣的曲式特点，配上生动形象的童话角色，深受孩子们的喜爱。在引导幼儿欣赏这首乐曲前，教师给幼儿播放了动画《胡桃夹子》，使幼儿对该故事情节、角色有所了解。在开展欣赏活动时，教师根据故事情节，设定了老鼠兵、王子、公主和女巫四个角色，在四段不同风格旋律的交替中，四个角色轮流登场。教师通过动作表演、打击乐演奏等形式，让孩子们进行了多种尝试，并运用邀请个别角色表演和集体表演的形式，引导幼儿充分体验乐曲带来的愉悦。在一系列活动之后，教师将乐器、道具等投放进"童话剧场"。此时，孩子们对这首乐曲的理解，就在自主欣赏与创意性表达中展开了。

三、采用幼儿易于掌握的欣赏策略

《指南》指出："引导幼儿学会用心灵去感受和发现美，用自己的方式去表现和创造美。"那么，如何有效地引导幼儿去发现、探索与应用，成为教师必须认真思考的重要课题。在音乐欣赏过程中，"倾听"与"表达"是两条基本途径。教师要引导幼儿仔细倾听，充分感受音乐形象，并在活动中鼓励他们大胆尝试表达。

（一）运用画面提示，引导幼儿感受音乐

在音乐欣赏过程中，教师可运用具象的画面、抽象的线条、有趣的图案，引导幼儿感知音乐作品。这一策略易于被幼儿理解，也便于幼儿掌握和实现经验迁移。例如，在欣赏《小狗圆舞曲》时，小狗旋转的形象可用螺旋形线条表示，既可以是同心圆式的螺旋线条，也可以是逐渐位移的螺旋线条。同心圆螺旋线条表现小狗在原地旋转，位移式螺旋线条则表现小狗边旋转边移动。有了这一经验，孩子们很快学会迁移表达，用上下起伏的线条表现情绪平缓的小狗，用螺旋的线条表现旋转的小狗。就这样，孩子们一边饶有兴致地倾听音乐，一边通过描画线条感受音乐中游戏的意境。在欣赏《四小天鹅》时，孩子们用简短的线条或圆点表示小天鹅的蹦跳，用圆圈表示旋转一圈，大家边欣赏音乐，边用笔触表现小天鹅欢快舞蹈的游戏情节。

（二）运用肢体动作，引导幼儿表现作品

童话是孩子们喜爱的文学形式，而音乐相较于文字表述的故事要抽象得多。但是，当教师将跌宕起伏的音乐以童话故事的形式传递给孩子时，孩子们就很容易理解与接受，并且会一次次乐此不疲地加以演绎和诠释。

以《胡桃夹子》为例，孩子们运用已有经验，昂首挺胸地行走，表现挺拔与伟岸的王子；用小精灵式的奔跑表现老鼠兵；用柔美的舞姿表现美丽的公主；用弯腰背手、地包天式的嘴巴表现女巫。当音乐响起，一个个不同的角色依次登场，在音乐声中，孩子们相互配合表演，与其说是音乐欣赏，倒更像是快乐游戏。随后，教师用红、黄、蓝、绿四种颜色的积木表示乐曲中的四个角色，请幼儿听到相关音乐内容及时出场表演。每当一段音乐结束，幼儿与同伴更换手中不同颜色的积木，然后重新表演，以此体验不同角色演绎所带来的快乐。

（三）运用打击乐器演奏作品

运用打击乐器演奏，能够为音乐欣赏活动增添诸多趣味性。幼儿在倾听与演奏的过程中，享受到自己营造的音响效果与音乐本身的融合之美，在听一听、敲一敲、玩一玩的过程中，感受和声之美与合作之乐。乐曲《卡门序曲》以三段体式的乐段交替，向听众展示了激昂跌宕的音乐形象。教师选择了散响类、敲击类打击乐器和大鼓为音乐配器。在引导幼儿欣赏音乐时，教师选取了幼儿园一日活动中的几个环节，包括户外活动、午睡、集体活动等，引导幼儿将乐曲中不同的乐段与这几个环节配对；随后，引导幼儿将不同的打击乐器与音乐、活动情境配对。不知不觉中，孩子们了解并掌握了乐曲的结构，并能够运用乐器进行演绎，整个过程充满了游戏性、趣味性，且贴近幼儿生活。

虞永平教授在《关于课程游戏化的几点思考》中提到，我们需要特别关注幼儿园课程是否体现自由、自主、创造、愉悦的游戏精神。在上述音乐欣赏活动中，教师试图引导幼儿打开音乐想象空间，告诉幼儿根据音乐情节畅想表现形式，然后放手，给予幼儿充分表达、自主创造的机会。幼儿在游戏化的活动氛围中，思维更加开放、表现更为自主，体验到了音乐带来的快乐。

第三节　让说唱音乐走近幼儿

说唱音乐宛如跳动的节拍，带着鲜明的节奏与韵律向幼儿走来。凭借轻快的旋律和朗朗上口的词句，孩子们在音乐中寻得了表达自我的方式，尽情感受音乐的独特魅力。

所谓说唱音乐，指的是在音乐背景下进行的快速且富有节奏感的独白。它以活泼灵动、自由诙谐的表演方式，借助富有节奏感的语言，抒发演唱者对生活的理解与感悟。说唱音乐的歌词相对随意、自由，十分贴近生活，为演绎者提供了充足的发挥与拓展空间。说唱音乐虽然歌词不一定具备旋律，但在统一的节奏下，通过语速快慢的巧妙搭配、抑扬顿挫的演绎风格，进行极具个性的自我表达，因而深受大众喜爱。那么，这种艺术形式能否被学前儿童接受呢？幼儿能否运用灵活的语言、稳定的节律开展说唱？我联想到与说唱极为相似的儿童诗歌，于是对两者展开了深入的比较与分析，并在教学实践中历经一次次尝试、反思、调整与再尝试。结果发现，说唱与街舞有着共通之处，即都能够依据节奏和韵律，自由自主地进行表达，且可以不断变化，融入个性化的创新元素，幼儿对此满怀兴趣，乐于尝试，也敢于挑战。

一、说唱音乐与传统诗歌的区别与联系

诗歌具有韵律和谐的音乐性、歌唱生活的抒情性以及文字表达的精练性等特征。其朗朗上口的文字结构和富有韵律的声韵效果，深受人们喜爱。在幼儿园教学中，各种生动形象、趣意盎然的儿童诗歌颇受教师们的青睐。教师会挑选适合不同年龄段幼儿的诗歌用于教学，向幼儿传递文学

美与韵律美，幼儿也能迅速接受，并在教师引导下进行表达与创编。可见，当幼儿对诗歌的文字结构基本掌握后，便能结合自身认知，运用自己的语言进行表达。在此过程中，既有模仿，又有创编，这为幼儿参与说唱奠定了基础。而说唱是演唱者按照节奏和韵律，将自己的语言融入节奏中加以表达，其语言结构相对更为自由。由此可见，传统诗歌与说唱均是语言与韵律的融合。也就是说，当幼儿能够较好地掌握有节律的语言表达时，便能够进行说唱。

二、说唱的特点与优势

说唱以其活泼奔放的表现形式，强烈地感染着表演者与欣赏者的情绪。在表演过程中，表演者能够自由发挥，充分表达当下的各种感知体验，用有节律的语言进行叙述。即使思绪偶尔未能及时跟上，也只需在之后环节中适时加入简单的语气词加以填充。说唱由于既不受音乐旋律在时间上的严格约束，也不必过多考量文字结构的对应及语言的精练程度，只需即时发挥，使语言与节律相互协调即可，所以相较于传统的歌唱活动，更容易被幼儿接受和掌握，并且幼儿能够随时对其进行改编与创编，投入表演之中。

说唱秉持更为自由开放的理念，这对教师提出了更高要求。在开展教学活动之前，教师需要充分了解幼儿音乐表现的基础水平，进而确定本次活动的主题，并围绕主题进行前期的语言准备工作。在组织教学活动时，教师应采用开放性教学模式，激发幼儿敢于自我表达的勇气，鼓励幼儿伴随着音乐节奏，进行自由奔放、活力张扬的个性表达。

三、说唱在教学实践中的运用

若要让孩子自信地进行说唱，首先得引导幼儿熟练掌握说唱内容，与说唱形式相近的诗歌是很好的教学切入点。在日常教学中，可以选择语言结构较为简单、便于幼儿自由发挥的诗歌，或者幼儿熟知且感兴趣的事件作为说唱载体，引导幼儿在充分掌握基本语言模式的基础上，尝试说唱表演，并学习创新表达。

1. 感知语言结构，实现熟练表达

说唱的前提是语言表达，幼儿对说唱内容的掌握程度，决定了说唱能否顺利开展。在此过程中，幼儿对文字内容的理解、对语言结构的掌握，是我们应重点关注并给予引导的方面。排列整齐、简洁精练、易于幼儿理解的文字结构，有助于幼儿更快、更好地掌握。同时，由于说唱表达相较诗歌更为自由、灵活，幼儿在表演时即便字句稍有偏差，也能迅速调整回到主题，这有利于幼儿体验到成功的喜悦。

2. 调节说唱速度，力求流畅表达

语速的快慢取决于对表达内容的熟练程度。为幼儿提供一段易于掌握、朗朗上口的说唱内容至关重要。在幼儿掌握说唱内容后，引导他们跟随节奏进行表达，并注意控制说唱速度。流畅的表达能让幼儿感受到成功的愉悦，而相对缓慢的速度则能给幼儿提供思考空间，有利于他们流畅表达。从慢到快循序渐进地练习，能让幼儿在原有基础上不断产生新体验，逐步提升流畅表述的能力。

3. 积极创编语汇，尝试创新表达

说唱的最大特点是自由灵活，可随性发挥，为表演者提供了足够的自我表达空间。幼儿园的孩子若能大胆表达自己的想法，积极展现个性，日后必定自信且充满人格魅力。教师可借助说唱培养幼儿积极思维，鼓励幼儿表达个性。首先，教师要为幼儿提供一个可供表述的对象或事件，并给出一个可参考的语言结构范本；接着，引导幼儿依据范本进行对应创编，并帮助幼儿对创编的语言进行微调，使其便于说唱。在教师逐步且有针对性的引导下，幼儿的创编经验会日益丰富，创编热情会愈发高涨，从而学会自由且富有个性的自我表达。

4. 伴唱节律灵活，满足幼儿需求

在说唱中，伴唱旋律、器乐的选择极为重要，它们能很好地激发幼儿参与活动的兴趣，渲染活动氛围。富有动感的节拍、充满激情的旋律，能充分调动表演者的热情。幼儿说唱的节奏表现可以来自动感音乐，也可以来自乐器伴奏，还可以源自大自然的声响。其中，自身营造的、符合一定规则的节拍，在说唱初期是一种非常实用的形式。它能根据活动实际情况进行调节，及时顺应表演者的速度需求。当幼儿完全掌握语言速率，达到能与完整音乐相匹配的速度时，配上富有节奏感的音乐，能对幼儿的说唱表演起到很好的烘托气氛、带动情绪的作用。当然，如果能根据幼儿的实际能力调节所准备音乐的速度，为幼儿说唱提供恰到好处的烘托，必定能为整个活动增添诸多色彩。

5. 大胆创编动作，积极参与表演

充满韵律的语言、富有动感的音乐、奔放的身体动作，既能将人的情绪调动至兴奋状态，又能给欣赏者带来美的享受。在幼儿参与说唱时，教师需挖掘一些幼儿自由、自然的动作，并适当教授一些特定的动作，为幼儿提供丰富的表演元素，让幼儿有动作可做。在此基础上，鼓励幼儿大胆创编，按照说唱的特定结构与音乐特性，边唱边运用身体动作表现。在特定的说唱间歇和过渡环节中，运用这些动作进行表演，以增强音乐的段落感与协调性。表现动作时，还可配上相应的语气词，如"哟！哟！""嘿！嘿！""耶！耶！"等，这些语气词既朗朗上口，又易于幼儿掌握，还能将音乐情绪推向高潮。

《纲要》提出："幼儿艺术活动的能力是在大胆表现的过程中逐渐发展起来的，教师的作用应主要在于激发幼儿感受美、表现美的情趣，丰富他们的审美经验，使之体验自由表达和创造的快乐。在此基础上，根据幼儿的发展状况和需要，对表现方式和技能给予适时、适当的指导。"学前儿童具有鲜明的年龄特点，当教师充分把握不同年龄段幼儿的认知、表达与艺术表现能力后，将说唱有效地融入歌唱教学，将说唱的表现形式传递给幼儿，便能更好地增强幼儿的艺术表现能力，为幼儿艺术表达增添鲜活色彩。

第四节　幼儿形体训练从自然动作开始

幼儿形体训练源于自然动作，仿佛是与身体的轻声对话。孩子们在律动中探索自我，伴着节奏自然成长，轻盈前行。

三岁以后，幼儿的大肌肉发展良好，已初步掌握各种基本动作，精细动作也处于快速发展阶段。他们对周围的生活环境、事物特征有了初步认知，并且乐于通过语言、动作等方式来表达。引导幼儿运用身体动作表现所感知的事物，开展初步的形体训练，既有助于调动幼儿参与活动的积极性，也有利于幼儿身体协调性的发展及自信心的培养。这里所说的形体训练，指的是将音乐与体育锻炼有机结合的身体运动练习。它既不局限于音乐活动中的节奏感和动作表现的美感，也不强求动作的线路、幅度及运动量的大小等。不拘一格的自然动作，幼儿往往更乐于接受，一旦教师对动作要求过高，就容易抑制幼儿的表现积极性。

皮亚杰儿童发展理论的倡导者奥坎德提出了关于内涵式学习的三个教育原则：直接经验优先于间接经验，兴趣优先于参与，流畅性优先于精确性。基于这些原则，教师在对幼儿进行形体训练时，应将幼儿基于直接经验的生活感知作为活动素材，选择易于激发幼儿活动兴趣的表现形式，鼓励幼儿运用自由的身体动作进行表达。

一、表现内容生活化

掌握幼儿的认知情况，是开展一切教育的基础，也是在形体活动中引发有效互动的前提。教师在组织活动前，务必引导幼儿对即将开展的主题做好充分的感知与认识。在此过程中，教师需要了解幼儿观察事物的独特视角，明确他们对事物的感知情况，选择合适的素材应用于教学活动中。当教师采用幼儿生活中的各种事例作为素材时，其不仅容易被幼儿理解和接受，也便于幼儿运用相应的身体动作对其进行表现。

例如，在组织形体活动"我们生活的城市"前，教师通过带领幼儿外出参观，让他们感知周围房屋的外形特征；通过共同交流、观看图片、影像等方式，加深幼儿对城市中各具特色的高楼大厦的认识与了解。由此，幼儿对城市建筑的感知得以深化，知道了房屋有高低错落之分，有色彩辉映之别，有亭台绿树的映衬，有道路桥梁的贯通。基于这些感知，孩子们在一次次主动尝试中，在与同伴的相互评价交流中，把"我们居住的城市"演绎得越来越丰富、精彩。他们从独立的平行性思考与表现，逐步过渡到两人合作、几人合作，甚至多人协商后相互配合、共同表现。他们的动作从一开始整齐划一的"住宅小区"，逐渐演变成错落有致的"别墅群"、高楼耸立的"商贸街"，从统一的举起或侧伸，逐渐实现了相互协调、色彩各异、高低搭配。

皮亚杰指出，为孩子设计的游戏活动要建立在他们已有经验的基础上，为他们留出一定空间去发现新问题、吸收新知识。孩子们生活在城市中，对城市面貌较为熟悉，经过活动前一系列的梳理与准备，他们乐于用自己的身体动作对城市进行表现。虽然动作十分稚拙，但每一处都透露出孩子们表现的激情和意图——那高高举起的小手是“屋顶”，那伸出的小脚是“台阶”，合作围成圈后向外伸展的双臂则是别墅中央的“喷泉”……所见让人感动，感动于孩子们的创意，感动于孩子们通过形体表现出来的城市美景。可见，教师为幼儿提供生活化的表现内容，让他们在熟悉的基础上进行表达，必然能够激发幼儿的表现热情与参与积极性。

二、表现氛围轻松化

中国科学院心理研究所李文馥教授认为，教师应为幼儿提供宽松的环境条件，营造宽松、和谐的精神氛围和自主表现的时空。轻松愉快的活动氛围有利于幼儿放松心情，调动起幼儿的积极性，使他们快速投入活动。当教师采用一些游戏形式并将其贯穿于形体活动过程中时，幼儿往往会将注意力集中在游戏上，从而降低了表演的真正价值。

比如在“结冰融化”的游戏中，教师始终以天气的冷热变化为指令，天气热了，“水”欢快地流动起来；天气冷了，“水”立即结成不同造型的“冰块”，保持纹丝不动。在游戏过程中，教师引导幼儿仔细倾听敲击铃声（或音乐播放与停止等其他指令）的速度，提醒幼儿注意水流动速度的快慢；用铃声的突然停止告知幼儿“水”到了冰点，必须马上停止流动，结成“冰块”。在整个活动中，幼儿表现得积极而专注，在教师的提示下，有序且富有创意地以自己独特的造型表现着水的流动和冰块的形态各异。

在开展活动时，当教师营造出轻松愉快的氛围时，幼儿就会轻松愉悦地参与其中；当教师将幼儿喜闻乐见的游戏元素贯穿于活动中时，整个活动过程就会变得趣味盎然，幼儿参与形体活动的积极性也会在不知不觉中得到提高。

三、表现动作自由化

《纲要》明确指出：“幼儿的创作过程和作品是他们表达自己认识和情

感的重要方式，应支持幼儿富有个性和创造性的表达，克服过分强调技能技巧和标准化要求的偏向。"教师在组织幼儿形体活动时，如果过多地强调动作的规范化、舞蹈化、整齐划一，就会使原本富有趣味性的活动内容顿时失色。幼儿阶段的艺术表达的任务是培养幼儿兴趣，使幼儿逐步积累相应的身体表达元素，激发幼儿大胆表现的欲望。所谓表现动作的自由化，就是鼓励幼儿运用自由的身体动作大胆、开放地进行表现，而不必在意动作是否美观、标准。

以"结冰融化"为例，当教师引导幼儿随指令或音乐表现水流时，只需关注他们是否积极地"流动"起来；在"结冰"时，能否以静止的状态及时控制身体动作。随后逐渐提高要求，并用游戏性的语言、同伴间的相互观赏与评价等方式，鼓励幼儿提高动作难度、改变表现样式。比如在表现水流动时，同伴之间应尽量避免相互干扰，并注意动作协调性的培养；静止时，关注同伴之间的相互配合情况以及动作的层次搭配。

四、表现形式互动化

一个身体动作的表达，需要幼儿调动整个机体的积极性。师幼互动、幼幼互动、幼儿与环境的互动，都能起到良好的调动作用。小班幼儿喜欢平行游戏，适合他们的互动形式有与环境互动、与物体互动、与教师的互动等；而中大班幼儿与同伴交往的意识和需求逐渐增强，可以鼓励幼儿与同伴共同交流、相互配合。

例如在用形体扮演"马路上的汽车"活动中，幼儿从刚开始的单独一人扮演"小轿车"，逐渐尝试两人合作，甚至多人合作，扮演双层巴士、翻斗车、多节车等。幼儿在实践探索过程中，还想到了橄榄车、扫地车、警车等。从活动中，孩子们的创意越来越多，他们在稚拙的动作背后，表现出浓厚的兴趣和热情；在自我评价和与同伴之间的相互评价中，增强了表现兴趣，获得了互动带来的快乐与成就感。

五、表现情境多样化

多样化的表现情境，有利于调动幼儿的表现积极性，促使幼儿在原有基础上实现螺旋式上升，避免产生疲惫感。"幼儿园水龙头效应"① 的故事，促使教师思考如何通过多样化模式，培养幼儿的灵活思维，增强幼儿在不同情境下的应变能力与大胆表现能力。实践证明，形体活动情境的多样化，可以通过活动场景的变化、教师情境描述的变化、具体活动内容的递进式变化等方面来实现。

以"结冰融化"为例，教师运用语言描述，不断改变"水"的所在位置：当教师将情境描述为一盆水时，孩子们一个个独自轻轻摇晃；当教师将情境描述为小池塘时，孩子们则运用"轻轻泛起涟漪"的方式表现；当教师将情境描述为大海时，孩子们相互结伴，将水流表现得欢快而热烈。在"小芽长长长"的形体活动中，教师一方面通过语言描述渲染气氛，另一方面通过提供辅助物，增强幼儿的表现情趣：小芽从松散的泥土中快速生长；演变到在瓦砾中生长时，遇到压在上方的大石头后的奋力托举；再过渡到长大开花后，与蜜蜂蝴蝶的欢快互动。在此过程中，孩子们的形体表现思路随着情境的变化不断调整，表现方式在相互启发与模仿中得以突破，活动激情在不断尝试中得到提升。

教育需要激发幼儿情趣，让幼儿体验审美愉悦和创造的快乐，体验自我表现和创造的成就感。教师在开展形体活动时，如果能将以上几点有机结合起来，就能充分调动幼儿参与活动的积极性，激发幼儿自我表现和创造的欲望。幼儿运用身体动作自由表现的程度，标志着孩子动作发展的基本情况，也标志着幼儿自我表现的自信程度。当教师有意识地挖掘幼儿生活中熟知的表现元素，鼓励并引导他们运用形体大胆表现，一定会收获幼儿主动尝试后身体综合素质的提高和自信心的增强。

第五节　幼儿绘画活动中的动态教学策略

幼儿绘画中的动态教学，恰似微风轻拂，促使创意随时迸发。教师引导孩子运用画笔自由表达，灵感与色彩在互动中流淌，共同绘就成长的多彩篇章。

---

① 上海有一所幼儿园，同一个盥洗室的洗手盆、水龙头安装得各不相同，除了传统旋转式的，还有按压式和自动感应型，旨在让幼儿从使用中体验多样的世界，明白同一个问题可以有不同处理方法的道理。

幼儿的艺术表现能力，是在持续熏陶和学习的进程中逐渐发展起来的。教师应立足幼儿的日常生活，引领幼儿感受生活中的美，诸如线条美、构图美、色彩美、光影美等，丰富幼儿的审美体验，使他们在自由表达与自主创造中，体验参与艺术活动的愉悦。瑞士著名心理学家皮亚杰提出的认知发展理论表明，3~6岁儿童的绘画能力正处于从涂鸦期向象征期过渡，进而向图式期发展的关键阶段。教师一方面要从线条运用、构图能力及色彩运用等方面，去识别幼儿的发展情况；另一方面要以幼儿最近发展区理论为导向，借助多样化的教学手段，推动幼儿更好地发展。在探索实践中，我发现采用动态教学策略，不但能够提升幼儿参与绘画的兴趣，还能让幼儿更好地掌握作画要领，起到事半功倍的效果。

一、作画内容的动态生长

在主题性绘画教学中，"线"与"面"的运用是基本的表现手法。它们既相互区别，又彼此关联，笔触细时，便成"线"；笔触粗时，就成"面"。例如，蜡笔立着画，呈现出"线"，用笔身画，则呈现为"面"。教师在引导幼儿运用"线"与"面"进行表达时，采用动态示范教学，幼儿更容易理解，并且能在实践操作中，感受到绘画的生命力与趣味性。比如在小班《树》的主题绘画中，幼儿运用线条表现树干和树叶，然而要画出粗壮的枝干时，很多幼儿表现出掌控力不足。于是，教师边操作边讲解："我在土里种下了一棵小树（画一根竖线条），它渐渐长粗了、长高了（边讲述边逐步沿线条向外扩张涂色），在树顶周围长满了绿绿的叶子（边讲解边沿着树干上部不断向外扩张，涂画树叶形态）。"幼儿的实际操作显示，这种由一个中心逐步向外扩张涂色的方法具有生命力，展现了树叶的持续生长，富有情节性的操作形式能给作画者带来愉悦体验。又如，在给幼儿示范画人物时，尤其是画人的躯干与四肢时，这种方法同样发挥了极为积极的作用，让幼儿在情境式操作中迅速掌握了基本画法及连接的作画要领。由此，幼儿在由细到粗、由点到面的动态式练习过程中，不知不觉掌握了面的画法。

动态式生长法还可应用于以下几类情形：

1. 画圈法：当要引导孩子在纸上画一个大圆时，可以说："请用小蜡笔沿着围墙跑一圈。"当孩子们学会以白纸边缘为参照后，便能轻松画出大大的圆。

2. 画点法：在请幼儿练习画短线条时，通过描述天空下雨的形象来引导幼儿练习，可边讲故事边描述"雨越下越大""雨越下越小""雨水一滴一滴""雨水都连成线了"。

3. 添画法："草地上的花儿开了，一朵又一朵；小树发芽了，小嫩芽一个个冒出来。"教师一边进行生动讲述，一边请幼儿用手指蘸颜料进行点画。

4. 平铺法：将蜡笔侧身平躺涂色，运用颜料，以大侧面蘸色、涂色，凸显了从小块面向大块面生长的特性。

《纲要》中提及，"教育活动的组织与实施过程是教师创造性地开展工作的过程"。当教师有意识地将作画内容以生动形象的方式引导幼儿表达时，孩子便会在轻松愉悦的氛围中自主表现。在幼儿园绘画教学中，教师应多提供颜料等作画材料，以便幼儿感受色彩与块面带来的视觉冲击。

二、环境材料的动态提供

幼儿的发展水平、现有能力、经验及学习方式均存在个体差异，教师应因材施教，让每一个幼儿都能获得成功体验。为了顺应孩子在兴趣和能力方面的差异，教师可以通过动态调整所提供材料的难度，满足幼儿不同的发展需求。

例如在中班"彩色的小鱼"教学活动中，教师为孩子们提供了三种不同难度的任务。第一种是请幼儿在印有鱼形轮廓的操作纸上设计内部花纹和外围环境；第二种是提供多个不同形态的鱼形纸板供幼儿参照描画，再进行装饰、添画；第三种是提供空白纸张，供幼儿自主作画。一番讲解后，幼儿进入操作练习。大部分幼儿选择了第二种作画方式，有的幼儿把小鱼模板在画纸上拼拼摆摆，再沿边描画后添画，有的则参考模板自主作画——模板给了他们作画的具象依托，也增添了作画过程中的趣味性。第一种和第三种作画方式仅有少部分幼儿选择。这样的任务设计，既为幼儿提供了更多自主选择的机会，又为幼儿提供了契合最近发展区的挑战性选择机会。在幼儿的自主选择中，教师能够更好地了解幼儿的能力发展情况和自我意识发展情况，充分调动幼儿主动参与活动的积极性。

（一）作画材料的动态提供

幼儿作画时，纸张的形状、大小、颜色、背景的变化及作画工具的变化，都能起到诱导和暗示的作用，提升幼儿的作画灵感和参与兴趣。不同形状、大小的纸张会影响幼儿的表达方式，颜色则能激发他们的情感与联想；背景的设置可以构建故事情境，激发他们的想象力；多样的作画工具能够让幼儿尝试不同的技法和风格。这些因素，提升了幼儿的创作灵感和参与兴趣，助力他们在艺术表达中探索自我和世界。

方法一：形状、大小、颜色暗示。使用圆形纸张，幼儿受到启发，可能画出太阳或花朵；方形纸张则可能引导他们画房子或城市景观。较大的纸张可以鼓励幼儿大胆涂鸦，而小纸张促使他们关注细节。使用蓝色纸张，幼儿会联想到水或天空，进而绘制相关主题内容。

方法二：背景设置暗示。当教室里贴有森林背景，幼儿更容易想象出树木和动物，从而创作出与自然相关的图画；城市背景则可能激发他们描绘街道、交通和建筑。这种背景设置为幼儿提供了情境联想，增强了创作的故事性。

方法三：作画工具暗示。提供水彩笔，幼儿会用线描和填充；提供毛笔、颜料，幼儿会以大手笔进行色块涂画；同时提供多种作画工具，幼儿就会思考如何选择，如何搭配使用。不同的工具选择，不仅让幼儿体验各种绘画技法，还能激发他们对艺术表现的探索欲望。

这种材料动态提供的诱导和暗示，不仅丰富了幼儿的艺术体验，还促进了他们的情感表达和创造力的发展。在这样的创作环境中，幼儿能够更加自如地探索自我，发现创作的乐趣。

（二）作画空间的动态使用

在相对稳定的教学环境中，教师不妨时常改变幼儿的作画空间，以此唤起他们对绘画活动的新鲜感，使其感受到作画空间与操作方式的多样性。教师为幼儿创设的作画环境，依据作画内容、作画形式而定，可以将桌子集中排放在教室中间，也可以将其分散到周围各区域，还可以将其围成大圆圈，将写生作品放在圆圈中心，甚至可以利用地面作画。在作画开始时，教师给予幼儿自主选择座位的机会，能够激起他们参与活动的积极性。在日常绘画中，还可以让幼儿到教室的任意一张桌子或柜子上去完成作画，并要求他们必须自己垫好桌布，注意保护环境整洁。班级里高度适宜的学具柜、衣帽柜等，自然都成了幼儿乐于选择的地方。这样，既避免了幼儿在同一张桌子上作画的拥挤和相互干扰，又有利于幼儿自我服务、自我约束习惯的养成。

例如在"节日的烟花"教学活动中，教师按照操作程序的不同，分别设置了蜡笔描画区、背景涂色区、晾晒作品区。在操作环境顺序的提示下，幼儿明确了作画的先后次序。同时，三位保教人员分工合作，对不同程序操作的幼儿进行有针对性的指导，既培养了孩子的作画秩序性，也培养了幼儿的任务意识和责任心。

以"彩色的小鱼"为例，将三种难易程度不同的作画形式分别设置在三个不同区域，既便于幼儿根据自己的兴趣进行选择，又便于教师有针对性地指导。

一个多样的活动环境，能够给予幼儿更多自主选择的机会，让幼儿在舒适的环境中完成创作，从而获得良好的实操体验和成就感。在这样的环境里，教师能够更好地了解不同孩子的发展水平，并从环境材料和教学策略入手，动态式地加以推进。

三、互动合作的动态促进

绘画过程中的互动与合作，能够为幼儿营造一个富有启发性的活动环境。这里所说的互动与合作，一是指师幼之间的互动与合作；二是指幼儿同伴之间的互动与合作；三是指幼儿与环境之间的互动与合作。幼儿在这丰富多元的互动合作过程中，能够提升参与活动的兴趣，感受绘画活动的乐趣，体验发现美、表达美的愉悦感和成就感。

（一）师幼之间的互动与合作

在绘画活动中，教师与幼儿之间的互动与合作是一种充满活力和启发性的关系。教师不仅仅是知识的传递者，更是幼儿的创作伙伴。教师通过"观察与回应"，积极关注幼儿的创作过程；借助小组讨论的形式，营造互动的氛围；通过提问，激发孩子们的想象力和创造力，让他们在交流中获取灵感。师幼合作的方式可以是教师与幼儿共同参与创作，比如一起在大画布上作画，让孩子们体会团队合作的乐趣；也可以设置"创作展览"环节，让幼儿展示自己的作品，并鼓励他们讲述创作背后的故事。

（二）同伴之间的互动与合作

幼儿之间的互动与合作方式包括活动前的交流与讨论、活动中的合作创作以及活动后的分享与作品整合。其中，组画创作需要幼儿具备较高的合作能力，从作画前的商讨、分工，到作画过程中的相互协调，再到作品完成后的交流分享。例如，在绘制一幅"动物园"主题的作品时，幼儿需要商量作画的具体内容和分布方式，用什么工具材料画、怎么画，所画动物的种类及大小布局，以及背景添画内容，等等。小组成员需要明确主题、分工合作，才能高效优质地完成作品。这样的互动，提高了幼儿的社交技能，让他们学会倾听、理解和尊重他人的观点，增强了集体创作的合作意识和趣味体验。

（三）幼儿与环境之间的互动与合作

幼儿在创作时，与周围环境的互动也极为关键，他们可以通过观察环境中的颜色、形状和纹理，来激发创作灵感。例如，在户外写生画时，教师提供一面略大的镜子，请幼儿在大自然中寻找自己喜欢的镜子里的景象，并画出镜像中的花草树木。再如，陕北宜川的孩子走出教室就能看到山峦及镶嵌在山间的窑洞，孩子们用画笔描绘绵延起伏的山、山间苍绿的树，又用纸片、树叶、树枝在画面上增添山间窑洞、山脚的房屋和一棵棵树，画面是那么的自然而灵动。这种与环境的互动，不仅增强了幼儿对周围环境的敏感度，让他们在自然环境中探寻美、发现美，还拓展了他们"换个角度看世界"的求异思维方式，创造出丰富多元的学习体验。

兴趣是孩子最好的老师，上述阐述的三种动态绘画教学策略相辅相成，可以融合使用，能有效提升幼儿参与绘画活动的兴趣。这些策略不仅提高了幼儿的艺术表达能力，还培养了他们的观察力、创造力和社交能力，为未来的学习奠定了坚实的基础。正如毕加索所说："每个孩子都是艺术家。"动态教学策略的有效实施，为幼儿的绘画活动增添无限可能，使他们在艺术世界中自由探索与成长。

第五章　园家社共育

　　儿童友好型环境宛如一片肥沃的土壤，孩子们恰似扎根其中的小树苗。在这片土壤的悉心滋养下，小树苗尽情吸收养分，茁壮成长。幼儿园、家庭与社会，在幼儿的成长历程中，仿若一个稳固的三脚架，齐心协力为孩子构筑起一个满溢爱与支持的生态圈，守护着孩子一路健康成长。在这个充满生机的教育环境里，教师、家长及社会成员携手同行，彼此支持，共同播撒爱的种子，传递生命的力量。这些饱含爱意的种子，在孩子们的心灵深处悄然生根发芽，逐渐生长为智慧与情感的枝干，为孩子们的未来赋予希望与力量。

第一节　儿童友好型班级环境的生态式创设

环境是重要的教育资源，教育应通过环境的创设和利用，有效促进幼儿的发展。

——《3~6 岁儿童学习与发展指南》

班级是幼儿在园生活和学习的核心空间，是孩子们在幼儿园获得安全感、归属感和舒适感的起点。我们所创设的班级环境，既要满足孩子们的情感需求，又能够及时回应他们的成长需求。班级环境不仅仅是物理空间的布置，更应融入教师的教育意图和教育策略。如何充分挖掘班级的教育功能，使其在师幼共同参与创设与持续调整中，成为促进幼儿全面发展的平台，是教师需要不断思考和实践的课题。通过灵活有效的环境创设，我们能够为孩子们提供一个丰富、有趣、充满支持的可探索的成长空间，同时也为孩子们的自我表达、创造力发展和社会交往搭建起一个多元化的舞台，促进他们身心全面、和谐地成长。《中国儿童发展纲要（2021—2030）》中鼓励创建"五个友好"的城市环境，包括社会政策友好、公共服务友好、权利保障友好、成长空间友好、发展环境友好。基于以上认识，我结合幼儿发展需求和幼儿园班级微环境，积极探索儿童友好型班级环境的生态式创设。

一、儿童友好型班级环境生态式创设的概念界定

幼儿园班级环境，指的是活动室中幼儿各种感官能够触及的、静态的物质环境，动态的人际环境，以及影响幼儿成长和发展的多种因素的总和。[①] 物质环境主要涵盖活动室中的三维空间和各类物品摆放，以及教室周边的外环境。人际环境主要包括幼儿与幼儿、幼儿与教师、幼儿与家长及其他相关人员之间的相互关系。

所谓生态式班级环境，是指能够持续螺旋式推进、叠加创生的班级活

---

① 　王丽. 统整理念下课程环境的创设［J］. 早期教育，2021（9）：50-52.

动环境和温馨愉悦的人际交互环境。环境创设的元素应源于幼儿活动或需求，能够激发幼儿自我表达，并促成友好共享的静态与动态相结合的物质环境和人文环境，主要包括空间环境的有效利用、各种材料的整合运用、人际交互的愉悦共享。

所谓"儿童友好型班级环境"，即在创设班级环境时，明确幼儿的主体地位，尊重幼儿的各项权利，积极营造幼儿与环境之间的互动关系，以及幼儿与周围人之间友善、平等、和谐的共处关系。

教师在"儿童友好"理念下创设生态式班级环境，需要考量环境与幼儿之间集体规则的共识性、互动模式的渐进性、表达形式的多样性。儿童友好型生态班级环境创设，可以由幼儿引发，也可以由教师引发，形成师幼之间"保持同频共振"的共同工作关系。在环境创设的过程中，以幼儿为主体，既鼓励幼儿自我展示与自我表达，又引导幼儿合作展示、共同表达。在积极愉悦的集体氛围中，推进共同思考的深度，解决共同探究的问题，分享个人思考的见解，感受集体学习的快乐。让幼儿在这种生态式学习中，体会到个体与环境的作用力与反作用力；让幼儿在不断实践中发现，环境会回应我们的行动。

二、儿童友好型班级环境生态式创设的价值与特征

幼儿园班级环境创设主要涵盖墙面环境创设、区域环境创设和人文环境创设。当前幼儿园环境创设存在的问题主要有以下几类：第一种是教师包办，所创设的环境仅起到美化作用，且长期一成不变；第二种是幼儿虚假参与①，参与形式仅为个别幼儿的美术作品点缀；第三种是幼儿参与材料收集，教师将收集来的资料整合张贴，结果表现形式单一，忽略了幼儿基于自身经验的自主表达。这三大类环境创设，往往导致教师、幼儿与环境完全割裂，彼此之间缺乏紧密联系与互动。区域中的墙面环境仅仅用于呈现部分操作要求或展示部分幼儿作品作用，与人际环境更是完全脱节。

儿童友好型生态式环境创设，从理念和行动上指引教师深入挖掘班级

---

① 刘颖娜. 儿童参与阶梯理论下幼儿园墙面环境创设的分析与思考［J］. 早期教育（家教版），2021（38）：46-49.

环境中的有利因素，以促进幼儿的全面发展。儿童是班级环境的主人，因此，在环境创设过程中应以幼儿的认知、能力和需求为基础，充分发挥他们的主体作用。环境不仅要满足幼儿的基本需求，还要激发他们的探索欲望和创造力，支持他们的社交互动与情感表达。要将幼儿各项能力发展与个性品质的培养有机融入环境创设的考量中，确保每一处设计和细节都契合幼儿的成长需求。通过这种生态式的环境创设，保障幼儿与环境之间的友好互动，从而推动环境的综合利用和持续发展，真正为幼儿营造一个充满支持、引导与成长机会的空间。

下面举例说明"儿童友好型班级环境生态式创设"对幼儿发展的有效推进价值和基本特征。

（一）"关爱自己、关爱他人"——自信心和关爱情感的有效培养

在设计"夸夸我自己"墙面时，教师引导幼儿展现自我、反观自我，帮助孩子们发现并表达自己的优点。孩子们通过交流与提问，在互动中挖掘自身长处，并用图画、文字或在成人协助下，将自己的优点展示在墙面上。这样的设计不仅促进了幼儿的自我认知，有助于建立自信心，还帮助他们学会正面评价自己，培养自爱与自信。在此过程中，孩子们还通过分享自己的优点与他人互动，学会关注他人、理解他人，逐步培养关爱他人的美好情感，体会到集体中的支持与温暖。

（二）"朋友多又多"——社会性交往和动手操作能力的有效培养

在益智区，墙面设计围绕"找朋友"主题展开。通过操作材料和情境创设，孩子们在互动中不仅发展了社会交往能力，还锻炼了动手操作技能。墙面上的"小朋友"标志由幼儿自己设计，并张贴在教师规定的位置。孩子们需要通过剪纸、连接的方式与其他"朋友"连接起来。教师提供的材料是 A4 纸的 1/8 大小的纸片，孩子们需将小纸片剪成细长条，才能与其他朋友连接。每张纸片只能连接一个朋友。墙面上小伙伴标志的距离远近不同，为了与更多好朋友连接，幼儿需要调整剪纸方式和所剪纸条的宽度。这项活动既锻炼了幼儿的动手操作能力，又促使幼儿主动交朋友，并在墙面上展示自己交到的朋友。

（三）"小社会，大体验"——自我表现、自主选择和自我掌控能力的有效培养

"教你一招"活动让多名幼儿在墙面上展示自己的才艺，其他幼儿选择感兴趣的内容进行学习，"小老师"需要根据学员数量，准备相应的学习材料，选择合适的学习区域，并在规定时间内将才艺传授给小学员。小学员有权对"小老师"的教学组织情况进行评价。这项活动从最初家长参与承担分组教学任务，逐步发展到教师鼓励幼儿独立承担教学，再到教师将其融入区域学习活动中，幼儿在与同伴的互动中主动成长。

再如"我的餐后时间"，教师带领幼儿共同商议餐后活动内容，并列出周安排表，以便幼儿提前做好准备。又如"我班的好人好事"，幼儿不仅可以在主题墙展示自己做的好事，还能发现或记录、展示他人做的好事。这些活动充分体现了儿童友好和生态式变化的班级环境创设模式。这样的环境灵活且富有表现力，既在幼儿的主动参与下呈现，又根据幼儿的需求不断变化。渐渐地，这些环境成为幼儿活动中不可或缺的有机组成部分，充满了生命力与传导力。

三、儿童友好型班级环境的生态式创设策略

《学习的心智倾向与早期教育环境创设：形成中的学习》一书中提到："学习是在社会性的关系和社会性的互动中发生的；学习总是在情境中发生的。"[①] 为幼儿创设生态式的"儿童友好型班级环境"，有利于幼儿社会关系和社会性互动的产生，使幼儿在熟悉的物质环境和人际环境中进行交互性学习。

创设生态式的儿童友好型班级环境需要关注以下几点。

（一）观察为先，追踪为重，在幼儿的兴趣和需求中获取环境创设新元素

班级是幼儿的主要活动场所，班级环境是教师实施教育的一部分，既具有显性活动功能，又蕴含着隐性教育价值。在创设班级环境时，选取的基本元素应源于幼儿的兴趣和需求。某个孩子的高光时刻及群体孩子的共

---

① 玛格丽特·卡尔，卡罗琳·琼斯，凯特·马歇尔，等.学习的心智倾向与早期教育环境创设：形成中的学习［M］.周菁，译.北京：教育科学出版社，2016：7.

鸣时刻，都隐藏着可用于环境创设的生发点；幼儿的个体需求和集体的共同需求，可应用于环境创设，以此激发孩子思考，营造共同秩序，引发共同话题，激起共同探究。由此可见，观察幼儿、及时发现需求是儿童友好型班级环境创设的前提；持续跟踪关注、不断丰富环境内涵是构成生态式环境的根本策略。

（二）及时呈现，不断推进，在幼儿的关注和互动中生发环境创设新基点

班级环境应随幼儿需求和活动形式的变化而改变，并紧跟幼儿的步伐持续完善。环境呈现方式应是幼儿的主动表达，同时赋予幼儿调整环境的自主权。无论物质环境的创设还是人文环境的营造，幼儿都是发起者，也是主要创设者，教师则是支持者、合作者和引导者，不断推进幼儿的多样化表达和互动。只有这样，才能真正践行《中国儿童发展纲要（2021—2030）》中提出的"坚持鼓励儿童参与，尊重儿童主体地位，鼓励和支持儿童参与家庭、社会和文化生活，创造有利于儿童参与的社会环境"。

在"儿童友好"理念下，教师所创设的班级环境应完全服务于幼儿，能够更好地吸引幼儿关注，激发幼儿的积极互动，并进一步捕捉幼儿在环境推进下产生的新互动新基点来充实新环境。这样的生态式环境，容纳着孩子的声音，体现着儿童的权利。教师在倾听孩子声音、关注孩子行动的过程中，将班级环境螺旋式推进，鼓励幼儿表达学习经历，在环境中展示学习片段，不断建构幼儿的学习能力和心智倾向。

（三）积极赏识，有机整合，在幼儿的自信和愉悦中营造环境创设新格局

教师的赏识教育观是构建儿童友好型班级的前提和基础，是教师对幼儿当下表现和潜能发展的认可与信任，是班级物质环境和人文环境友好的保障。教师赞赏的语言、肯定的评价，给予幼儿自信表达的精神力量。教师富有艺术性地将幼儿表达和环境创设有机整合，既是在行为上给予幼儿积极支持，又是在审美上给予幼儿有效熏陶，促使幼儿在自信的表现和愉悦的情绪中，激发投入生态式班级环境创设的主动性和积极性。由此可见，教师的赏识教育观在儿童友好型班级环境的生态式创设中，促使教师以积极心理学的视角剖析和评价幼儿活动中的表现及幼儿所呈现的作品，并能基于幼儿实际情况进行追随和推进。

幼儿活动和环境创设的有机整合，考量着教师的环境教育观，考验着教师的艺术修养和审美能力，也考验着教师将物质环境与人文环境相互渗透、有机融合的组织与策划能力。而无论是引导幼儿活动还是参与环境布置，都应在幼儿愉悦的情绪和自信的表达中，鼓励幼儿积极与人际环境互动、与物质环境互动。只有在这种有效互动中，教师才能更好地营造和推进儿童友好型班级环境创设新格局。

班级环境是最贴近幼儿的空间，也是教师最容易掌控的空间。在环境育人理念下，教师应充分挖掘班级环境的育人功能，让幼儿在与之相互作用的过程中催生探究精神、激发表达兴趣。生态式班级环境，应该是可变的、动态的、渐进的，也是为幼儿提供的分享交流平台。虞永平教授指出，班级环境是幼儿园课程可充分挖掘和利用的有利空间。我们在思考生态式班级环境创设时，还应考虑班级环境与园本课程、班本课程的有机融合，让班级环境成为幼儿的分享场、规则场、展示场、探究场，帮助孩子在和谐愉悦的班级环境中获得全面发展。

第二节　"三约"护航　营造园家社协同共育新生态

"三约"如和谐的旋律，园家社携手共鸣，将爱与支持交织，努力营造协同共育的新生态，为孩子们铺就温暖的成长之路。

近年来，国家针对学前教育、家庭教育、校家社共育等方面颁布了多条法令和文件。其中，教育部等十三部门联合印发的《关于健全学校家庭社会协同育人机制的意见》提出："完善学校积极主导、家庭主动尽责、社会有效支持的协同育人机制，促进学生全面发展健康成长。"文件要求，在协同育人的过程中，学校作为教书育人的主阵地，应承担主导作用。这是对《中华人民共和国家庭教育促进法》中"建立健全家庭学校社会协同育人机制"的补充和明确。我园提出了"三约护航行动计划"，即幼儿园、家庭、社会三方共同修订的协同育人机制，包括以"公约"守护幼儿权益、以"邀约"传递教育策略、以"合约"优化育人环境等要点，构建以幼儿园为主导的家庭、社会协同共育新生态。

"三约护航行动计划"分三步走：一是摸底调查，了解情况；二是制定公约，明确责任；三是举措明晰，协同共建。首先，幼儿园需要对所在地区进行深入调研，了解周边社区人群结构、周围自然环境资源和商业文化等，掌握影响幼儿健康成长的基本环境和教育资源，从多方面、多视角剖析幼儿园与家庭、社会之间的教育链接可能性。其次，由幼儿园牵头，组织家长代表、社会不同职能部门的相关代表，组成"三约护航行动小组"，共拟《育儿公约》，明确三方需要共同遵守的行为准则。最后，园家社三方厘清各自的不同优势和实际困难，通过优势互补、困难共克、资源共享、责任共担，合力为幼儿打造一个儿童友好型生活环境，提供一体化的优质教育。

"三约"包括公约、邀约、合约。"公约"即共同约定，指幼儿园、家庭、社会三方共商制定并遵守的约定；"邀约"即邀请相约，是园家社成员之间的互联互通，包括行动小组成员或其他志愿者来园助教或前往支援，实现优势互补、借力教育；"合约"即三方约定共同合作，进行资源共享、环境共建，营造一个利于幼儿健康成长的优质环境。

一、"公约"为锚 守护幼儿权益

由幼儿园牵头，组织家长代表与社会相关部门（如社区、公安、卫生部门、农贸市场等）代表，共同制定《育儿公约》（以下简称《公约》），明确幼儿园、家庭和社会在保护幼儿权益方面的责任和义务，确保每个幼儿都能在安全、友好的环境中健康成长。《公约》主要涵盖家庭和谐氛围的营造、社区和谐环境的创设，以及对孩子权利和安全的保护。

（一）提升《公约》知晓率

园家社三方需要共同推进《公约》的多渠道宣传，提升家庭、社区成员对《公约》的知晓率。"三约护航行动小组"肩负着宣传责任。幼儿园通过家长会介绍，让家长了解《公约》内容，并签订《公约承诺书》；通过幼儿园微信公众号发布《公约》条目，广而告之全体家长，为家长进一步自学提供便利。社区组织《公约》宣传活动，将《公约》张贴在宣传栏里，广泛宣传公约内容，确保全体居民知晓此事；同时，制作《公约》宣传手册、海报等材料，分发给家长和社区居民，增强传播效果。

（二）提高各方认同度

组织家长和社会相关人员参加《公约》宣讲会，通过互动交流、案例分析等形式，提高各方对《公约》各条目的理解和认同。首先，幼儿园要求每位教师充分掌握《公约》内容，倡导教师"人人是宣传员，人人是解答员"，以便随时与家长进行互动问答，解答家长的疑问，从而获得家长的认同。其次，社区成立流动宣讲小组，定期在社区中设立宣传摊位，组织宣传活动，传播《公约》信息，提升社区居民对《公约》的认同度。最后，邀请教育、心理、法律等领域的专家向家长、社区居民及教师讲述相关法律条文，明晰法律和本《公约》之间的承接与落实关系，提升各方主动保护幼儿权益的意识。

（三）建立健全监督机制

邀请"三约护航行动小组"中的教师代表、家长代表和社会人员担任监督员，每月检查家庭、社区及幼儿园的《公约》落实情况，包括幼儿园及社区的安全设施、卫生状况、游乐环境等，并通过微信公众号和幼儿园公示栏公示检查结果，接受家长和社会的监督。监督机制主要包括以下三点：一是通过实地查看、访谈、问卷调查，了解园家社三方《公约》的执行情况，及时解决出现的问题，并向行动小组反馈；二是专门设立"护航行动"意见箱、热线电话、在线反馈平台，以便家长和社会热心人士对"护航行动"提出改进意见和建议；三是定期对"公约"的执行效果进行评估，组织三方代表召开评估会议，总结经验，发现问题，提出改进措施，确保《公约》得到有效落实。

二、"邀约"为径　传递教育策略

幼儿园、家庭、社会各界互相邀约，商讨环境创设、材料提供、活动开展相关事宜，实现教育资源的共享和先进教育理念的传递，逐渐达成教育共识。"邀约"有利于公众正确认识幼儿的身心发展水平，有利于家长掌握科学的育儿方法，有利于园家社三方更好地协同营造儿童友好型育人环境。

（一）幼儿园：邀约家长和社会成员联动

幼儿园对家庭与社会成员的邀约，主要包括"每月三日"和"每周一次",即每月的客座园长日、联合体验日、连线课堂日与每周一次的"家庭教育咨询日"。客座园长日是指每月邀请一位关爱幼儿健康成长的有识之士,来幼儿园参与管理工作,为幼儿园发展提出建设性意见和建议,提供资源和保障。联合体验日是指邀请家长与社会成员来幼儿园参加亲子联谊活动、社群联欢活动。连线课堂日是指以在线直播的方式,拓宽幼儿视野、延展幼儿学习环境。在线直播有两种安排方式:一是学期初预约制,即教师根据教育需求,向具有典型职业特征的家长或社会工作者预约在线参观;向计划出游的家庭预约直播分享;委托某个家长或亲子共同承担在线直播任务,以解决无法让全体幼儿外出参观的困难。二是临时调整制,即当生活中出现值得引发幼儿关注的偶然事件时,教师立即调整原有活动安排,组织开展即时性在线课堂。家庭教育咨询日则是指开通家庭教育咨询热线,由经验丰富的教师坐席接听。

(二)社区:邀约教师、家长和企业参与

社区作为居民生活集中区域,邀约教师和家长参与讨论社区活动的组织与开展,有利于提升社区活动的专业性和适宜性,有利于提高居民的参与积极性。社区利用图书馆、文化馆、小区公共活动区等,开展亲子读书会、文化体验活动、趣味体育比赛等,拓宽幼儿的视野,丰富生活体验。社区充分利用周边资源,邀请当地企业合作,开展职业体验活动,让幼儿了解不同职业的特点和工作内容,丰富幼儿的社会性认知,使其感受成人的生活方式,萌发对工作人员的尊敬之情。例如,社区邀请急救中心医生前来做急救培训,组织幼儿园教师、家长与社区工作人员一同参加,达到了资源共享、能力共提的效果。又如,社区邀请牛奶工厂前来布展,以图文讲解、视频播放、邀请品尝等方式向大家介绍牛奶的生产过程和饮用牛奶的益处,丰富了饮食文化。

(三)家长:邀约教师和社会成员助力

"三约护航行动计划"以具有丰富教育经验的教师为核心,招募医生、律师及其他热心教育事业的人士,组合成两人一组的家庭教育指导小组,根据不同家庭的实际困难和需求,安排相应小组走进家庭,进行教育指导,每个小组每月至少走进一个家庭。定期安排小组成员共同研讨交流,邀请相关专家进行专题培训,提升家庭教育点对点诊断、把脉的能力,以及专业判断、指导的能力。这项行动，突破了以往家访只有教师一方接受家长邀约的瓶颈，其他专业人员的加入，提升了家庭教育指导的专业度。同时，幼儿园教师和社区成员需要对社区家庭进行精细化摸排，了解是否存在特殊家庭、特殊儿童，有针对性地安排相应小组进行持续性指导与帮助。

三、"合约"共建　优化育人环境

为幼儿健康成长营造良好的育人环境，是园家社三方的共同目标。"三约护航行动计划"致力于对三方环境进行相互诊断、共商研讨，实现借力打造与渗透式优化。家庭是社区中的一个个小单元，幼儿园是社区的配套设施，社区环境资源、物质资源及文化资源与每个家庭、每个孩子息息相关。根据调查，社区为儿童打造的环境大多仅限于社区建设规定的基本环境，很多儿童化设置和细节打造有待持续推进。因此，在"三约护航行动计划"中，优化社区育人环境是一项重要内容。同时，幼儿园需要借助社区资源，将这些资源融入幼儿园教育，实现园社环境相互贯通、有效链接。行动小组引导家庭充分考虑幼儿实际需求并合理运用社区资源，为幼儿创设一个安全、适宜、科学的育儿环境。

（一）"合约"为基，明确共建责任

"三约护航行动小组"分别拟定《家园共育协议》《园社合作协议》《园社企合作协议》，以协议明确园家社三方的责任和义务。《家园共育协议》是幼儿园与家长签订的协议，明确双方在幼儿教育中的责任和义务。尤其是家委会成员，不仅仅要积极参与幼儿园的各类活动，更要作为幼儿园的合作者，关心幼儿园环境，参与教师班级管理和幼儿园整体管理，发现问题需及时提出。《园社合作协议》明确了社区为幼儿园提供资源和支持的责任和义务，也明确了幼儿园积极支持和参与社区活动的责任和义务，促进园家社三方和谐发展。《园社企合作协议》由街道政府部门、社区、幼儿园经过筛选，选择适宜的企业进行合作。一方面，可以邀请企业走进社区、走进幼儿园；另一方面，可以组织幼儿、家庭走进企业现场参观，从而达到丰富社区文化、开阔幼儿视野的目的。

（二）社区为要，营造共育环境

社区由各个家庭组成，幼儿园依社区而建，所以社区在三方合作共建中起着非常重要的作用。在合作共建过程中，幼儿园从儿童活动需求和发展目标等方面，审视社区环境营造是否适宜；家长作为社区的一分子，深入检查社区中幼儿可能涉足的地方，提出建设性建议；社区管理部门提供适当的行动与资金支持，针对各方提出的合理化意见和建议，对小区活动环境进行优化，为幼儿营造一个安全、基于儿童视角、富有趣味性的公共环境。硬件条件是外显环境，社区服务环境是软环境。"三约护航行动小组"需要关注社区对幼儿的"柔性"服务情况，关注幼儿的"15分钟生活圈"①，即步行15分钟的范围内有小型游乐园、广场、超市等配套设施，配有专门服务于儿童的工作人员，公示幼儿视野中能够看到的求助电话，等等。

（三）多方助力，活化育人环境

环境只有被关注并利用起来，才能真正发挥育人作用。营造环境是一方面，更重要的是如何将环境充分、有效地利用起来。在"三约护航行动"工作安排中，社区需要在幼儿园指导下制订"三约护航社区活动计划"。该计划基于社区环境、周边企事业资源和家长需求，设计多样化的适宜幼儿参与的活动，让环境在多方助力下真正得到运用并动态发展起来。"月月有节，欢乐与共"活动成为"三约护航行动计划"的基本配置，包括正月的"元宵品尝家家乐"活动、三月的"亲子爱绿护绿行动"、四月的"环社区亲子奔跑节"、五月的"共参与地震演练"、六月的欢度"六一"活动、七月的"清凉一夏水果节"、八月的"社区宝贝夏令营"、九月的"阅读书香节"、十月的"金秋艺术节"、十一月的"寻趣挖薯乐无穷"活动、十二月的"欢乐冬天运动节"。这些节庆活动在幼儿园、社区及家庭中同步推进，营造了浓厚的节庆氛围与时令气息，极大地丰富了社区文化，成为园家社有效联动的抓手和纽带。

---

① 董晴晴.儿童友好城市的"社区新解法"［N］.淄博日报，2024-7-12（1）.

结 语

"三约护航行动计划"的实施，为幼儿园、家庭、社区及其他有志于关爱幼儿健康成长的社会人士提供了平台与机会，为幼儿营造安全和谐的社会环境提供了多方协同的有力保障。幼儿园，因其幼儿教育的专业性，始终处于专业引领与指导的位置；社区，因其场域的兼容性与家园联结性，成为协同共育环境营造与利用的重要场所；家庭，作为幼儿的原生地与伴随孩子持续成长的主要单元，家长的教育意识与能力直接影响幼儿未来发展。在"三约护航行动计划"中，园家社三方各自充分发挥自身优势与特长，互联互补。其一，提升家长的家庭教育素养；其二，营造美好的社区育人环境；其三，借助家庭与社会力量，充实幼儿园缺乏的教育资源，从而营造软实力与硬实力并进的协同共育新生态。

第三节 关于家长助教活动的分析与思考

家长助教如同温润的细流，汇入幼儿园，为孩子们带来别样的关爱与启迪。家园携手，共同助力幼儿描绘成长的美好画卷。

随着省级课题"在幼儿园共同生活中的角色体验研究"的深入开展，幼儿园专门针对"家长助教"活动进行了系列实践研究。家长助教活动，即邀请有意向的家长担任本班的家长志愿者。家长可依据自身特长或意愿，来班上组织幼儿活动，或为幼儿提供外出参观的机会，或在幼儿园组织的中大型活动中担任志愿者，从事辅助工作。在这些活动中，家长的角色发生了根本性转变，从家长变成了"老师"，成为活动的"组织者""参与者""服务者"。孩子们也能从家长角色的转变中，体验到更多趣味性和欢愉感，从而引发自我角色认知的变化，增强参与活动的积极性，增进与家长之间的感情。

幼儿园开展家长助教活动，主要有以下重要意义：

（1）增进家庭参与感：家长能够直接参与课堂教学，与孩子一起学习。这种参与感不仅让家长更了解学校的教学内容和方法，也让孩子感受到家长对自己的重视，增强归属感。

（2）提升幼儿自信心：当孩子看到父母来班上教学时，会感到特别开心和骄傲，增强自信心，学习起来也会更加专注、投入。例如，家长参与故事会时，孩子对新奇的变化充满好奇，更容易集中注意力，进而激发对阅读和学习的热情。

（3）丰富教学内容：邀请专业背景不同的家长参与助教活动，会带来不同领域的专业知识分享，从而让教学内容更多元、更生动、更具专业性。比如，一位职业为中学物理老师的家长，给孩子带来一些科学小实验活动，专业的器具、材料和操作更能点燃幼儿爱上科学的热情。

（4）加强家长间的沟通交流：家长助教活动为家长提供了一个社交平台，帮助他们与其他家长建立联系，在班级家庭群体中提供情感支持和实用建议。

可见，家长助教活动不仅有助于孩子的学习和成长，也为家庭与幼儿园之间的良好关系打下了坚实基础。以下分别从家长、教师、幼儿三个视角解析家长助教活动的作用。

一、家长助教活动例谈——解析家长的作用

开学初的家长会上，教师对家长助教活动进行了较为详尽的说明，邀请有意向参加这项活动的家长报名，并填写《家长志愿者意向表》（见表5-1）。家长们依据本人兴趣、特长，在表格中勾选，明确自己作为家长志愿者能够胜任的工作。据统计，全班共 29 名幼儿，到会家长有 34 名（个别家庭夫妻双方均出席），其中表示有时间、有能力做家长志愿者的有 19人，占班级总人数的 65.5%，另有部分家长表示考虑后再答复。家长中有 7 人认为可以走进教室，组织孩子们开展活动；8 人表示可以在幼儿园组织大型活动时，承担后勤服务工作；9 人表示可以在外出参观、摄影、广告设计、材料供应等方面提供适当支持。

表 5-1　家长志愿者意向表

班级：_____　　　　　　　　　　　　幼儿姓名：_____

服务项目	具体说明
来园执教	
后勤服务	
提供资源	
其他	

从填写表格的情况和家长之间的热议程度来看，教师感受到家长对志愿者工作抱有很高的热情。一股通过承担"家长志愿者"的角色关注孩子在幼儿园中成长的热潮悄然拉开了序幕。

开学第四周，天奕的妈妈第一个要求来幼儿园给小朋友组织活动。因为天奕妈妈的工作与毛巾经营相关，她能将毛巾折叠出各种花样，所以本次教学内容是用小方毛巾折"玫瑰"。托盘中，一盘精致的"玫瑰"范例让我不禁惊叹其精美，却没想到折叠方法竟然如此简单。就这样，孩子们在"阿姨老师"的带领下，经过折叠、盘卷，一朵朵"毛巾玫瑰"竟也有模有样地"绽放"了。

奚瑗的妈妈是大学英语教师，她给孩子们带来了一堂趣味盎然的英语课。生动鲜明的 PPT 教学、夸张有趣的体态动作、各式各样的小奖品都牢牢地吸引着孩子们的目光。

元旦是中国的传统节日，放假前一天，班上的家长志愿者来幼儿园和孩子们一起庆祝节日，希望孩子们能够在节庆活动中感受到与教师、家长共同过节的快乐，以及与他人互动的乐趣，增进彼此之间的感情。

这次迎新年活动由伯恩妈妈主要负责。在前期准备工作中，QQ 群起到了重要作用。她在 QQ 群中发布了将要组织迎新年活动的公告，并招募多位家长志愿者参与本次活动。没想到这一号召激起了很多家长的支持热情，他们纷纷表示愿意参与其中。随着越来越多的家长志愿者参与进来，伯恩妈妈将所有人分为三组：环境组、后勤组、活动组。为了使活动能够圆满开展，三组成员在伯恩妈妈的召集下，活动前一天晚上特意在本班教室集合，精心布置了教室环境，并再次确定了第二天的活动流程和分工。

当活动正式拉开序幕时，摄影的、后勤服务的、分发奖品的……家长们把每一个细节都安排到位。新年装扮的服装、头饰等均是他们用垃圾袋和纸张等废旧材料亲手制作，精心雕刻的红灯笼也闪亮登场。家长志愿者们将一个个有趣的游戏组织得井然有序；随后设计的讨糖果活动也深得幼儿喜爱，不少孩子从刚开始的不敢向其他班老师开口要，到大大方方地主动向陌生老师说："祝您新年快乐！"当孩子们手中的小篮子里装满糖果时，他们脸上洋溢着欢乐甜蜜的笑容。最后家长和孩子围坐在一起，品尝着甜甜的圆子汤，共同迎接新年的到来。

《指南》在社会领域的教育建议指出："主动亲近和关心幼儿，经常和他一起游戏或活动，让幼儿感受到与成人交往的快乐，建立亲密的亲子关系和师生关系。"一次次的家长志愿者来园活动，将亲子与师生关系充分融合，营造了温暖浓厚的大家庭的氛围。家长参与活动的积极性，充分体现了家长的主人翁责任感和对幼儿园的认同感，他们的积极配合给孩子们创造了更多人际交往的机会，让幼儿体会到交往的乐趣。

二、多维视角下的协同育人——解析教师的作用

家长志愿者们满怀热情地来到幼儿园组织活动，主要动力来源于对孩子的关爱和对教师工作的支持。不少家长前来组织活动需要很大的勇气，也需要投入很多精力。他们的目的很简单，就是让自己的孩子建立自信，也让全班孩子能够获得更多的信息、习得更多的知识、积攒更多的快乐。在每次家长志愿者组织活动的前、中、后过程中，教师承担着审议、监督、辅助、指导及后期反馈的职责。

（一）融洽氛围的营造——教师的主体引导

家长是幼儿的监护人，对自己的孩子有着强烈的保护欲望。首先，教师应通过真诚而平等的沟通，使家长对幼儿园、教师及班集体逐渐产生信任感。其次，通过照片传送、文字交流等形式，及时分享与反馈幼儿在园情况，让家长了解孩子的具体情况，以满足家长的心理需求，使其放心。家长们通过微信群、QQ 群相互沟通、彼此熟悉，使整个班级氛围像大家庭一样其乐融融。在班级群中，大家交流孩子的在园情况，分享孩子的进步。在此期间，教师及时关注家长们的对话，积极给予回应，并贴心引

导，把家长的困惑与顾虑解决在萌芽状态。

（二）中心力量的把握——教师的坦诚沟通

通过家访或者班级群中的交流情况，教师可以很快锁定家长中的积极分子和中坚力量。对于这部分家长，教师需要做更多的沟通，并提出相应的期望。如本班伯恩妈妈，在 QQ 群中是个典型的骨干分子，她的发言从早到晚贯穿始终；而叶子爸爸，虽然话不多，但是突然之间说的一句话"安全卫生方面，大家一定要注意"提醒了交谈甚欢的家长们再回头好好审视之前的谈话内容。于是，教师专门找这两位家长分别进行真诚的沟通，希望他们在班级群中把握方向和节奏，针对平时家长们的交流把好正面引导关；如果有对幼儿园管理，或对本班教师及个别幼儿有任何看法的话，可以先跟班主任沟通，商定后再在班级群中做相应的引导。两位家长欣然接受班主任的要求，确保了日后家长工作的顺利开展。

（三）具体流程的把控——教师的审议和辅助

家长志愿者对幼儿园组织教学活动或游乐活动的流程与形式了解不够，所以教师在活动前的审议把关、在活动中的及时辅助显得尤为重要。每当有家长志愿者来园组织活动时，教师应先向家长介绍幼儿现阶段的发展状况与特点，并与家长当面讨论活动方案，进行共同审议，分析活动过程中有可能会出现的问题，再与其他家长沟通活动可行性或有待调整的地方，必须将活动细节充分准备完毕才能开展活动。如在迎新年活动时，教师提醒家长尽量不要破费，可以与孩子进行一些亲子制作，让孩子体验亲子制作的乐趣，增进其幸福感和成功感，于是自制服装秀隆重登台了。

三、透过现象看本质——解读幼儿的成长

《纲要》提出："引导幼儿参加各种集体活动，体验与教师、同伴等共同生活的乐趣，帮助他们真正认识自己和他人，养成对他人、社会亲近、合作的态度，学习初步的人际交往技能。"同时提出要创设能使幼儿感受到接纳、关爱和支持的良好环境。当家长助教来幼儿园组织活动时，家长的参与能够为幼儿提供更丰富的人文环境，也能提供更多层面的信息；能够更好地激发幼儿投入活动的热情，使幼儿产生更强烈的心理安全感，促进幼儿社会性发展和自我意识的发展。

（一）亲子活动乐趣多

有了家长的参与，孩子感受到了别样的亲情和乐趣，亲子之间都体验了作为父母和老师、学生和儿女双重身份的特别感受。家人的参与，也让孩子在群体中的优越感得到提升。对于其他孩子来说，"阿姨老师"或"叔叔老师"是新奇的、特别的，他们很愿意跟随其参与活动，兴奋之情也会较日常有所增加，为活动达到良好效果奠定了基础。

（二）教学内容更丰富

家长们来自不同的专业领域，为幼儿园提供了丰富的教学资源。如一位在初中担任化学老师的妈妈为孩子们带来了一节神奇的化学实验课；警察爸爸来幼儿园教孩子们如何保护自己；糕点师妈妈为孩子们制作特别的点心，还带来了专业工具，让孩子们亲手参与制作；汽车4S店员爸爸为孩子们提供了参观汽车、观察汽车内部结构的机会，使幼儿对"零件""机械"有了更深的了解……热情的家长为孩子们提供了日常活动中教师很难企及的教学内容和专业知识，孩子们收获了更多元化的信息。

（三）心理后盾更坚固

有了父母做自己的坚强后盾，孩子们更加敢说敢做了。在活动中，他们积极体验、愉快表达，父母的肯定和鼓励，增进了他们的成就感和被认同感。以迎新年讨糖活动为例，孩子们刚开始战战兢兢，不敢走进陌生的办公室或教室去向陌生人讨糖果，当得到父母和教师的鼓励后，他们变得越来越大胆，最终能够争先恐后地主动去讨糖。对于教师来说，如果没有家长志愿者在一旁协助，也许会将更多注意力放在孩子们的秩序和安全上，而不会放开手脚地组织这类活动。所以，家长志愿者不仅是孩子们的心理后盾，也是教师组织开展活动的坚实后盾。

《指南》在社会领域的教育建议中指出，幼儿园组织活动时，可以经常打破班级界限，让幼儿有更多机会参加不同群体的活动。邀请家长志愿者来幼儿园助教，是教师向外借力的一种方式，以便为幼儿提供更多学习的机会。家长参与幼儿园教学的活动形式和内容是丰富多样的，包括"请进来"或"走出去"，包括主持活动或辅助管理，还包括后勤支援以及活动的前期准备和后期支持。当家长们以助教的角色，将有趣的活动内容以特别的教学形式与幼儿互动时，幼儿必将在家园共同呵护下，获得更多、更好的成长机会。

第四节　客座园长齐管理　构筑共赢生态圈

家长有机会体验幼儿园的生活，参与幼儿园管理，这有助于引导家长理解教师工作对幼儿成长的价值，尊重教师的专业性，进而积极参与并支持幼儿园的工作，成为幼儿园的合作伙伴。

——《幼儿园保育教育质量评估指南》

《中华人民共和国家庭教育促进法》明确要求建立健全家庭、学校、社会三方紧密结合、协同育人的机制。幼儿园采取"请进来""走出去"的方式，将幼儿园、家庭、社区进行深度链接。具体而言，邀请家长、社区工作者、社会志愿者走进幼儿园，参与孩子的活动，提供教育援助；带领孩子走出幼儿园，利用社区资源和周边自然环境开展丰富多样的社会体验和自然探索活动；组织教师走进社区、走入家庭，为不同的家庭提供教育咨询、专业援助。

家长作为孩子的第一任老师，深知孩子的性格和兴趣，能够为幼儿园的教育和管理提出宝贵的意见与建议，提供补充性教育援助。正如陶行知先生所说，社会即学校。家长作为社区居民，熟悉社区资源环境，参与社区活动较为便利，能够成为幼儿园与社区、家庭之间的桥梁，以及不同家庭之间建立联系的纽带，使社区成为一所"大学校"。幼儿园邀请家长代表担任"客座园长"，参与幼儿园管理，是助力三方协同机制有效执行的重要举措，有利于以幼儿园为核心，集合三方力量，在为幼儿成长营造互通性教育环境方面提供有力保障，有助于加强幼儿园与家庭之间的双向沟通，促进幼儿园与社区共同构建切实可行的协同育人环境。

客座园长协同管理，对提高幼儿园的社会满意度、树立正确的家庭教育观念，以及构建家庭、幼儿园、社区三方协同育人环境都具有显著的积极意义。幼儿园在实行"客座园长"这一举措时，需要通过制定管理制度、规定工作职责、构建参与层级框架，确保工作有效推进。

一、客座园长协同管理的价值分析

我们邀请家长担任客座园长，使其通过跟岗园长或跟岗其他管理人员，了解幼儿园各项事务，理解教师工作内容，感受幼儿园教育的专业性；通过话题共商，帮助幼儿园拓展管理思路，提出改进建议，提供援助策略；通过家园共育研讨，帮助家长正确认识幼儿所处的发展阶段，运用适宜的教养策略实施家庭教育，为家长的家庭教育困惑提供专业经验支持。

（一）提高幼儿园社会认可度

邀请家长担任客座园长，能够为幼儿园管理增加补充力量。家长以合作伙伴的身份参与并审视幼儿园日常工作，这是家园之间增进了解、提高信任度的有效途径；是幼儿园管理公开透明、教学质量共同把关、提高社会认可度的有力手段；是获得家长客观评价、智力支持和资源提供的可靠渠道。例如，教师在与客座园长商讨幼儿园艺术节活动方案时，家长对场地安排、布展方式提出了建设性意见，并提出可以向幼儿园提供公司开展年会时的设施设备等物资援助。再如在《中华人民共和国家庭教育促进法》宣传期间，客座园长组织部分家长志愿者，协同教师进入社区宣传。

（二）指导家长形成正确育儿观

陶行知倡导"普及教育"时，提出"普及什么教育"的问题，这是一个与时俱进的问题。幼儿园有责任和义务向社会大众普及更加科学、先进的教育理念。担任客座园长的家长必然注重孩子教育，并乐意为之付出时间和精力。教师积极向客座园长宣传幼儿园的教育理念和正确的教育观念，促使他们逐步形成科学的育儿观和良好的家庭教育意识；为他们提供横向识别同年龄段幼儿发展情况的机会，引导其客观地认识自己孩子的发展状况，明确接下来孩子的培养方向，给出在家庭教育中可采取的教养策略。同时，教师将这些家长视为散布在社区中的星星之火，以"一片云推动另一片云，一棵树摇动另一棵树，一个灵魂唤醒另一个灵魂"的方式，将正确的育儿思想和家庭教育策略在各个家庭之间传播，以达到提升更多家庭教育质量的目的。

（三）营造三方协同的育人环境

"实际生活是我们生活的指南针"①，幼儿需要在真实的社会环境中不断学习，才能真正获得适应社会生活的能力。客座园长不仅仅是幼儿园管理的补充资源，更是扎根于社区的家长代表。客座园长可以将社区资源与幼儿园管理有效对接，既能将丰富的社区资源引入幼儿园教育，为社区资源的利用提供新思路和新办法，又能将幼儿园教育理念带进社区，成为先进教育思想的传播者、实施者、引导者，促进幼儿园、家庭和社会三方面的良性互动和融合。

二、客座园长协同管理的制度建设

客座园长是家园共育的一项新举措，需要确立相应的制度，才能确保这项举措有效实施。制度管理可以让每个参与者都清楚该做什么、怎么做、什么时间做，也能让每个人明确自己的权利和责任，从而保证每项工作都能够规范有序地进行。

教师针对客座园长的岗位需求和援助期待，在选任程序和工作职责两个方面制定了相关制度。首先，教师在对每个幼儿家庭进行家访时，需要对家长的基本情况进行摸底了解；其次，各班对个别有一定管理经验或热心公益事业的家长进行动员，并向园部推荐；最后，由园部进行审核，确定"客座园长"人选。

（一）客座园长选拔制度

客座园长是通过幼儿园招募、选拔、聘任，将热心于公益事业、教育事业的家长志愿者纳入幼儿园管理体系。在招募方案中，幼儿园应明确客座园长的选聘条件，包括育儿理念、管理经验、沟通能力、参与时间等；在选拔过程中，应对家长个人情况、家庭教育状况、幼儿发展状况、教师评价等多方面全面衡量；在正式聘任时，需要与家长明确工作职责和园部期待的教育援助，双方达成共识时，正式签订聘任协议书。

首先，幼儿园通过宣传栏、微信公众号、家长群等途径，向家长发布

---

① 胡晓风，金成林，张行可，等．陶行知教育文集［M］．成都：四川教育出版社，2017：165．

客座园长招募令，明确招募条件，家长通过自荐或教师推荐进行报名。

其次，幼儿园行政部门对报名的家长进行条件审核、教师征询、个别交谈，拟定候选人名单。

最后，邀约候选人座谈，明确工作职责和参与形式，签订聘任协议书。

客座园长主要来自幼儿园家长代表，也可特别聘请社区或其他部门的热心人员，基于教育管理、活动组织、后勤援助、安全防范等不同方面聘请相关人员，人数以 3~5 人为宜。幼儿园安排不同专长的人员定期来幼儿园参与管理。

（二）客座园长工作职责

客座园长的工作内容和工作方式在工作职责中明确，并与幼儿园签订《客座园长责任书》。园方专门建立与客座园长的联系渠道、通讯方式和沟通平台，以便大家及时交流、反馈幼儿园工作情况和意见建议。客座园长的工作职责按教育管理、活动组织、后勤援助等几方面明确，主要包括：了解幼儿园管理和教学的各类规章制度；参与幼儿园各类会议和活动；为幼儿园管理和教学给予支持和帮助；向幼儿园教育和管理工作的相关部门提供意见和建议；承担幼儿园与家庭、社区沟通的纽带与桥梁角色。

（三）客座园长行动指南

"二三有约"是幼儿园的对外开放日活动，即每个月第二周的星期三，客座园长会来幼儿园参与管理。幼儿园应根据客座园长的参与管理内容，制定完整的工作方案，做到活动前有预案、活动中有对照、活动后有反馈。

1. 制定预案：客座园长来幼儿园之前，园长需针对客座园长的工作内容和职责，提前拟定当天的具体工作安排，并以书面的形式预先告知客座园长，以便客座园长有准备地参与到幼儿园一日管理中来。

2. 深度参与：在客座园长来园期间，园长应全程陪同，认真落实预定方案中的各项工作，明确在实际工作中期待得到的教育援助。在引导家长对照工作安排深度参与的同时，聚焦问题，深入研讨，以确保客座园长来园参与管理高效而有价值。

3. 及时反馈：客座园长对照工作职责，以家长视角深度审视幼儿园管理之后，必然会产生不一样的想法。教师需要通过访谈、问卷填写等形式，留下家长的心得体会，以便园部在后续工作中及时调整，也便于客座园长再次参与活动时继续跟进。

三、客座园长协同管理的工作内容

《评估指南》强调"坚持儿童为本"的基本原则，即不论幼儿园教育还是家庭教育都应该秉承这一原则。客座园长既是幼儿园行政管理的补充力量，也是家园之间教育观念沟通与传递的桥梁。教师通过与客座园长进行前期交流、现场研讨、回顾分析等方式，明确了客座园长在幼儿园协同管理过程中的工作内容，主要包括：协助园长参与管理，为幼儿园发展献计献策；以家长的视角观察和评估教师的教育教学和幼儿的活动情况；与教师互动，探讨教育经验和教学策略；作为幼儿园的代言人，向其他家长传递正确的教育思想；为幼儿园发展提供多元化支持。

1. 协助管理：客座园长从观摩到参与，协助园长做好各项管理工作，如教科研管理、安全管理、设施管理等，为幼儿园稳健发展和提高管理水平出一份力。

2. 观察和评估：客座园长需要通过对幼儿园一日活动的深入观察，以家长的视角来评估幼儿园的教学质量、师幼互动和环境卫生等情况，提出宝贵的改进建议。

3. 与教师互动：客座园长需要与教师互动，了解教学计划和教学内容，分享教学经验和教育理念，促进家园合作。

4. 与家长沟通：客座园长作为家长代表，需要与其他家长沟通，了解家长的意见和建议，解答家长的疑问，成为家长与幼儿园之间的纽带，既替家长们发声，也替幼儿园代言，从而增进家长对幼儿园的信任和支持。

5. 提供多元化支持：客座园长在深入了解幼儿园各项工作的基础上，为幼儿园提供力所能及的智力支持、策略支持、社会资源支持，以助力幼儿园发展。

四、客座园长协同管理的参与策略

目标是工作的方向。要想做好幼儿园管理工作，就不能逃避自己的失败和掩盖自己的不足，而应该主动接受来自外部的检验。① 客座园长就是换一个视角为幼儿园工作把脉的外部力量，帮助园方审视行政管理的科学性、教师教育的适宜性、后勤服务的妥帖性。家长来幼儿园担任客座园长主要有两类目的：一类是基于对孩子的关心，希望通过跟岗园长的视角，深入了解幼儿园的日常工作，从而对幼儿园的教育教学、后勤保障放心；另一类是基于对幼儿教育事业的热爱与关心，希望通过自己的力量为幼儿园提供教育支持与教育援助。

客座园长主要采用"观察与互动"了解幼儿游戏与学习，通过"观摩与研讨"了解幼儿园教科研工作，通过"共商事务与协助管理"了解幼儿园各项工作的复杂性。在此过程中，家长既可以较为深入地了解到幼儿园教育的特点，又可以更为清晰地认识到不同年龄段幼儿的认知特点和学习方式，还可以更加充分地体悟到家园共育对幼儿发展的促进作用。

（一）在观察与互动中感知幼儿教育的独特性

客座园长通过观察幼儿在活动中的表现，了解同一年龄段幼儿之间的差异性；在与幼儿的互动中，发现孩子的认知特点和学习能力；在与教师的互动中，了解幼儿园教师工作中所需要的爱心和耐心，以及教师的专业水平和教学能力；在与行政管理者的互动中，了解幼儿园的园所文化和教育理念，感受一支深耕教育的团队的专业力量。

（二）在观摩与研讨中体验幼儿教育的专业性

客座园长在跟岗园长的过程中，观摩了园长的一日工作流程，接触到门岗安全管理工作的严谨性，接触到卫生保健工作的细致性，接触到食堂餐食供应的紧凑性，观察到教师组织幼儿进行各项活动的条理性和专业性。在参与教科研工作和其他条线工作会议时，客座园长能够体验到幼儿园各项工作都紧紧围绕"以幼儿为本"的教育理念，从而将这一理念植入自己的教育观念，并在家庭教育中落实。

（三）在协助管理与事务共商中提升管理的效能性

幼儿教育工作是繁杂的、琐碎的、多变的，而管理工作就如指南针、

---

① 霍莉·埃莉萨·布鲁诺. 幼儿园管理者的情商课：学会有目的地领导 ［M］. 洪秀敏，刘情倩，宋秋菊，译. 北京：中国轻工业出版社，2021：66.

定向标，指引着幼儿园各项工作有序开展、各部门之间无缝对接。家长协助管理的工作主要包括幼儿入园离园时的门岗执勤、幼儿户外游戏时的巡回检查、观摩班级教学活动、幼儿餐点时检查幼儿用餐情况、幼儿午睡时的全员巡查等；共商的事务既包括园长预先安排的行政会议、教师会议、教研活动等，也包括临时发生的需要协调的事务。客座园长参与协调与管理幼儿园各项事务，有利于提高幼儿园管理效能，提升办园品质。

结　语

客座园长是三方协同机制中的一项重要举措。无论从家庭、幼儿园、社区各自的视角看，还是从三方协同的整体性和融合性发展看，客座园长都有助于互融互通的三方共赢生态系统的形成。从家长的视角看，让家长跟随园长参与幼儿园一日工作管理，为家长提供了对幼儿园工作从"知其然"走向"知其所以然"的平台，促使家长在互动中感知教育、在体验中提升认知、在参与中体悟价值。从幼儿园的视角看，家长以客座园长的身份参与幼儿园管理，为幼儿园的活动开展、未来发展等各方面献计献策，有利于幼儿园的整体发展。客座园长是幼儿园最有说服力的"宣传员"，他们能从家长的视角为幼儿园发声，能将在幼儿园习得的教育观、教学法进行辐射，从而使幼儿园产生良好的社会效应。从社区的视角看，客座园长是幼儿园教育观念的传播渠道，是幼儿园教育与社区教育共建共享的桥梁纽带，对构建三方协同的一体化教育环境具有积极推动作用。

第三部分
思行式教研

　　随着时代的发展与岁月的变迁，教育也在这流转中不断革新、前行。步入 21 世纪，学前教育如沐春风。在一系列纲领性文件的指引以及先进教育理念的引领下，教育工作者持续学习、实践、反思，在思行相融的教研道路上不断迈进。他们用智慧点亮一盏盏心灯，让新知与传统交织成光。他们以心为笔，以时光为卷，将深邃的思考与丰富的实践融入日常教育工作中。在时代的浪潮里，他们敏锐地把握着时代的脉动，用心书写着属于这个时代，也属于自己的教育诗篇。

第六章　思研教学

　　在幼儿教育领域，教师的功能不仅仅在于知识传授，更体现在凭借深入细致的观察以及灵活多变的引导，助力孩子们开启自主探索与成长的旅程。"思研教学"聚焦于教师如何运用精心设计的教学策略，引领幼儿在思考与实践的过程中持续进步。教师尤为注重精准捕捉幼儿的兴趣点，巧妙地将倾听与提问相结合，推动幼儿在探究过程中逐步深化对事物的理解。同时，借助真实场景下的任务驱动式教学及对 STEM 模式的探索，教师引导幼儿在游戏和活动里亲自动手实践，进而发现问题、解决问题。这一系列教学实践活动，不仅有效激发并培养了幼儿的好奇心与创造力，还为他们的自主学习提供了坚实有力的支撑。

第一节　幼儿园原创教学活动设计的路径和策略

原创教学恰似为孩子营造出肥沃的土壤，提供充足的阳光、清新的空气与甘甜的水，让他们在自由生长的环境中充分汲取养分，尽情展现最纯真的生命力。教师如同用心灌溉的园丁，而孩子则是这片土地上茁壮成长的幼苗。通过自主探索、创意实践，孩子们在这片肥沃的教育土壤中不断发现自我、超越自我，最终绽放出各自独特的光彩。

《幼儿园教师专业标准（试行）》明确了对教师"教育活动的计划与实施"的基本要求，其中第 50 条指出，教师应"在教育活动的设计和实施中体现趣味性、综合性和生活化，灵活运用各种组织形式和适宜的教育方式"。这里所谓的"教育活动的设计"，并非简单的拿来即用、复制模仿，而是要依据幼儿当下的水平和发展需求，专门定制具有原创性的活动方案。

随着网络共享时代的到来，加上幼儿园教学设计类书籍日益丰富，教师们在设计教学活动与制订教育活动计划时，拥有了丰富多元的参考资源和随手可得的教学方案。然而，千篇一律、拿来就用的活动方案，必然无法适用于千差万别的幼儿群体。那么，如何更好地运用这些参考资源？如何挖掘身边可用于教学的教育元素？如何切实落实"以生为本"的原则，设计出契合本园、本班幼儿认知与发展需求的教育活动方案？本节将立足于"原创"，探讨如何设计出具有独特价值、契合幼儿实际发展需求、开启学习新起点的集体教学活动。

一、增强教育自觉　发现教育契机

教育自觉，指的是教师对自身教育行为的自我觉知、自我认知和自我反思。教师的教育自觉可体现在活动方案设计、具体活动组织、幼儿参与情况及活动评价反思等多个方面。其中，活动方案设计涵盖方案的结构性、层次性与逻辑性；活动组织涉及节奏的紧凑度、内容的高效度以及教师状态的松弛度；幼儿参与表现为在活动中的积极性、参与度和获得感；

活动评价反思则聚焦于对活动设计、活动组织及幼儿发展等方面的评价反思能力。

（一）从自我反思中提升"教育自觉"

教师的教育自觉，首先体现在自我反思层面。通过反思，教师能够不断更新和完善教育理论，审视自身教学语言与行为是否契合幼儿需求、所采用的教学策略是否切实促进了幼儿的发展。教师不仅可在日常教学结束后进行反思，还可在教学前对计划开展预评估，或者通过与同行交流获取反馈。

例如，教师在某次活动后思考："我选择的教学方法是否有效？孩子们的反应和参与度如何？是否需要调整教学策略以更好地满足他们的需求？"这些反思有助于教师优化课程设计，提高教学效果。

（二）从观察幼儿中增强"教育自觉"

教育契机的捕捉，源于教师对幼儿的深度观察。教师在日常教学中，应持续关注幼儿的表现、需求和兴趣，发现潜在的教育契机，并将其转化为教学设计的关键要素。观察不应仅停留在幼儿表面的行为表现，而是要深入理解幼儿的认知发展、社会互动、情感表达及创造力表现，及时调整教育策略，以适应幼儿的个体发展需求。

例如，当教师发现某个孩子在建构活动中展现出非凡的创造性时，需进一步观察，了解孩子在空间感知能力和问题解决能力方面的表现，并以此为依据设计相关扩展活动，强化其在该领域的发展。又如，若教师发现多名幼儿对某个自然现象（如季节变化或动植物）表现出浓厚兴趣，便可借此调整活动内容，增加幼儿与自然互动的参与度和动手实践机会。

教师的观察不仅包括在幼儿活动中的随机观察，还应从主动发起的与幼儿互动交流、抛出问题、解决问题的过程中捕捉教育契机。通过细致观察，教师能够发现幼儿兴趣需求，有针对性地设计教育活动，让幼儿在活动中实现进一步的认知发展和情感成长。

（三）从教学组织中强化"教育自觉"

在教学组织中，教师需要不断自问："该教学行为是否以幼儿为本？是否符合孩子发展阶段？"著名教育学者叶澜教授曾指出，教育是为提高人的生命质量而进行的社会实践活动。因此，在组织教学时，教师要把握好教育时机，确保教学目标契合幼儿的最近发展区，采用贴近幼儿生活与经验的教育策略，并通过实际的社会实践开展教育。

例如，教师可时常思考："当前的教学能否真正满足幼儿的兴趣与能力发展？为孩子们设计的活动，是否能够激发他们的创造力并促进其认知成长？"

教师的教育自觉在一次次活动设计、活动组织与评价反思的整体实践中得以体现，并在自我实践、自我观察、自我反思中逐渐增强。教师的教育自觉水平与教学活动质量呈正相关，教师较高的教育自觉水平是为幼儿提供高质量教育的有力保障。

二、立足幼儿实际　制定活动目标

依据幼儿的实际需求和兴趣倾向选定适宜的教育素材，是开展原创教学活动的首要条件。教学目标是活动方案的核心，决定着教学活动设计与实施的价值取向，体现了一定教学策略。教师在制定教学目标时，应以《指南》为依据，以幼儿的最近发展区和所选教学素材可能提供的教育支持为出发点，以领域倾向性、目标主次性、"三维目标"融合性为基本要素，拟定适宜的教学目标。在阐述教学目标时，教师应针对本次活动对幼儿哪些核心经验的发展和能力培养提出明确目标，目标应体现本次活动的特定性，而非放之四海皆准的泛指目标；应使用精准、凝练的语言表述，使人一目了然；应在目标中体现幼儿的习得过程，而非仅关注结果达成的教育观。

（一）分析教材，明确发展领域

教学目标的确定是教学活动设计的前提，教学内容的选择和教学元素的选取是教学活动设计的基础。当教师选定了一个教材或教学元素后，需根据教学目标对其进行甄别和分析，确定其潜藏的教育价值。教师主要从教学内容的来源和幼儿认知能力两方面加以分析，如果这个素材源于幼儿，应从幼儿最感兴趣的话题入手设计教学活动；如果是教师基于对幼儿认知水平和兴趣需求的了解，主观发现并计划选用的教学内容，则应在分析幼儿认知经验与素材本身特性的关联性后，再设计相应的教学活动。

在设计教学活动时，教师应避免教材本身属性的干扰，而应根据培养目标确定所涉领域。例如，运用绘本设计教学活动时，教学并非仅限于语言领域，而是五大领域都有可能涉及；又如，利用自然物设计教学活动时，并非仅限于科学认知或某一领域，而是可以融合运用到各领域各环节及综合活动中去。由此，根据幼儿兴趣倾向和能力发展需求的系列性主题活动设计便应运而生。

（二）《指南》引领，把控目标难易程度

在进行原创性教学活动设计时，《指南》凭借其明确的领域指引和清晰的层次目标，为幼儿教师提供了普适性的教育指引。在设计教学目标时，教师首先应对标相关领域，查找、分析幼儿所处的发展层次和发展可能性，把控好教学活动预期的教育目标；其次应对标目标进行层级教学内容的构建，并选取相应的教学策略。在此过程中，应充分考虑幼儿已有经验的叠加式推进和对周边环境的有效运用，考虑所需教学工具的就地取材和教育功能的最大化，并顾及幼儿之间的个体差异，提供机会，促进幼儿富有个性地发展。

（三）剖析幼儿经验，梳理发展可能性

幼儿经验是教学设计的重要参考，只有立足于幼儿已有经验的教学活动才具有价值和意义，正如高楼大厦需建造在相应的基石之上才能稳固持久。这里所指的幼儿经验包括集体性幼儿经验和幼儿之间的差异化经验，教师只有梳理并准确把握全体幼儿在相关领域中所处的最低水平线和最高水平线，才能精确制定满足不同幼儿发展需求的教学目标。由此可见，教学活动目标的设计并不能用死板的统一标尺来衡量，而是可以根据不同幼儿的发展可能性，灵活地给出积极性评价。例如，在音乐活动"舞动的海草"中，教师设定的一条目标是"了解 ABA 的曲式结构，感知音乐的强弱和长短变化，用身体动作表现海草在水波中荡漾的情景"。目标中运用了解、感知和表现三个层次的表述，指引教师从引导幼儿熟悉歌曲结构到引导幼儿关注歌曲细节，再到鼓励幼儿大胆用身体动作表达，为教师提供了明确的教学设计框架。又如在科学活动"神奇的胖大海"中，教师设定的一条目标是"用比较的方法，观察胖大海在冷水和热水中呈现的不同变化，发现有趣的膨胀现象"。目标中明确了比较与观察的教育策略，让幼儿通过观察胖大海的变化，从而理解膨胀现象。

在拟定教学目标时，教师既要充分考虑幼儿的发展可能性，注重幼儿学习兴趣、学习意识、创造表达的培养，又要充分体现教育机制和教学策略。

三、紧扣活动目标　构建教学流程

活动目标是教学活动设计的灵魂与依据，在确立适合幼儿发展的活动目标之后，教师需要围绕这些目标设计具体的教学流程。教学流程应层层递进，确保幼儿在活动中逐步理解并掌握目标内容。也就是说，一个教学活动的前一环节应是后一环节的基础，后一环节应是前一环节的递进，通过教学要求的层层叠加、学习难度的有序递增，将幼儿的学习引向高阶。

（一）流程设计：去繁就简、指令清晰、指向明确

在许多教学设计中，我们常常看到教师营造某一活动情境，或以童话故事的形式，设置繁杂的情节性场景表现和语言叙述，并贯穿活动始终。然而，我们应当认识到，幼儿的注意力保持时间有限，集体教学活动的时间也十分宝贵（小班 15~20 分钟，中班 20~25 分钟，大班 25~30 分钟）。因此，在教学设计中，应注意教学环节去繁就简、教师指令清晰扼要、教学指向目标达成，避免为追求形式而刻意营造教学情境。

例如，在一个大班的数学活动中，教师原本设计了多个复杂的计算游戏。根据去繁就简原则，教师对活动进行了简化，将活动分为三个阶段：第一阶段，孩子们通过游戏认识数字；第二阶段，孩子们进行简单的加减法练习；第三阶段，孩子们合作完成一个数字拼图。这种分步设计既简化了复杂任务，又确保每个阶段都紧扣教学目标，逐步推进。

（二）活动准备：细致全面、辅材适宜、充分利用

在组织教学活动时，前期准备不可或缺。只有基于充分准备，教师才能成功将教学设计有效落实。活动准备主要包括教师准备和幼儿准备。教师准备涵盖对教材和幼儿的深入分析，以及对教学环境和辅助材料的充分考量；幼儿准备包括幼儿的知识经验准备、活动常规准备、操作能力准备等。然而，活动准备的内容、材料并非越多越好，而应在尽可能减少各项准备的前提下，达成既定的教学效果。在设计教学活动时，教师应思考各种准备是否得到充分利用，通过不断自我追问和推敲，挖掘其中潜藏的更

为丰富的教育功能和价值；在此基础上，进一步审定教学准备的适宜性，并做出合理调整。

（三）环节执行：要求在先、实践在后、小结推进

在设计教学活动时，教师可将教学目标分解为 3~4 个层次来完成，各层次之间应环环相扣、层层递进。在设计每个环节时，教师应做到"要求在先、实践在后"，并以提升性小结作为承上启下的过渡环节。关键性问题的设计、幼儿好奇心的引发、新材料的提供，都是各环节导入和推进的基本方式，也是幼儿操作实践的前提条件。教师应采用简洁明了的语言贯穿整个活动，所设计问题的答案应是多元的、开放的。各环节的小结应具有"传播一个知识、开启一种智慧、点明一个道理"的关键作用。例如，在科学活动"神奇的胖大海"中，教师在引导幼儿观察干燥的和经开水浸泡后的胖大海后，进行小结："看来同样的东西在不同的环境下会发生很大的变化，给我们的感觉也完全不同。"当引导幼儿通过观看网络视频、翻阅图书获得关于胖大海的丰富知识后，教师小结："网络中、图书里都藏着各种各样的信息和知识，我们平时也可以通过这些方式找到更多想知道的答案。"这些小结是经验的传递、智慧的启迪，为幼儿未来观察世界的态度、自我学习的方式提供启示。

四、重审教学设计　剖析教育价值

当一个教学活动设计完成后，教师需要对其教学途径和价值、对受教育者个体和群体的促进作用，以及课程游戏化理念的渗透情况等，进行全面的重审，并通过进一步调整，让方案设计更加恰当、高效。

（一）重审该教学活动是否具有不可替代性

"生活即教育""一日生活皆课程"，集体教学活动只是众多教学形式中的一种，在幼儿一日活动中所占时间较少。幼儿学习还能通过日常自主活动、区角游戏活动、亲子互动等多种途径实现。教师在重审教学活动设计时，需再次思考："所设计的集体教学活动是否具备其他学习形式无法替代的特性？应借助集体教学的哪些优势，来达成教学目标并提升幼儿的关键经验？"以此明确该教学活动的教育价值与开展意义。

（二）重审该方案是否关注幼儿整体与个体的发展

集体教学是面向幼儿群体的教学形式。在组织教学时，教师既要关注幼儿个体发展，又要兼顾群体发展，同时要避免高控行为。在重审活动方案时，教师需从两方面审视：第一，教师不仅仅是组织者，更是支持者和引导者，活动应将幼儿置于主动学习、积极探究的位置；第二，活动中应能挖掘出推动幼儿自主学习、同伴互动学习的可能性，并通过具体措施来增加这种可能性。在教师对活动方案进行客观审视与追问后，教学活动会更倾向于对幼儿的助推式培养，引导幼儿成为自信、对学习充满兴趣、具有自主学习意识和能力的学习者，为其成为终身有能力的学习者奠定良好基础。

（三）重审活动设计是否渗透课程游戏化理念

游戏是幼儿的基本活动。在活动设计中，教师应充分贯彻课程游戏化理念。每个环节的设计都要关注幼儿感受，凭借活动的趣味性和游戏性激发幼儿学习兴趣与动力。教师在设计活动时，要始终从儿童视角出发，让活动既具挑战性又富有趣味性。同时，活动设计应具备灵活调整的空间，使活动的预设与生成能够自然融合，顺应幼儿在活动中的即时反应与需求。例如，在开展主题为"探索四季变化"的课程时，教师可预设一些游戏环节，如通过户外观察和游戏引导幼儿识别季节特征。当幼儿在实际活动中对某一自然现象表现出兴趣时，教师能够灵活调整活动流程，延长幼儿在该环节的探索时间，并提供更多的互动机会，如通过角色扮演、手工制作等方式，增强活动的趣味性与幼儿的自主参与度。

结　语

原创教学活动设计具有灵活性和高度适应性，能够根据不同班级和幼儿的具体需求进行调整。这不仅有助于教师更好地利用身边的教学资源，还能确保每个孩子在教学活动中获得个性化的发展机会。相较于"拿来就用"的教学方案，原创设计更能激发幼儿的独立思考和探索精神，并在教学过程中持续培养他们的创造力和自主学习能力。同时，课程游戏化理念贯穿于每一个教学环节，将趣味性和游戏性融入教学，能有效提升幼儿参与活动的兴趣。在设计过程中，教师需要不断观察幼儿的反应，灵活调整预设方案，使其与生成内容自然融合，让幼儿的学习更加主动和愉悦，提高教学的实效性。

原创教学活动设计既能够满足幼儿的个性化需求，又有助于教师在实际教学中不断探索与进步，真正实现教育的以人为本、因材施教理念，确保每一个幼儿在充满乐趣的学习过程中得到全方位的发展。随着幼儿园课程改革的不断推进，我们致力于以幼儿为本，构建高质量的园本课程。在园本课程建设中，原创教学活动设计已占据重要地位，需要教师关注幼儿、关注周边资源、关注自然社会现象，设计出适合本地区、本园、本班幼儿开展的教学活动方案，并纳入园本课程体系。

第二节　幼儿园 STEM 教学模式的探索与实践

STEM 教学宛如一座桥梁，连接着幼儿与未知的世界。孩子们在动手实践中探索，思维与创造在每一次发现中如花绽放，为开启拥有无限可能的未来奠定基础。

STEM，作为美国科学基金会倡导的教育理念，强调科学、技术、工程和数学四个领域的综合学习。[①] 在幼儿园教学实践中，我们发现 STEM 项目活动的关键，在于培养幼儿的探究精神和创新能力，其核心是激发并维护孩子的好奇心与探索欲。在开展 STEM 项目活动时，教师注重结合幼儿所处的真实世界中发生的真实问题，以 STEM 项目为驱动，促进幼儿在身心健康、社会交往、自主探究和人文艺术等方面的全面发展。通过提供自然资源和创设游戏情境，激励幼儿在行动中学习，在探索中发现。在 STEM 项目中，教师是关键推动力，以问题为导向，以实践为根本，以评估为锚定，推进 STEM 项目螺旋上升式开展，并追随幼儿兴趣需求，将项目活动引向深入。

---

① 丁杰，蔡苏，江丰光，等 . 科学、技术、工程与数学教育创新与跨学科研究：第二届 STEM 国际教育大会述评［J］. 开放教育研究，2013，19（2）：41-48.

一、注重日常观察　确定 STEM 项目活动内容

STEM 项目活动通常始于儿童在日常活动中遇到的真实问题，这些问题可能由教师通过观察发现，也可能由儿童在活动中主动提出。教师需要对这些问题进行教育价值判断，分析问题促进幼儿关键经验提升以及培养目标达成的可能性，辨别是否适宜采用 STEM 项目活动的方式开展教育，随后准确定义问题，这是 STEM 教学模式推进的首要环节。

第一步：溯源问题，分析问题产生的原因

问题设定在 STEM 项目活动中具有导向功能，主要包括追溯问题的起因、确定问题的描述方式、明确解决问题时所涉及的领域以及确立解决问题的目的。只有对问题进行清晰的界定，STEM 项目活动才能有效地解决问题。

例如，"我为小鱼挖池塘"项目首先要从多个角度分析问题产生的原因，从儿童所处的生活环境、日常表现及具体活动情境中进行观察分析，以识别问题的根源。当孩子们提议为教室里饲养的小鱼挖一个小池塘时，出现了一系列问题，如池塘的位置、所需工具、池塘的深度和大小等。教师必须考虑幼儿园的具体环境、幼儿的认知能力和动手能力，以及在落实计划时的实际需求，并分析问题探究对幼儿可能产生的教育价值，最后确定是否将问题纳入 STEM 项目。

第二步：准确定义问题，描述问题的层次

定义问题是对问题的概念性界定，它帮助教师对问题进行更清晰的梳理与凝练，并为幼儿提供更直观、可操作的理解框架。在 STEM 项目活动中，问题的定义尤为重要，因为它能够引导幼儿从多学科的角度出发，综合运用科学、技术、工程和数学的知识进行探究，以解决实际问题。明确问题的概念，有利于教师基于幼儿在科学思维、工程设计、技术应用及数学计算等方面潜能的培养，来设计活动目标、活动内容和操作方式，也有利于幼儿从问题出发投入项目实践。

例如，在"我为小鱼挖池塘"项目中，若问题被定义为"如何更好地饲养小鱼"，活动的重点可能集中在水质管理和鱼类养护等科学问题上，适合以科学知识为主线进行探索；而如果问题被定义为"如何设计一个能

够保持足够水量的池塘",则活动的重心将转向工程设计和数学应用,如池塘的容量计算、排水系统的设计等,这样便能结合 STEM 教育的各个要素。通过跨学科的探究,幼儿不仅能够加深对自然科学原理的理解,还能在实际操作中运用数学和工程设计的知识。

因此,在定义问题时,教师要结合幼儿的兴趣和需求,深入思考问题背后的学科内容,确保问题的设定能够涵盖科学、技术、工程和数学要素,为幼儿提供全面的学习体验,并促使他们在解决实际问题的过程中提升综合能力。

第三步:确定关键要素,预见问题解决的支持策略

在实施 STEM 项目之前,教师需要明确和分析一系列关键要素,以确保活动的有效性和针对性。一方面,教师需要清晰界定项目的具体内容和目标,包括对问题的准确定义以及教学目标的制定。以"我为小鱼挖池塘"这一项目为例,教师需要明确幼儿共同完成的任务,例如鱼塘需要挖多大、如何分工协作、防水措施如何准备等,并明确希望通过项目培养幼儿哪些能力,如团队合作、问题解决、动手能力和工程思维。

另一方面,教师还需分析环境和材料对项目探究的潜在影响,包括幼儿已有的经验和可能遇到的困难。在支持策略方面,教师需要提前考虑池塘的开挖位置是否适合、是否会涉及排水问题、是否需要考虑安全性等因素,可以从物质材料、专业技能和人力资源等方面进行准备,提供适合的工具,如小铲子、水桶、塑料布等,满足项目开展的实际需要。同时,教师需要引导幼儿了解基础的工程和科学原理,并在活动中邀请家长或园内其他教师协助,提供专业的技术指导或帮助解决具体问题。

通过对这些关键要素的深入分析和预见支持策略,教师不仅能够帮助幼儿更好地理解和解决问题,还能在活动中充分发展幼儿的多元能力。

二、关注过程设计 研讨 STEM 项目实施策略

真正的教育不仅仅在于传授知识,更在于激发幼儿的学习兴趣,并使其在兴趣日益增长的同时掌握学习方法。在组织幼儿参与 STEM 项目活动时,教师应密切观察孩子在活动中的表现,及时回应他们的问题,支持并引导他们在兴趣驱使下进行深入探究和学习活动,从而推动 STEM 项目向

纵深发展。STEM 项目活动的设计和组织，要求教师具备专业性和严谨性，教师需要围绕方案设计和框架支持等，开展多维度的教研活动，以便逐渐掌握组织活动的基本方法和推进探究的有效途径。

（一）聚焦方案设计，开展多维研讨

为确保 STEM 项目活动顺利进行，教师需要基于真实问题和幼儿实际能力，设计切实可行的方案。在 STEM 活动方案设计中，教师应鼓励幼儿通过主动沟通、团队合作、实践操作解决问题，所以项目活动的目标设定、前期准备、过程设计都须具有 STEM 指向性。针对活动方案开展教研活动尤为重要，教师在教研活动中全面分析问题，思考组织策略，确定活动实施的路径和方向，通过集体思辨，把关 STEM 活动方案的可行性和预期成效。

需要强调的是，STEM 项目的活动方案应根据幼儿的实际活动情况灵活调整。通过活动的现场观摩和教研讨论，教师可以共同观察、思考并辨析同一场景，捕捉学习信息和教育契机。这种研讨，不仅为后续项目活动提供了参考路径，也为教师之间的交流与达成共识提供了机会。阶段性的案例分享与研讨，有助于教师集体商讨和相互学习，从而提高 STEM 项目活动的设计与组织能力，包括问题探讨、案例分析、项目设计审定以及活动效果的反思等。

为了更好地帮助幼儿解决问题，教师可以通过多样化的工具选择和针对性的具体指导来提供支持，这也是 STEM 教学实践中的一个重要环节。例如，在"小鱼挖池塘"项目中，教师通过观察，发现部分幼儿在挖池塘时遇到了土质不同带来的挖掘难题。教师在教研活动中，讨论"如何通过提供不同的工具"来帮助幼儿应对这一问题，同时引导幼儿探讨土质对池塘稳定性的影响。可见，问题的出现提供了学习机会，研讨活动可以使教师更客观而全面地对待当前的问题，从而在活动进程中进一步完善方案。

（二）聚焦活动组织，构建框架支持

在组织 STEM 项目活动的过程中，建立教学框架支持至关重要。教学框架支持，是指教师在设计 STEM 项目活动时，根据活动目标，设计活动组织的基本结构，涵盖活动内容设计、教学方法设计、活动评价设计等方面。框架的构建能帮助教师有准备地组织幼儿活动，并在幼儿活动中及时提供帮助，以促进他们有效地参与问题解决和获得技能。在 STEM 项目活动中，这种支持可以通过语言引导、关键环节的问题支持、实践操作层次的支持，以及协同探究中的同伴支持等多种形式实现。

以"我为小鱼挖池塘"为例，从前期行动计划"给小鱼建个更大的家"，到引导幼儿思考鱼塘加深或防护的措施，再到通过测量发现池塘水量的变化，每个步骤都涉及教学支架的应用。教师提供的物质援助（如铁锹或不同厚度的塑料膜）和鼓励孩子积极探寻问题答案的心理支持，都是在支持框架下推进幼儿主动探究的教学行为。

开展相关的教研活动，能够帮助教师更好地理解和构建教学中的框架支持，将教师无意识的行为转化为有意识的教学策略。教师通过层次化地构建 STEM 项目教学框架，不仅能更有效地发挥项目活动的教育功能，还能促进幼儿的自主学习和探究能力，同时促进教师的专业成长。

三、基于幼儿行为　进行 STEM 项目分析和评估

《中国儿童发展纲要（2021—2030 年）》强调了改进结果评价、强化过程评价的重要性，同时倡导探索增值评价、健全综合评价。在 STEM 项目活动中，通过分析与评价来清晰展示项目的成效与价值至关重要。这有助于揭示项目的实施与完善情况，应当贯穿于整个项目活动过程。

从 STEM 项目启动至结束，教师对幼儿的活动情况及其最近发展区的分析与评估是一个动态且具情境性的过程。这涵盖项目活动起始时的评估，项目进行过程中对幼儿即时性和阶段性的评估，以及项目结束后基于活动情况的分析和评估。针对活动分析和评估开展相关教研活动，能够有效提升教师在教育教学适宜性和有效性方面的评判与辨析能力。

（一）分析与评估 STEM 项目活动的核心经验

在 STEM 项目活动中，我们采用高瞻课程的 58 条关键经验，内容涵盖创造性表征、语言与文字能力、主动性与社会关系、序列、空间、时间等共十项。[①] 当围绕特定的 STEM 项目活动进行教学研讨时，指导教师对照

---

① 张兰. 基于幼儿关键发展指标的美术区环境创设策略［J］. 东方娃娃：保育与教育，2021
（9）：58-60.

这些关键经验对本次活动进行识别和判断，进而梳理出幼儿在本次项目活动中获得的相关核心经验。这些核心经验是项目活动开展和推进的基础，我们需要对这些核心经验的实现路径和影响因素进行详细分析和评价，然后采取更为有效的教育策略，促使儿童在适宜的探究活动中实现经验增长。

（二）分析与评估 STEM 项目活动的实施过程

STEM 项目活动本质上是儿童在真实情境中发现问题、解决问题，并在此过程中不断发现新问题，持续探究的学习过程。教师在对 STEM 项目实施过程进行评估时，应重点关注儿童的好奇心和探究欲望是否得以维持。教师应依据儿童在具体活动中的行为表现，解读这些行为背后所反映的实际能力和心智倾向，同时给出激励性和预见性的评估。这些评估不仅是 STEM 项目活动进一步开展的新起点，也为教师后续组织与评估幼儿活动提供了重要依据。

（三）分析与评估 STEM 项目活动的实施成效

评估一个 STEM 项目活动的实施成效，需对照提出的问题和具体任务，全面分析活动过程中幼儿的具体表现以及指向核心经验的具体评价指标，涵盖从儿童发现问题、进行探究实践到解决问题的整个过程。通过即时性评价和阶段性评估，结合诊断式的教研，我们能够得出关于整个活动实施成效的共识性评价。为清晰展示幼儿在一个阶段中的发展变化，教师必须对活动前后的情况进行比较分析。学习故事描述、观察记录分析、视频（照片）回顾等方式，不仅为我们解读幼儿行为表现、对幼儿进行成长性评价提供了依据，也为课题研究积累了丰富的活动素材。

卢梭强调，只有当教育者和受教育者都懂得把握当下，并保持开放心态时，教育的契机才会出现。[①] STEM 项目活动应紧随儿童的兴趣和需求，追逐儿童在探索过程中的步伐，积极应对儿童可能出现的意外行为，及时调整教育策略和活动目标。在此过程中，教师应创设有趣且利于探究的活动环境，鼓励儿童主动参与活动。教师需要观察、挖掘儿童在活动中产生

---

① 杨帆. 从《爱弥儿》探究卢梭的教育思想［J］. 内蒙古师范大学学报（教育科学版），2007（S1）：18-20.

的有价值的问题，引导他们通过发现问题、分析问题和解决问题的体验式学习，促进基于项目活动的核心经验发展。在 STEM 项目活动中，教师可以构建多维度、立体化的学科整合，更好地促进儿童的全面发展。

STEM 项目活动遵循螺旋式教研模式，始于问题设定，通过设计和组织实施任务，最后评估并总结幼儿的学习成果和成长经验。这三个阶段不仅层层递进，还相互重叠，跟随儿童的探究欲望和学习兴趣，不断提升幼儿的核心经验。在此过程中，评估与总结环节是动态的、贯穿始终的，且基于深入分析进行。由此可见，螺旋循环式教研模式不仅为 STEM 项目活动指明了清晰的方向，也帮助教师规划了适宜的探究路径。教师可以通过定期反思和团队研讨，评估项目活动的有效性，并及时调整教学策略。这种方式不仅能够培养幼儿的探究能力，还能提升教师自身的专业能力。

第三节 在经历、回顾、思辨中支持成长
——以大班户外活动"骑小车风波"为例

经历宛如种子，回顾是细腻的养分，思辨恰似温暖的阳光。三者相互交织，滋养着成长的每一步，引领孩子在持续探索与反思中，迈向更为深刻的认知与自我发现。

陶行知先生提出，行是知之始，知是行之成。在自然教育理念的引领下，幼儿园内外的自然环境皆成为可用于教育教学的天然课堂。孩子们在自然环境中观察发现、游戏实践、探索体验，获得了丰富多元的成长契机。教师引导幼儿在真实情境中经历、回顾并反思，进而实现全方位的成长。本节将以大班户外活动"骑小车风波"为例，探究幼儿如何在实际活动中体验和学习，教师又如何通过观察、引导与反思助力他们成长。

新学期伊始，幼儿园东侧小院新增了一条蜿蜒曲折的廊道。孩子们在这条由塑木地板铺设而成的廊道里，尽情体验着小车骑行的畅快与愉悦。然而，一个个或大或小的拐角，为骑行增添了不同程度的挑战；或宽或窄的道路，致使来往车辆交汇时难以顺畅通行……一场场风波在此接连不断地发生，孩子们的学习与发展也在此不断推进。

在骑小车活动中，教师为幼儿营造了宽松自由的环境，鼓励幼儿积极参与、大胆尝试。即便活动中状况频发，教师也并未加以干预，而是始终以观察者的身份，密切关注活动进展，洞察幼儿的能力与特点，因为教师深信孩子是具备能力的学习者。

一、在经历中体验

▶ 场景一：车辆拥堵

户外活动时，睿睿骑着小三轮车，带着帆帆、凯凯在欢笑声中前行。晰晰和浩浩被这热闹场景吸引，晰晰将手里的滑板车往墙边一靠，浩浩则顺手将车子往地上一扔，便跑上前去，试图踩在小三轮车后座下两侧的踏板上随车而行。

当两个孩子同时踩上踏板的瞬间，小车停滞不前。浩浩赶忙跳下车，跑到前面，面向小车，双脚用力抵地、双手使劲拉车把，但小车纹丝未动。

浩浩急忙喊道："晰晰，你下来，小车骑不动啦！"但晰晰却沉浸在独自占领踏板的喜悦中，对浩浩的呼喊充耳不闻。

浩浩屁股后撅，身体后仰，拼尽全力拖拉小车。在这个过程中，他有了新发现！他大声叫嚷起来："后车轮被墙角卡住啦，你们快下来！"随即，他跑到小车左后侧，俯下身去，双手抓住左车轮，试图将车子往外移。此时，除驾驶员外的三个人也都下了车。随后，他们轻而易举地将车轮移开了墙角。大家又你争我抢地上了车，继续前行……

一辆三轮车迎面骑来，紧接着几辆滑板车也骑过来，交通拥堵终于出现了。踩着滑板车飞速前进的小宇紧急刹车，他拎起车把，用前轮"咚咚咚"地撞击地面，示意其他人让道。孩子们手忙脚乱，车子堵成一团，争辩声、指挥声此起彼伏……场面一片混乱。

随着教师"游戏结束"的指令下达，车流终于统一朝着归放的方向行驶，拥堵的车辆逐渐疏散开来。

➡ **场景二：整理车辆**

浩浩发现停车场里的滑板车一片凌乱，他毫不犹豫地跑过去整理。他扶起最上面的一辆小车，尝试让它站立好，却未能成功，索性就把它端了出来，放在地上。他又扶起靠边的一辆滑板车，再将临近的另一辆扶起来，紧靠着第一辆放好。然而，当他扶起第三辆时，前面两辆却倒了下来。浩浩正发愁时，两个小伙伴跑过来帮忙。三个孩子相互协作，不断调整着滑板车的摆放位置。转眼，十分钟过去了，孩子们终于圆满完成了整理工作。此时"大部队"早已返回教室……

二、在回顾中发现

《墨辩》中提出三种知识：一是"亲知"，二是"闻知"，三是"说知"。通过活动回顾，能够将三种知识习得方式融合叠加，在经验分享、假设推理、达成共识的过程中推进认知的形成。

镜头回顾一：小车乱停（如图6-1所示）

图6-1 小车乱停

教师："那辆滑板车怎么回事？"（教师指着倒地的滑板车）

浩浩："哎呀，是我放在那里的，都没注意到它倒了。这个滑板车只有两个轮子，站得不稳。"

教师："小朋友们，即便小车没倒地，他停放在这里对不对呢？"

晰晰："可以像我放的那辆一样靠墙边放。"

教师："生活中，爸爸妈妈的车如果不想开了，是不是往马路边一停就可以走了？"

帆帆："不是，因为这样可能会被撞到，还可能会引起堵车。"

凯伦："交警要来贴罚单的，马路中间的车会被拖走。"

教师："那么，如果在游戏时你不想玩小车了，该怎么办？"

泽熙："可以停到停车场去。"

晨晨："可以把它让给有需要的小朋友。"

教师："以后在游戏中，我们要相互提醒，注意遵守规则、爱惜玩具。"

镜头回顾二：卡住车轮（如图 6-2 所示）

图 6-2　卡住车轮

教师："他们遇到了什么麻烦？"

浩浩争着说："因为转弯太急，车轮被卡住了。他应该再直行一点点后转弯，才不会被钩住。"

教师："我们在骑车时，既要考虑前面的轮子，也要关注后面的轮子。"

浩浩："我到前面去拉车子时，才发现后面的车轮被墙壁卡住了。"

教师："原来，同一件事情站在不同的角度可以看到不同的景象。"

翰翰："因为车上人太多了，乘不了这么多人。"

教师："翰翰认为车被卡住是因为超载，所以难以把控好方向。"

浩浩："晰晰站的位置应该可以看得很清楚，为什么她不提醒一下大家呢？"

教师："是啊，你既然是团队中的一员，就应该关心大家，时刻想着能为大家做些什么。"

镜头回顾三：交通堵塞

教师："这里又发生什么事情了？"（如图 6-3 所示）

翰翰："小宇用滑板车踩地！"

小宇："他们堵住了我的去路，我是在提醒他们让道。"

彤彤："你这样做，滑板车要坏的。"

教师："在骑车时需要提醒别人，可以用什么方法？"

文萱："可以装个铃铛。"

于是，给小车安装铃铛的提议得到了大家一致支持，收集和安装铃铛成为下一阶段的一项重要工作。

教师："这时又发生什么事了？"（如图 6-4 所示）

幼儿："堵车了！"

教师："怎样可以避免堵车呢？"

晨晨："我觉得可以在道路中间放个围栏。"

教师："就像在大马路上，把道路分成两道，每个人都靠右行驶，就不会堵车了。我们在分车道时，还要试一试车辆交汇时能不能顺利通过，再看看是不是所有的车道都能变成双通道。"

图 6-3　交通堵塞（一）

图 6-4　交通堵塞（二）

镜头回顾四：整理小车

教师："浩浩发现了什么？"（如图 6-5 所示）

浩浩："车子太乱了，东倒西歪的。"

教师："浩浩总能发现发生在周围的麻烦事儿，还能主动去动脑筋解决。这些车为什么会倒在那里呢？"

晨晨："因为小朋友放车子时往那里一扔就走了。"

教师："请浩浩给大家介绍一下归放的方法吧。"

浩浩："应该先把第一辆滑板车稍微斜一点儿靠在旁边的架子上，将它放稳后再按顺序把其他车一辆一辆排紧靠上去。"

教师：“这时候其他小朋友都去哪里了？”

幼儿：“跟戴老师回教室了。”

教师：“三个小朋友没有跟随大部队离开，而是坚持把车辆都排整齐后才离开，他们这样做对吗？”（如图 6-6 所示）

幼儿对这个问题感到困惑，老师建议大家认真思考后再讨论，并说出各自的理由。

图 6-5　整理小车（一）

图 6-6　整理小车（二）

三、在思辨中成长

在本次活动中，教师主要以"身心一体"的本体论、"模拟复现"的认识论和"有机生成"的实践论为科学依据①，围绕幼儿的经验习得和教师的支持策略，展开了深入的分析与思考。

（一）幼儿学习与经验习得思辨

陶行知主张"社会即学校"②，倡导引导幼儿将游戏经验与社会经验相链接，这有利于幼儿提升社会认知；主张引导幼儿权衡个人意愿与团队需求，这有利于引导幼儿的认知从"小我"向"大我"发展；主张引导幼儿从活动秩序中发现规则需求，进而共同商讨、制定并执行规则，这有助于幼儿更好地认识到社会规则的重要性。

1. 游戏经验与实际生活相融合的社会性认知提升

在"骑小车风波"中，当孩子们一致认为将车停靠在墙边是最合适的做法时，教师引导幼儿将这一现象类推到真实社会环境中。幼儿由此发现，随意将车子停放在路边是不当行为，并分析出其中存在的安全隐患以及可能造成的危害。当车辆骑不动时，孩子们考虑到车载重量、拐弯角度、行驶速度等与行车阻力之间的关系，这些经验均源自幼儿实际的日常生活。大家在共同分析中交流，在思维碰撞中学习。

2. 个人意愿与团队需求相权衡的"大我"意识形成

在浩浩和晰晰同时踏上小车时，小车无法前行。浩浩一边要求晰晰下车，一边跑到车头去拉小车。当他发现车轮被墙角卡住，第一时间将这一现象告知大家，并调整了用力位置。在大家齐心协力下，小车最终顺利拐弯。他埋怨晰晰："你的位置应该能看到车轮被卡，为什么不提醒大家？"这种责备在社会生活中真实存在，它既是对方内心需要承受的压力，也向全体小朋友表明：团队中的每个成员都应具备"大我"意识。小宇用自行车前轮撞击地面的行为，引发了幼儿关于"应该怎样对待公共物品"的讨论，由此提升了全体幼儿爱护公物和相互监督的意识。

---

① 王美倩，郑旭东. 具身认知与学习环境：教育技术学视野的理论考察 [J]. 开放教育研究，2015（1）：53-61.

② 周洪宇. 陶行知教育名篇精选（教师读本）[M]. 福州：福建教育出版社，2013：49.

3. 规则制定和相互监督相结合的秩序性需求提升

针对游戏活动中出现的超载、碰擦、交通拥堵等情况，孩子们提出设置双通道、安装警示铃等办法来解决问题。大家一致认为，可以通过规则制定和标志提示，让未来的游戏更加有序。

在"整理车辆"环节中，浩浩展现出对周围环境的敏感度以及勇于承担责任的优秀品质。其他小伙伴及时出手相助的情景，为幼儿呈现了互相帮助、共同合作的美好场景。孩子们体会到整理小车的不易，积累了有序停放车辆的经验，更学到了关心集体、互帮互助、做事坚持到底的优良品德。而在"应留下整理小车还是及时归队"的辩题中，幼儿发现了两种规则同时存在的两难情况，并通过思辨找到了大家共同认可的权衡方法。

（二）教师观察与支持策略思辨

在幼儿活动过程中，教师秉持"认真看、仔细听、勤捕捉"的观察要领，陪伴幼儿游戏却不打扰他们；在分享交流时，教师以组织者、主持人的身份，引导幼儿共同观察照片或视频，鼓励幼儿畅谈经历与感受，引导幼儿积极表达自己的想法，从而促使幼儿提升认知经验。

1. 运用集体力量，拓展学习机会

当幼儿在活动中一次次出现问题时，教师并未干预，而是捕捉鲜活的教育契机，为幼儿提供共同辨析的条件。反之，若教师当场及时提醒相关幼儿，或是直接帮助幼儿收拾局面，那么前一种行为仅能起到提醒个别幼儿的作用，后一种行为更是包办代替，毫无教育意义，孩子在后续活动中仍会再次出现这类行为。在集体交流中引导幼儿发现问题，并提出解决策略，一方面可以通过个别幼儿的不良行为教育全体幼儿，另一方面能够引导幼儿相互关注、相互监督、相互帮助。

2. 鼓励幼儿表达，帮助提升经验

教师在鼓励幼儿相互分享经历时，引导幼儿梳理已有经验。例如，当浩浩分享"我先到前面去拉一下，才发现后面的车轮被墙壁卡住"时，教师立即总结"原来，同一件事情站在不同的角度可以看到不同的景象"，启发幼儿在遇到事情时从多角度观察与思考。当浩浩说到"转弯太急"和"要多直行一点再转弯才不会被钩住"时，教师立即运用示意图，来帮助浩浩更清楚地表达意思，便于其他幼儿更好地理解。

3. 引发多维思考，鼓励积极尝试

"可以用什么方法提醒别人注意？""想一想、试一试双通道用什么设置？"等开放性问题，有利于激发幼儿主动思考，并在实践中寻找最适宜的方法。在回顾整理小车环节时，教师引发幼儿思考"如何更好地整理小车""该跟随大部队离开还是留下整理"等问题。由此，一次"骑小车风波"成了班本课程的起点，一个个契合幼儿需求的生成活动应运而生。

一次具有教育价值的活动，是一个主题活动得以深入开展的基石。教师应紧扣幼儿的认知特点与发展需求，提供丰富的经历和探究机会，捕捉那些富有教育意义的契机。在回顾与反思的过程中，教师应通过巧妙的引导和有效的教育策略，帮助幼儿在已有经验的基础上，实现更深层次的认知发展与成长。这种教育不仅仅关注当下的知识习得，更着眼于为孩子们未来的持续学习和全面发展奠定坚实基础。

第四节　倾听于"静"　提问在"巧"

倾听，于静默之中孕育智慧；提问，在巧妙之间启迪思考。"静"与"巧"相互交织，引领孩子们踏上深邃的探索之路。

陶行知先生强调教师在教学中倾听与提问的重要意义。他主张，成人在与孩子交流时，应耐心倾听，站在孩子的角度思考问题，并以宽容且积极的方式引导孩子成长。同时，他提出"智者问得巧，愚者问得笨"，提醒教师要善于发现问题、提出问题，并设计高质量的问题，以此推动幼儿学习。

在教育教学过程中，"认真地倾听"和"有技巧地提问"的能力是教师必备的基本素质。所谓倾听，是指教师以低姿态的心理与孩子对话，而非以传道、授业、解惑者的教师身份，高高在上地对孩子进行说教。如此一来，一方面能够让学生感受到被尊重、被接纳；另一方面能够更好地了解学生的理解力、个人观点和内心感受，以便更有针对性地加以引导。

在教学中，教师的"提问"不能仅停留在表面，而要通过"巧问"引导学生层层剖析问题，深入思考。这种方式不仅能够促进学生的思维发

展，还能帮助他们提升思辨能力和独立思考能力。在幼儿园里，只要我们放手，给予孩子自主探究的机会，孩子所展现出的学习欲望和学习能力往往会远超我们的想象。那么，如何将"倾听"和"提问"有效地运用于幼儿园一日活动中呢？本节，我将针对日常交往、集体活动、户外游戏三种场景下教师与幼儿交往过程中的"倾听"与"提问"展开相关分析与说明。

一、观察在先　专注聆听　提问推进

《纲要》提出，要为每个幼儿提供表现自己长处和获得成功的机会，增强其自尊心和自信心。

无论静心倾听还是巧妙提问，均基于教师对幼儿的充分观察。教师需有针对性地设计促使幼儿思考的真问题，并鼓励幼儿主动寻求答案。在区域活动和集体活动中，教师应为幼儿营造一个想说、敢说、喜欢说、有机会说的宽松环境，并在倾听幼儿说话的过程中给予幼儿积极回应。

例如，"一张小纸片可以怎样变化？"这个小小的问题引发了孩子们一系列的思考：折纸、揉捏、撕剪……孩子们回答的方向越来越具体。随后，我提出一个启发性问题："可以让它变大、变长吗？"这个问题拓展了幼儿的思维边界。

我以"小蜗牛回家"的童话故事为载体，以幼儿主动探究为手段，运用区域活动和集体教学活动相结合的学习模式，鼓励幼儿积极参与、认真实践，并引导他们分享经验、相互学习。

➜ 案例分享："小蜗牛回家"

科学区中布置了两棵树，一棵树上有一只蜗牛，另一棵树上有一间房子，活动主题为"小蜗牛回家"。所提供的基本材料是 6 cm×8 cm 的小纸片若干、剪刀和双面胶。在区域一侧贴有一张活动要求，每个要求都由教师巧妙设定，以给孩子的操作指明方向：

（1）每人限使用一张小纸片；
（2）比一比谁设计的线路最短；

（3）尽量少用双面胶；

（4）设计完毕后将纸条贴到自己的学号处。

参与该区域活动的孩子们按照要求手执一张小纸片，用剪刀将纸片剪成纸条，并将纸条用双面胶连接在一起，形成长条状。在制作过程中，他们不时拿着自己的作品来到大树之间衡量长短。他们在不断尝试中发现：纸条剪得越细，就可以连接得越长；在左右迂回剪纸条时必须控制好不剪断。随后，涵涵的"内部兜圈式"剪法打破了孩子们原有的操作模式，他们惊喜地发现，一张纸条可以一下子变长，并且不必使用双面胶。

此时，教师又将两棵树之间的距离拉宽了，同样的材料、同样的要求，问题的难度却有所增加。大家畅所欲言，说出自己在完成任务过程中所采用的方法和遇到的困难。在此过程中，教师的职责是认真聆听，为孩子们之间架起沟通的桥梁，鼓励大家踊跃参与交流，以共同的力量解决问题。"不评价对错，鼓励创新思维"是教师在这一教学过程中秉承的宗旨。

在整整一周的活动中，教师不断观察、聆听孩子们之间或有声或无声的交流，并以启发式的问题分解上述所提出的要求，助推他们完成任务。在规则驱使下，孩子们乐于参与挑战，并能在不断变化的新挑战中体验到成功的快乐。

二、安静倾听　避免评价　有效引导

在师幼互动中，发现幼儿的闪光点是相互吸引、激发思考的原动力，为师幼之间、幼幼之间以及幼儿与环境、事物之间提供了有效互动的可能，打开了潜心探究相关事件的优良通道。其基本要领是：鼓励幼儿充分表达，在对话过程中教师应耐心、安静地倾听，反馈信息时，应帮助幼儿提炼主题思想和感受，再鼓励幼儿共同思考、调整探究方法。

教师作为聆听者和启发思考者，需要引导幼儿从相互评价的过程中产生认知变化、实现社会性成长，而应避免来自教师权威式的直接评价。

案例分享："老师，你说我坏话了吗?"

下午户外活动时，璇璇突然跑来问我："陆老师，你刚才是不是说我的坏话了?"

我惊讶地望着站在我跟前的她，答道："不知道啊！什么时候?"

"就是上午，你是不是说我画的画很丑啊?"她继续追问。

我想，璇璇能够勇敢地跟我当面求证，说明她认为我们之间是平等的，所以我更要珍惜这份"彼此平等"的关系。我告诉自己沉住气，耐心听她说完，看看到底发生了什么事。

"是明明告诉我的，说你说我的画很难看。"她继续理直气壮地说道。

我用"有同理心"的解释对她的感受表示认同："嗯，我想，如果我听到别人在背后这么说，我也会心里不舒服。要不叫明明过来问问?"

明明稍显扭捏地来到我跟前。

璇璇问他："明明，你刚才不是说陆老师说我画的画很丑吗? 陆老师说不记得说过！"

明明尴尬地解释说："你的画确实有点丑呀，人的头上画了一条长长的线，不知道是什么东西。"但是他回避掉了"陆老师说"这一点。

"那是袖管！"璇璇拖长了声音认真解释。

"可是我真的觉得她画得不好看。"明明用渴求认同的眼神望着我。

一旁的璇璇生气地尖叫起来："哦！原来不是陆老师说我的画难看，是你说的！还骗人！以后我再也不跟你一起玩儿了！哼！"

这是一场两个聪明的孩子之间的对峙，我也成为参与其中的连带者。不过，在璇璇前来"兴师问罪"时，我采用了追问的方法，鼓励她大胆地说；在两个孩子争辩时，我采用了静心聆听的方法，鼓励幼儿有逻辑地阐述自己的想法。

看着两个好朋友即将不欢而散，我赶忙采用问题引导法："我看你们俩现在都不太高兴，对吗?"两个人不约而同地点头认可这一说法。

"那你们喜欢这种感觉吗?"

"不喜欢。"两个人又不约而同地回答。

"要不咱们来比一比，谁能想出更多让大家高兴起来的办法吧！"我将这项任务以游戏的方式呈现在他俩面前。

我特意拿来纸和笔，并在纸上画了一条线，将纸张分成两边，两人各占一边。我告诉他们，我会把每个人想的办法记录下来。

在"新游戏"正式开局时，他们的注意力已经发生了转移。

"明明，下次你不要骗人了，好吗？我还是愿意和你做好朋友的。"璇璇说完，我就给璇璇记上了一条。

"下次我不说你的坏话了。"听罢，我在明明的那一栏记下了一笔。

"要不明天中午我们一起玩我最喜欢的'走迷宫'？"璇璇已经开始转移话题了，她又多发现了一条让对方高兴起来的办法。

"好啊！那明天我也把我的三条恐龙给你玩！"明明的注意力显然已经被璇璇带到交换玩具上了。

就这样，没两个回合，两个孩子就和好如初了。

"刚刚你们打了个平手啊，都想出了两条让对方高兴起来的主意。你们看，加在一起就有了四条让大家高兴起来的好办法啦！你们喜欢现在的感觉吗？"

两个孩子相互看看，笑嘻嘻地跳起来说："喜欢！"

在这个案例中，教师没有对两个孩子的行为做任何评价，没有表扬，也没有批评，而是给他们充分表达的机会，表达的过程中甚至还有了争辩。在提问环节中，教师将游戏的概念渗透其中，孩子们被教师邀请来参与新的"PK游戏"。以"游戏"为基调的活动，孩子们自然喜欢，愉快的情绪能激发孩子的创造力和思维潜力。心中想着如何让对方高兴，是一件美好的事情。不知不觉中，孩子们学会了宽容，学会了为对方着想，重回共同陪伴的快乐氛围。可见，教师的引导往往是提出问题和建议，给幼儿提供充分互动交流的机会，让幼儿在思维碰撞中主动成长。

三、巧妙提问　层层追问　及时跟进

人都有好为人师的一面，尤其在以"教师"的身份面对学生时。教师需要以低姿态与幼儿对话，及时察觉、立即调整，时刻注意站在孩子的角度重新思考，凭借同理心，尽量与诉说者"同频"。

案例分享：小调皮与生气包

某日，我走过大四班门口时，恰好遇见两个男孩子在吵架。带班教师已组织其余小朋友集中坐下，看这架势，教师是打算先让他们自己处理。我随即蹲下问："你们之间发生了什么事？"

铮铮气愤地说："我的积木还没搭完，他就过来把它们全都推倒了！"

"老师已经放收归音乐了，他还不收，我是过来提醒他的。"涵涵争辩道。

铮铮提高嗓门说："我马上就要搭好了，被你一下子弄没了！哼！"

"那我也是好心提醒你啊！"涵涵说。

虽然只是三言两语，但两个孩子已经把事情的前因后果基本说清楚了。于是，我对他们说："我知道了，也发现你们俩各有一个很棒的优点。不知道你们有没有发现？"

两个孩子你看看我，我看看你，一起偷偷笑了笑，又摇摇头。

我看着铮铮说："我发现，你是个做事情能有始有终的好孩子。"随后，我转头问涵涵："你说对不对？"

涵涵看着铮铮，思考了一下后点点头，表示同意。

"你认为他什么地方表现出了做事情有始有终？"

涵涵回答："因为他想把积木搭完。"

我追问："对，你想象一下，你当时怎么做，既可以起到提醒他的作用，也能够让他不生气？"

涵涵想了想说："我可以用语言提醒他，不动手搞破坏。"

"嗯，这种做法会比刚才的做法好很多。"我笑着回答，又问："还可以怎样呢？"

涵涵又想了想："我还可以看看怎么帮帮他。"

"看来你确实能够想出比刚才更好的方法。"我回应他。

我又把话锋转到涵涵身上，看着涵涵说："我发现你像个小解放军，能够听到老师的命令立即行动，还能及时提醒其他小朋友。"

涵涵听了，用手挠了挠后脑勺，不好意思地笑了起来。

"你看，两个好孩子吵架可不好了，所以你们愿意原谅对方，做好朋友吗？"我又说。

结果，铮铮首先将头扭向另一侧，继续生气地说："他一直这么调皮，让人讨厌，我不原谅！"

涵涵见状就说："他就是个生气包，总爱生气！"

我赶紧调解，说："涵涵，要不你再向铮铮道个歉吧？"

这个建议却遭到了涵涵的拒绝："我不道歉！"

我笑着称他们为"小调皮"和"生气包"。两人相互看着做了个鬼脸，偷偷笑了起来，然后继续别着脑袋，不看对方。但涵涵是在看到铮铮的反应后，被动式地假装拒绝。

我说："每个人都既有优点，也有缺点。如果你多想想对方的优点，原谅他的缺点，就会多一个朋友。如果你发现了自己的缺点并及时改正，就会有越来越多的人喜欢你。有一首歌叫做《朋友越多越快乐》，我给你们考虑时间，当数到 5 的时候，如果你们愿意原谅对方，就跟对方握个手。"当数到"4"时，涵涵伸出了他的小手去拉铮铮，铮铮终于勉为其难地接受了涵涵的求和。

我趁热打铁："哈哈，恭喜你们，又多了一个好朋友。"接着又说："你们不是一个叫'小调皮'，一个叫'生气包'吗？接下来的时间里，你们相互检查，看看对方是不是又调皮、又生气了。如果下次谁又出现不好的行为，你们就记下来告诉我。"

两人一边答应着，一边开开心心地手拉手，带着阶段性任务进教室去了。同时，他们还带着另一个任务，那就是要跟班主任老师解释一下吵架结果。

在这个案例中，教师采用提出幼儿某个潜藏优点，并鼓励对方顺着教师提出的优点阐述原因的方式，来引导幼儿建立自信；又用"你当时还能怎么做？"的开放式问题，引导幼儿思考解决方法的多样性。可见，巧妙提问、层层追问是引导幼儿主动解决问题的有效方法，在此过程中教师主要扮演了倾听者的角色。随后的几天里，我经常去这个班，跟进了解两个孩子的具体情况。这种跟踪式回馈，是强化孩子正向行为的有效策略。

结　语

教师的耐心倾听，为幼儿创造了尊重与信任的环境；巧妙提问，则帮助幼儿开拓思维，培养分析与探究的能力。两者相辅相成，不仅促进了幼儿的全面成长，也推动了教师自我的不断提升。因此，学会移情式的倾听、掌握启发式的提问，既是教师职业素养的提升之道，也是幼儿健康成长的有力保障。

第五节　用哲学思维指引幼小科学衔接

他们从来没有从我这儿学到什么，而是自己从自己那里发现并且生出了很多可贵的东西。

——苏格拉底

幼儿是有能力的主动学习者，我们的教育并不是教孩子学问，而是要让他们产生热爱学习的动机，然后在他们的这种兴趣越来越浓厚的时候，教给他们学习学问的方法。[①] 可见，我们的教育随幼儿学习兴趣的发展而不断演化，所教授的是学习方法，而非学问本身。在幼小科学衔接工作中，幼儿园教师与小学教师需共同分析幼儿的发展状况和学习特点，精准把握幼儿的最近发展区，充分了解其认知需求及即将面临的挑战，有计划、有步骤、有衔接地开展教育教学工作。

当运用哲学思维审视幼小衔接工作时，我们会发现哲学范畴的本体论、认识论、方法论能为教育提供深层次指引。一方面，教师在审视教学内容、教学方法和预设教学目标时，需从多角度追问其适宜性；另一方面，教师要思考教学活动的价值取向，是注重过程，还是注重结果，抑或是在教学过程中播下新的生长点。

根据教育部颁布的《幼儿园入学准备指导要点》，结合幼小衔接工作

---

① 让-雅克·卢梭. 爱弥儿：全 2 册 [M]. 叶红婷，译. 北京：台海出版社，2020：263.

实际，我主要从哲学视角审视和辨析幼小科学衔接中关于心理疏导、学习思辨和个性品质培养等方面的问题，引导幼儿以积极心态、辩证思维、正确方法，更好地应对复杂的社会生活和学习活动，这有利于幼儿更客观地认识世界、更快速地适应生活，并积蓄改造世界的意识和能力。

一、从认识论谈积极有效的心理疏导

皮亚杰认为，心理既不起源于先天禀赋，也不起源于后天经验，而是起源于动作，即动作是认识的源泉，动作和思考的核心是使新经验归属已习得的私人含义。幼儿的认知建立在动作重复和经验习得的基础之上。教师需从认知层面出发，通过引导幼儿正确认识自我、他人以及将要面对的必然，做好全面的心理疏导，为幼儿更好地适应小学生活做准备。

在幼升小的准备过程中，每个幼儿可试着扮演即将进入小学的自己，在"未来自己"的角色中展现优点和信心。通过"夸夸我自己"活动，孩子们不仅能展示自己，还通过模拟小学课堂活动，提前体验小学学习生活。在此过程中，教师不断鼓励，强化孩子们对自我的肯定，让他们意识到"我能行"，从而满怀信心地迎接小学生活。

（一）"我是最棒的"——充满信心地展现自己

皮亚杰认为，成人与儿童是以完全不同的方式看待在各自世界中的自己的。[①] 教师需尝试以儿童视角观察儿童世界，运用儿童能够理解的方式引导幼儿感知自我。教育是一种"唤醒"，唤醒幼儿原有的动作体验和经验认知；教育也是一种引导，引导幼儿将原有认知归类，并对自己行为做出积极性评价，从而帮助幼儿认识自我、肯定自我，建立自信，以"我能行、我可以"的积极心态迎接挑战。

例如，中二班教室一角的主题墙面"夸夸我自己"成了一道亮丽的风景线。这里张贴着每个孩子的学号，每个学号下面各有一根"藤蔓"，"藤蔓"上"长出"了孩子们自己发现、描画的优点。集中交流为孩子们提供了相互启发的机会，"大声说出来"更是对优点的强化式肯定。墙面呈现

---

① 邓赐平. 皮亚杰发生认识论视角下的儿童思维与智慧发展 [J]. 心理研究，2020，13（4）：291-311.

是动态的、不断生长的，随之生长的是孩子们的自我觉知和自我认可。这一举措促使孩子们学会持续关注、审视自己，在学习自我评价的过程中增强自我认识、培养自信心，进而引发幼儿"爱自己"的美好情感。

（二）"我们是平等的"——不卑不亢地面对他人

认识论表明，经验是个体对现象的认识。帮助幼儿认识他人，理解人与人之间是平等关系，有利于幼儿自信地与他人交往，大胆表达观点，对他人陈述保持思辨态度，建立独立思考意识，培养独立思考的能力。教师期望孩子们对待任何人都不卑不亢，以平等眼光和思维看待人和事。教师常告诉孩子："生活中每个人都是平等的，成人只是比孩子早出生多年，所以处理事情时，每个人都要动脑筋、想办法；成人做事、说话并未全对，也可能犯错，若发现成人犯错，也可及时指出。"如此，教师就在教育过程中营造了平等互助、合作共赢的师幼共同体，为幼儿步入小学后，以大方友善、团结互助的状态融入新集体生活奠定坚实基础。

（三）"我要上小学啦！"——快快乐乐地迎接"必然"

每个人都要经历不同人生阶段，迎接新环境、新挑战，就像每个幼儿园孩子都必须升入小学接受教育。在幼小衔接过程中，教师以愉快情绪不断向幼儿强化"即将升入小学"是一个令人欣喜的跨越，告知孩子们这是成长的象征、进步的荣耀。教师给孩子们讲述故事："鸟宝宝羽翼日益丰满时，就应该离开妈妈的怀抱，勇敢地飞向蓝天，自己觅食，领略天地广阔。"孩子们感同身受，甚至不禁流泪，这泪水或许包含不舍、担忧，但更是对生命中持续挑战的初次认知，以及对人生经历中"必然"的感知。教师要让孩子明白，成长是必然，挑战也是必然，这样的"必然"将伴随一生。

二、从方法论谈易于掌握的学习策略

所谓"授之以鱼不如授之以渔"，我们的教育并非单纯传授大量知识，而是要让正确、清楚的观念扎根于学生头脑。因此，教师需要教给孩子的是方法，而非知识本身。[①] 让孩子记住某个具体内容并不能称之为"掌握

---

① 让-雅克·卢梭. 爱弥儿：全 2 册［M］. 叶红婷，译. 北京：台海出版社，2020：263.

知识"，而掌握学习方法，如同拿到了学习的钥匙，能够促使他们更好地学会学习，并在学习过程中体验到学习的快乐。皮亚杰的方法论中提到"环境影响个体发展或适应"的观点。教师需通过创设环境、引导体验操作，让幼儿在逐步深入的实践中，渐渐学会分析事件中蕴涵的可控因素与不可控因素，学会运用辩证思维、多维视角看待所遇到的事件或现象，学会运用制订计划、按计划实施的方法完成任务。

（一）尝试分析事件中的可控因素与不可控因素

在幼小衔接工作中，许多家长为各种各样的问题苦恼，诸如择校问题、补课问题、陪伴问题、幼儿园教师与小学教师对待孩子的态度差异问题等。这种苦恼不经意间会传递给孩子，使得原本不知升学苦恼为何物的孩子也跟着慌张起来。于是，教师以哲学思维引导家长思考：一是你感知到的社会现象仅仅是你个人的感知，并不代表真实的社会状态。二是分析我们即将面对的社会存在，哪些因素是我们能够控制的，哪些是无法控制的。对于不可控的情况，担忧只是徒增烦恼，不妨尝试顺应它；而我们重点应思考如何更好地利用和调节那些可控因素。毫无疑问，家庭环境、家庭教育都是我们能够主动掌控的，并且这些因素能够长期陪伴孩子成长，所以我们应重点思考"我期望孩子成为什么样的人""我能够为此做些什么"等问题。

对孩子的培养亦是如此。教师要引导孩子在实践中学习分析"事件的可控性与不可控性"，并尝试把握可控因素，努力把事情做得更好。教师需要在不同事件中持续培养幼儿的这种意识和能力，让幼儿意识到自己具备能力，事件的发生、发展是可以推动的，而且不同做法会改变事件发展的方向。

（二）尝试运用辩证思维审视所见所闻

柏拉图在辩证法中阐述了关于存在和非存在、一和多、同和异、动和静等关系。教师通过引导幼儿对同一事件或物品进行辨析与观察，让幼儿明白对待某事某物不能简单直接地下结论，只有运用辩证思维、从多视角进行观察与思考，才能获得相对客观准确的答案。比如，教师会告诉孩子，老师所说的话只是老师的观点，你们可以认真思考后提出不同意见；图书上的内容是作家和画家的想法与表达，我们可以有自己的见解。

例如，在一次集中交流时，彤彤说不想参加活动，因为怕晒黑。浩浩听后立刻说："你本来就黑，还说怕晒黑！"凯凯马上指出："你这样说别人不礼貌，别人听了会伤心的！"浩浩争辩道："本来就是这样，是她自己告诉我的。"一场争论就此展开。此时，老师问道："浩浩，彤彤是单独告诉你的，还是告诉大家的呢？"浩浩理直气壮地回答："她是悄悄告诉我的。"老师羡慕地说："你好幸福啊！彤彤把你当成了最好的朋友，所以才把这个不想让别人知道的小秘密告诉你。"之前未曾意识到这一点的浩浩脸上洋溢起幸福之感。这时，凯凯又说："就是，把人家告诉你的秘密大声说出来是不礼貌的，你应该向彤彤道歉！"此时的浩浩，满怀幸福，真诚地向彤彤道歉。

可见，一句话可以有不同理解，一件小事可以有不同处理方式。教师的积极引导启发幼儿从辩证思维审视事件内容，充分挖掘其中蕴含的教育价值，开启幼儿真善美的社会认知。

（三）尝试从多维视角判断所思所想

我们观察同一件事物时，在不同视角、不同时间、不同心境下会得到不同答案。这答案既与客观事物本身的存在相关，也与观察者自身的内在认知和主观意识有关。认知活动"胖大海"就是一个典型案例：胖大海处于干涸状态时，孩子们通过摸、看、闻，感受到它的形态是椭圆形的、硬硬的、粗糙的，还有点中药味；当把胖大海泡在开水中，它就完全改变了原来的模样。所以，教师通过一个又一个典型案例告诉幼儿，在一种环境条件下看到的事物未必是其持久的样子、真实的状态，人们要经过多样化尝试、多角度思考，才能获得更接近事实的答案。

再如户外游戏时，五个孩子同时坐上一辆小三轮车。刚挤上车，就到了拐角处，小车骑不动了。浩浩认为，小车骑不动是因为超载，太重了。他跑到车前，双手用力拖拉车把手，试图拉动小车，却毫无作用。而此时，他发现小车不动的原因是车轮被墙角卡住了。找到原因后，问题很快得到解决。于是，教师通过这个实例告诉孩子们，同一件事情，从不同视角可以获得不同答案，因此，遇事要多观察、多思考，只有找到问题的根本原因，才能更好地解决问题。

三、从本体论谈乐于进取的个性品质

所谓"思想决定行为，行为决定习惯，习惯决定性格，性格决定命运"。幼儿个性品质的培养是幼小衔接工作中的根本要素。教师需要从本体论出发，以个体思想、行为、习惯、性格的养成为切入点，逐步培养幼儿好奇好问、主动探究、积极进取的个性品质。

（一）好奇好问，持续追问

孩子对世界产生好奇就会引发专注，有了独立思考才会提出问题。持续追问是《理想国》中苏格拉底的教学法。教师一方面要自我持续追问教育本源，明确即将开展的教育教学活动的价值和意义；另一方面要运用持续追问的方法，引导幼儿不断思考、持续推理，促使幼儿获得基于自身认知的经验。在教师示范、幼儿体验的潜移默化过程中，逐渐引导幼儿养成专注观察、不耻下问的学习品质。

比如，当孩子们看到富有哲学意味的无字绘本《红气球》时，教师通过引导幼儿观察画面内容，引发幼儿思考画面之间的关联，鼓励幼儿产生新发现、提出新问题，在师幼、幼幼之间的持续追问中，形成自己的认知，获得独特的经验。

（二）主动思考，积极探究

只有受教育主体在内在动力驱使下学习，教育才能发挥作用。内在动力源于个人兴趣和需求，教师需要从受教育者和教育内容的本源出发，及时捕捉幼儿的兴趣需求，创设良好的教育环境，提供适宜的辅助支持，激发幼儿主动思考，鼓励幼儿积极探究，为其进入小学学习奠定良好基础。

例如在"高架桥"系列活动中，幼儿对幼儿园附近的高架桥产生浓厚兴趣，于是建构区中的高架桥建构活动应运而生。"上下高架桥的斜坡呢？"这种问题式诱导，启发幼儿思考如何在搭建的高架桥旁连通闸道；提供立交桥图片，启发幼儿思考如何构建环形高架桥；提供纸片，改变了幼儿建造高架桥的原有思路，"如何让纸片变得坚固？""如何让纸桥承重量增加？"都成为孩子思考的新起点。

（三）敢于挑战，懂得坚持

幼儿成长的力量是教育的原点，启迪智慧是教育的目的。成长的力量

支撑幼儿不断迎接新挑战，做事的坚持性则支撑幼儿在学习道路上越走越远。我们的教育应基于原点，明确培养目标，为不同能力和需求的幼儿提供"跳一跳能够到的苹果"，让幼儿在"摘苹果"的过程中感受成功的快乐，催生进一步挑战的信心和勇气，培养幼儿坚持不懈的优良品质。

例如在"教你一招"系列活动中，教师为幼儿设定难度逐步递增的挑战任务。从一开始简单的拼图比赛到后来的团队合作搭建高架桥，每个孩子在每个环节都面临新的挑战。晨晨担任"小老师"时，她不仅学会了如何教同伴制作花篮，还学会了如何面对挑战坚持完成任务。在她操作失误时，教师适时给予鼓励，并引导她思考解决问题的多种方式。通过一次次成功完成任务，晨晨不仅培养了坚韧不拔的精神，也体验到了成功的喜悦。

结　语

"教无定法，贵在得法"，教育没有终点，需要培养的是学生终身学习的兴趣和能力，所以我们的教育必然要帮助学生确立一个又一个学习的新起点。哲学是一切学科之母，也是幼儿认识世界、参与实践的基础。在教育实践中，教师需要捕捉教育契机或创造教育时机，及时向幼儿渗透能够影响其一生的哲学思维和哲学理解，并将这一举措充分融入幼小衔接工作中去。

第六节　解析幼儿自主学习的审辩式教研

审辩式教研是教师通过观察、分析和思考，对教学活动、教育策略以及幼儿学习行为的有效性进行深刻反思的过程。它并非仅停留于现象观察，而是借助对比与推敲，审视教育理念与幼儿需求的契合度，进而优化教学策略。唯有通过"审"和"辩"，教师方能精准把握幼儿自主学习的关键，更好地引导其成长。

随着幼儿园课程游戏化的深入推进，大时段式的弹性作息安排，给予了教师和幼儿更多自由自主的活动时间与空间。那么，如何让这些时间发挥出更大的教育成效？如何在这些"自由自主"的活动中，更有效地落实课程游戏化、更好地践行"在生活中学习"的教育理念？它需要教师精准识别幼儿在活动过程中表现出的整体发展水平与认知能力，并确定幼儿近期的培养目标；也需要教师在这种开放式、个性化的活动中，充分了解不同幼儿的发展水平和能力差异，为每个幼儿提供相应的学习机会。

教师是审辩式的思考者、倡导者。① 审辩式教研的内容，源于教师对幼儿的多维观察。教师辨识幼儿在活动中产生的学习性行为，判断活动可能衍生的学习机会，通过教师个人、班组成员或更多专业人员参与的审议与思辨，明确推进幼儿自主学习的教学内容和教育策略。教师运用环境调整、物质支持、人际互动等多样化教育策略，创造更多教育契机。这种教研模式，有利于快速提升教师识别幼儿学习行为的能力，有助于拓展教育教学的思维模式。审辩式教研活动为教师提供了共同审视和辨析某个场景下、某个阶段中，幼儿自主学习情况发生和发展的可能性。我们以现场观察为"点"，以案例分析为"线"，以跟踪研讨为"面"，培养教师识别幼儿学习行为的全面性与客观性，增强教师分析问题的思辨性与包容性，提高教师运用教育策略的创造性与灵活性，促进教师专业能力的提升。

一、立足现场观察　审辩自主学习可能性

幼儿是有能力的学习者，他们的学习是在内在需求驱使下主动开展的。为幼儿提供自主活动、主动探究的时间、空间和场域，有利于幼儿自主学习的发生。教师对幼儿学习行为的识别，将直接决定其采用的支持策略，而这一切依赖于教师的观察。教师通过对幼儿在活动中的行为表现进行仔细观察和深入分析，不仅能够发现幼儿的自主学习行为，还能为后续教学提供有力的经验支撑和资源支持。那么，如何通过分析和分享这些观察结果来提升教师的教学能力呢？

---

① 伊奥罗·M. 埃斯卡米拉，琳达·R. 克罗尔，丹尼尔·R. 迈耶，等. 早期教育中的真实性评价和审辩式教学：学习故事与教师探究的力量 [M]. 周菁，译. 北京：中国轻工业出版社，2022：20.

（一）实地观摩，以慧眼发现幼儿的学习行为和教育机会

幼儿园常常组织教师实地观摩幼儿的自主活动，这既涵盖户外游戏，也包括室内活动。在这类活动中，幼儿处于自由、自主的状态，可以依照自己的意愿和思考投入其中。正是这种自由状态，让教师有机会观察到幼儿最自然的学习行为，而唯有这种最自然的学习行为，才能让教师洞察幼儿的学习能力和学习状态。教师置身于这自然的活动场景时，虽摆脱了教学的负担，却需要全神贯注，去观察发现幼儿现有的学习水平，去搜寻幼儿正在发生的学习行为，去思考活动中是否存在幼儿之间的共性问题以及具有普适性教育价值的问题。

例如，在一次中班幼儿户外活动观摩时，孩子们玩起了"骑小车"的游戏。浩浩和小傲各自骑着一辆小车，眼看路上的车即将拥堵，浩浩赶忙喊道："快走，要堵车了。"

"这里不能通行，请掉头。""加油站"的铭铭对"司机"们说道。

"车要没油了，我们正好去加油。"小傲说。

"请问你们要加多少油？"

"3升油，刷卡。"

"快点儿，我的车没油了，怎么这么慢。"后面的孩子又叫了起来。

不一会儿，"加油站"生意兴隆，"司机"们纷纷前来"加油"。铭铭连忙解释："我一个人来不及，你们等一下。"

小车排起了长龙，有的"司机"开始自助"加油"。

在兴奋而忙碌的活动中，孩子们做着自己感兴趣的事，从事着自己喜爱的"工作"，每个孩子都有事可做，充分再现了已有的生活经验，并在游戏中得以实践。在研讨过程中，有的教师认为应该制作相应的来往通道，这样能使幼儿的游戏更加有序；有的教师则觉得可以增设"交通警察"的角色来维护秩序。在整个研讨过程中，大家达成了一个共识，即教师不应将自己的已有经验强加于幼儿的游戏活动，而应该引导幼儿根据活动情况进行深入交流，发现问题，并提出解决问题的方法，在下次游戏中进一步实践。教师的支持与引导可以通过环境材料暗示，以及诱导、引导幼儿观察实际生活场景或观看视频等方式，丰富幼儿知识、拓展幼儿经验。正所谓"无为而教"，我们的教育应顺应幼儿自身认知和自我需求，因势利导，让幼儿在自我实践中不断学习。

（二）场景再现，以同一视角观察、分析幼儿的学习行为

实地观摩是教师走进幼儿活动现场、观察幼儿活动情况的过程，是以个人视角进行的活动，观察同一个幼儿群体的活动情况；场景再现则是以照片或视频的方式重现活动现场，或由情境讲述者介绍当时所见，然后由共同参与者一起审视同一个场景、同一件事情，通过共同研判，识别这个场景中幼儿的学习行为和教育契机，为后续活动做准备。

例如，大一班的朱老师在分享自己的心得体会时表示，自己一直努力寻找幼儿在游戏活动中的自主学习样态，却总是难以发现。在讲述的同时，她播放了自己认为拍摄得颇为精彩的幼儿日常活动视频。视频中，孩子们有的在地面搭积木，有的在美工区作画，有的在进行角色扮演游戏。整个活动看似波澜不惊，没有冲突，也没有令人惊讶的时刻。在研讨现场，有教师指出，幼儿专注地投入活动，本身就是一种良好的学习状态，值得肯定；也有教师认为，如果孩子对班级环境和游戏内容已经驾轻就熟，就应该通过丰富游戏材料、改变区域场景等措施，来激发幼儿新的探究行为；更有教师指出，哪怕是孩子画的一幅画，只要巧妙利用，就能引发幼儿新的思考、新的学习活动。例如，美工区诺诺画的一幅作品中，有一棵结满苹果的大树，树冠右上侧有一只蝴蝶，大树旁有两个小女孩和一只小兔，天空中有个太阳和一只小鸟。教师从诺诺的作品中发现她的构图意识、方位意识、色彩运用意识在作画过程中得以充分体现，从线条运笔方面可判断她的手部小肌肉发展情况。教师也发现了孩子作画过程中的一些固化思维，如天空中总会画一个太阳，而且位置固定；每个造型都运用勾勒边框后涂色的方法，这为教师后续教育提供了思考与推进空间。教师可借此推动幼儿的学习——可以请幼儿像讲故事一样把这幅画完整地讲出来，并鼓励幼儿创编出不一样的故事情节。这样，既让诺诺体验到了作画后的成就感，又激发了幼儿再利用自己作品的欲望；既丰富了区域活动的内容，也赋予了幼儿创作自信。

通过实地观察，教师能够敏锐地捕捉到幼儿在自主活动中的学习行为，为后续的教学设计提供宝贵依据。这种观察，不仅让教师深入了解幼儿当前的发展水平，还为教育策略的调整和完善奠定基础。一次看似平淡的审辩式教研，既拓展了教师的教育思路，又让教师明白幼儿的学习既可以通过我们的眼睛去观察、发现，也可以依靠我们的智慧去挖掘和推进。

二、立足案例分析　审辩教育机制适宜性

在幼儿自主活动中，每天都会出现不同的学习场景。为了更好地解读幼儿在活动中的学习性行为，理解这些活动中的学习机会，我园开展每月一次的案例分享会，这也是审辩式教研的常态化活动。在分享会上，教师们会讲解自己撰写的案例，并讨论所采用的教育策略。由于分享时需要面对同行的思辨和质疑，教师在撰写案例时更加严谨，实践时也会更加深入。聆听者则以审视和批判性思维对案例进行剖析，判断其对幼儿行为的解读是否准确、所采用的教育机制是否合适，探讨是否有更优的教育方法。

例如，小二班的周老师分享了乐乐在建构区的故事。乐乐用雪花片拼搭出了一架结构复杂的飞机，机头、机身、机尾清晰分明，尤其是在机翼部分，乐乐巧妙地运用了双排平行架构，展现出其逻辑推理和空间感知能力。整架飞机结构对称，仅机头稍有偏差。周老师试图建议乐乐调整机头，但乐乐坚持保留原设计。此后几周，乐乐继续在建构区完善他的"飞机事业"，彰显了持续的创造力和坚持。

在教研讨论中，周老师认为乐乐在逻辑推理、空间感知等方面表现突出，并提出可以展示他的作品，鼓励其他幼儿模仿，以增强乐乐的自信。部分教师认为，如今已是小班下学期，可以让乐乐与其他小朋友合作，共同创作更复杂的作品，提升其社交能力。也有教师建议，应该继续鼓励乐乐的自主创造，让他在个人探索中发展空间逻辑能力。最终，教师团队达成共识：尊重乐乐的创造性，让他保持独立的设计过程，同时在班级引导合作项目，创造更多社交互动机会。教师们结合维果茨基的"最近发展区"理论，认为乐乐当前的独立建构活动正处于他的核心发展区域，因此应给予他更多的自主空间；同时，合作项目可以帮助他拓展社交技能，实现情感与认知的双向发展。

通过这种案例分析，教师不仅能够更加深入地审视自己的教学策略，还能借助集体讨论探讨出更为有效的教育方案。这种审辩式教研活动，不

仅拓展了教师的教育经验，也促进了教育新思路的产生。教师在案例分析过程中秉持"用心看、认真听、仔细辩"的态度，发现幼儿在自主活动中的学习行为，从而更好地制定适合他们发展的教育策略。

三、立足跟踪研讨　审辩课程建构有效性

审辩式教研是一个持续的过程，聚焦于幼儿学习与活动的长远发展。这种跟踪研讨可以针对某个幼儿、某种行为，也可以围绕某个教师的教学策略或具体场景中的活动表现展开，通过持续的观察和反思来完善教育机制，最终推动园本课程的深化与发展。

例如，在"小鱼塘"活动中，孩子们最初的想法是为三条小鱼挖出一个鱼塘，但由于每个孩子各自行动，最终形成了多个鱼塘。经过讨论，孩子们决定把这些小鱼塘连接起来，挖成一条长长的小河。然而，在放水时他们发现，泥土渗水，无法蓄水。面对这一问题，孩子们开始想办法，拿来了塑料膜进行多次尝试，仍然未能解决问题。最后，浩浩和钧钧向教师和家长寻求帮助，大家合力在河床上铺上了整张防水膜，终于建成了一条可以蓄水的小河。孩子们兴奋地把各自带来的小鱼、小虾、螺蛳等养在了这条共同建造的小河里。

然而，第二天，孩子们发现带来的几条小鱼不见了，其中一条甚至跳上了岸，已经死去……这个意外的发生引发了新的讨论与思考。孩子们通过现场分析调整了设计鱼塘的思路，增加了更多保护措施。整个活动从初期的设想，到问题的发现和解决，再到后期的反思和完善，持续了整整两个月，由此形成了一个由孩子生发与逐步拓展的园本主题课程。

在该主题课程持续推进的过程中，教师通过审辩式教研，总结了以下与课程建构相关的重要内容：

1. 实践活动：挖鱼塘，测量小河长度、鱼塘深度，统计水位变化。

2. 科学探索：研究如何架设小桥、分析水流方向，以及通过科学方式维持水位。

3. 创意活动：让孩子们通过画画、故事创编等方式，表达对"清清的小河"和"会飞的鱼"的想象，并通过创意活动装扮自己的鱼塘。

通过这类跟踪研讨，教师们深刻理解了课程建构应源自幼儿的自主活

动，并以课程游戏化理念为核心推进。教师的角色不再是被动的观察者，而是主动的引导者，教师通过仔细观察孩子们的兴趣点，支持他们进行自主探究与实践。在此过程中，教师需要为幼儿提供情境诱导、物资支撑和经验支持，使幼儿能够更好地完成活动。

例如，当孩子们发现河水渗漏时，教师并没有立即给出解决方案，而是提供必要的材料和工具如塑料膜等，鼓励孩子们自己动手解决问题。这一系列的引导与支持，不仅让幼儿的学习过程变得有趣且富有挑战性，也让他们的合作能力和解决问题的意识得到了培养。

教师们还意识到，设计课程时必须提供适度的挑战性，设计出"跳一跳能够到的苹果"，让孩子们既能通过努力获得成功，又能在过程中体验到探索与成长的乐趣。在整个跟踪研讨的过程中，教师通过不断的反思和调整，最终形成一个丰富且层次性强的园本课程。这种持续的审辩式教研活动，不仅提升了教师课程建构的能力，还促使教师们更加精准地支持幼儿的自主探究。

结　语

审辩式教研能够促使教师精准识别幼儿自主学习中的关键行为，并灵活调整教学策略，以更好地满足每个孩子的学习需求。这一教研策略不仅提升了教师的专业水平，还为幼儿创造了更多自主探索和发展的机会。系统化的现场观察、案例分析和持续的跟踪研讨，为园本课程建设提供了坚实的理论和实践支持，为教师和幼儿的共同成长注入了新的动力。

教师对幼儿学习情况的识别与推进能力，直接影响幼儿学习习惯的养成和学习能力的提升。审辩式教研为教师提供了多维观察和辨析的框架，帮助教师识别幼儿自主学习中的关键行为、判断潜在的学习机会，并通过调整环境和提供适宜的物质支持，创造更多教育契机。教师的教研能力直接决定了教育质量。园本教研致力于培养教师的审辩性思考、创造性求异思维以及建构性逻辑模式。系统化的教研模式——从对现场观察、典型案例分析到序列性活动的跟踪研讨，确保教师能够多维度识别和支持幼儿自主学习，提升教学策略的有效性，从而构建一支充满活力的研究型教师队伍。

第七章　行进教研

　　行进教研，意味着在一次次实践中持续拓展教研的深度与广度，从活动的深入化、规则的明确化到教研的稳步推进，形成一个有机循环。本章将重点聚焦于引导幼儿在自然环境中开展实践探索，着重探讨如何通过任务驱动和任务清单的设计，激发幼儿主动参与自然环境中的学习与发现。通过这种方式，不仅助力孩子们在自然中观察与实践，还促使教师在真实的教育情境中不断反思与提升，进而推动教研与教学实践的深度融合。在这一过程中，教师与幼儿一同走进自然、共同探究，通过持续的调整与优化，构建出符合幼儿发展需求的教研模式。

第一节　在追随中助推幼儿探究自然

追随孩子的脚步，以孩子的视角观察世界，以孩子的高度感知世界，以孩子的方式探索世界。你会发现，孩子眼中的自然与成人眼中的自然或许大不相同。教师应轻柔引导，鼓励他们在探索中发现，感受自然的律动与生命的力量。而教师在每一次追随中，也能收获孩子成长以及自我成长的喜悦。

幼儿教育应遵循儿童学习与发展规律，倡导自然生命和自由生长的理念，致力于构建"尊重自然、顺应自然、回归自然"的教育生态。每个人都是自然生长的个体，生于自然，归属于自然。教育需顺应幼儿自然生长的天性，尊重幼儿身心发展规律，充分利用周边自然资源，引导幼儿在好奇和探究欲望的驱使下主动学习，为幼儿更好地适应社会生活和终身学习奠定基础。

自然资源主要涵盖自然现象、自然生命，以及与之相伴的物质环境、人际交往，还有因相互关系产生的事务性资源和地域性文化资源。尊重客观发展规律是自然教育的根基，教师需要以恰当的方式、在合适的时间利用各种自然因素，激发幼儿的主动学习，让幼儿在自由自然的状态下实现成长。

教师主要通过以下三个步骤引导幼儿在自然中学习：一是追随幼儿熟悉环境的步伐，助力幼儿主动投身游戏；二是追随幼儿已有的经验和兴趣需求，助力幼儿勇敢挑战自我；三是追随幼儿持续探究的进程，助力幼儿积极改造环境。在此过程中，教师需仔细观察幼儿的行为、认真聆听幼儿的声音，紧跟幼儿的学习轨迹，了解幼儿在活动中使用的自然物和辅助工具，洞悉幼儿的所思所想以及同伴间的互动情况；随后以儿童观、教育观、发展观为指引，剖析幼儿行为背后的认知水平、能力状况和需求，通过积极鼓励、物质支持、建设性引导，推动幼儿进一步投入自然学习，增强自我认知、积累学习能力。

一、追随幼儿脚步　助推主动游戏

陈鹤琴先生提出，大自然、大社会是我们的活教材。周边环境是幼儿赖以生存的生活圈，也是他们认识世界的窗口，更是幼儿不断熟悉和探究新知的根据地。幼儿从认识家人，到认识一草一木，再到熟悉周遭自然环境，并能够在熟悉的环境中自由地生活、游戏，与他人互动。在经验不断积累的过程中，幼儿逐渐成长为能够适应社会生活的独立个体。

（一）观察是幼儿熟悉环境和教师了解幼儿的基本方式

这里的"观察"既包括幼儿对环境的观察，也涵盖教师对幼儿的观察。正如卢梭所言，"观察自然"是幼儿自然学习的重要途径。孩子们通过观察自然现象，能够自主学习、主动成长。在幼儿园教育中，教师需要深入观察幼儿，了解幼儿的实际能力和兴趣需求，运用恰当的教育策略帮助幼儿更好、更快地发展。

例如，当教师带领幼儿走进树林，引导幼儿观察树木时，可以提问："你觉得这棵树上的叶子都一样吗？有哪些不同之处？"引导幼儿关注自然中的细节，激发他们的思考与表达。教师还可以引导幼儿触摸树皮、闻花香、观察昆虫，丰富他们的感官体验，使他们的感官与自然建立更紧密的联系。此外，教师应引导幼儿关注那些在日常生活中容易被忽视的自然环境，帮助他们发现事物之间的关联，比如环境中的物与物、自然现象与事物，以及人与物之间的关系。

在幼儿游戏时，教师应静静地观察幼儿的活动情况以及使用材料的情况，记录哪些孩子倾向于搭建游戏，哪些孩子喜欢探索昆虫。通过观察孩子们对材料的使用方式，教师可以判断他们动手能力的强弱和探究兴趣的大小，进而在后续活动中适时调整游戏材料，如增加更多自然素材、设计更具挑战性的情境，进一步支持他们的学习与发展。

（二）追随是发现并回应幼儿需求的有效途径

这里的"追随"，既指引导幼儿对已熟悉的自然环境持续关注，也指教师对幼儿活动情况的持续留意。愿意投入时间和精力深入探究某件事物或某个现象，是幼儿核心素养中良好学习品质的体现。3～6岁幼儿的注意力和专注时间具有明显的年龄特征，年龄越小，持续完成一件事、持续关注一个现象的时间就越短。在幼儿一日活动中，若要引导幼儿继续关注之前留意过的现象，拓展曾经玩过的游戏，或推进已经探究过的实验，教师需要根据幼儿的实际情况，持续提供能引发他们好奇心的信息。这种"持续"是在幼儿原有注意力的基础上，逐步引导其突破"最近发展区"，从而激发更深入的探索与关注。教师可以通过一句话、一个互动行为或新的辅助材料，让幼儿在视觉、听觉、触觉等方面获得新的刺激。

例如，在观察幼儿自然游戏时，教师发现有几个孩子一直在讨论蚂蚁搬家的现象，便思考是否可以为他们设计一个小型"蚂蚁乐园"，供他们进一步观察。于是，在下一个活动中，教师提出了这一建议，并观察幼儿的反应，同时与幼儿商讨如何吸引蚂蚁、如何制作蚂蚁观察箱。在此基础上，教师鼓励幼儿使用放大镜观察蚂蚁的行动，记录蚂蚁的行走路线。这一系列活动不仅延续了幼儿对蚂蚁的兴趣，还通过引导他们进行更深入的观察和记录，提升了活动的探究性和延续性。

通过这种方式，教师不仅回应了幼儿的需求和兴趣，还在此过程中不断激发他们对世界的好奇心和探索精神，帮助他们在持续关注和深入探究中，发展更高层次的认知和实践能力。

（三）助推是激励幼儿投入游戏的有效策略

这里的"助推"，既指同伴间的相互带动，也指教师在幼儿游戏中的"催化"作用。幼儿之间在能力和认知方面存在较大差异，而"好模仿"是幼儿学习的主要特点。因此，我们鼓励幼儿相互结伴游戏，为他们提供同伴间相互影响、彼此模仿的学习机会。教师采用助推式教育，通过观察、适时关注和随时支持，激发幼儿的主动学习和主动探索。

助推式教育能为幼儿提供自由发挥的空间和无限发展的可能，帮助他们在已有基础上实现个性化的自然成长，提升幼儿的主动学习意识和自我安排能力。新材料的引入、游戏空间的调整，以及改变原有设置等方法，都是行之有效的助推式教育手段。这些手段能够激励幼儿主动投入游戏，促使他们在游戏中主动思考、克服困难、解决问题。

例如，在一次户外活动中，教师发现孩子们对挖泥巴产生了浓厚的兴趣。为了进一步激发他们的探究热情，教师在下次活动时，提醒幼儿准备好小铲子、小水桶等辅助工具，并鼓励孩子们利用泥土和水进行搭建。教师还通过提问引导孩子们思考："你们能用这些工具挖出一条小水渠吗？能不能让水流通起来？"一些小小的材料变化、一个启发式问题的提出，不仅激发了孩子们的好奇心，还推动了他们在游戏中的进一步探索和思考，从而提升了他们的动手操作能力和问题解决能力。

通过这种"助推式"教育，教师为幼儿提供了更多的学习机会和挑战，帮助他们在自主探索中获得成长，培养了幼儿的独立性和创造力。

二、追随幼儿经验　助推自我挑战

"经验先于教导"，幼儿自身的经验是主动投入学习的基础，其兴趣爱好是积极参与活动的动力。当幼儿面临的挑战恰好处于最近发展区时，能够很好地激发他们的好奇心和探究欲望，促使幼儿主动尝试，积极参与挑战。所以，教师必须在充分了解每个幼儿已有经验的基础上，追随幼儿的兴趣需求，采用丰富游戏材料、调整游戏场地、创新游戏方法等多样化手段，助力幼儿勇敢地挑战自我，推动幼儿在自然中实现有效学习。

（一）灵活利用游戏材料

鼓励幼儿一物多玩、开展组合游戏。当被告知可以自主选择幼儿园中的所有材料用于游戏时，孩子们选择材料的范围得以扩大，选择和运用材料的胆量也有所提升，自主意识和创新意识被更好地激发出来。孩子们在活动中摆弄各种游戏材料，摆放、堆叠、按压，每一个动作都充满力量与创意，个个都像大力士和智多星。师幼共同绘制的动态资源地图，为幼儿发现新材料、有目的地取放材料提供了便利，培养了幼儿的空间思维能力和对标取物能力。随之而来的是，孩子们的思维愈发活跃，视角更加开阔，玩法也越来越多样。

（二）逐渐扩展空间资源

教育者和受教育者只有都保持开放的心态，才能为教育创造更多契机。游戏场地是幼儿开展活动的基本条件，我们将游戏场地的选择权和游戏线路的设计权交给幼儿，把幼儿转变为游戏开展的自驱者，支持幼儿经验共享、积极表达。例如，在"骑小车"游戏中，幼儿先根据实践经验设计骑行路线，再依据道路的宽窄，确定每组参与比赛的人数和竞赛规则。设计方案，并非由教师评判和告知是否可行，而是在一次次共同尝试和集体讨论中不断修正完善的。比赛前的实地体验、赛道布局、路线设计、讨论修改，为幼儿提供了丰富多样、多层次的学习和探究机会。他们尝试单人、双人、多人合作，在曲直不同的道路上循环骑行，在泥地、沙地、草坪上骑行，感受不同路面的骑行速度，不断调整骑行路线，赛道的设计充分体现了幼儿的自主尝试与大胆创新。

（三）逐渐充盈游戏资源库

引导幼儿及时记录创意玩法，构建游戏资源库。陈鹤琴先生强调，应当给予孩子一片可以自由探索与尝试的空间，这种看似"破坏"的体验，能使儿童在成长过程中获得终身受益的珍贵品质——包括独立思考能力、创造性思维与智慧积淀。幼儿喜爱自由自主、完全理解且能够驾驭的活动内容和游戏方式，而非教师精心设计后教他们玩的游戏。幼儿能够基于自我认知，利用周边自然条件、人文环境，创造出属于自己的游戏。我们需要将幼儿自主创编的游戏，通过图片记录、文字描述等形式留存下来，逐步形成游戏资源库。教师在追随幼儿游戏的过程中，引导幼儿通过改变或增减某种元素，来改变游戏的方法和难度，进一步推动幼儿的创新思维，使游戏资源库不断丰富。

三、追随持续探究　助推改造环境

《指南》强调，应最大限度地支持和满足幼儿通过直接感知、实际操作和亲身体验获取经验的需要。所谓最大限度，是指提供足够的时间、空间、物质、情感支持以及持续探究的机会，让幼儿在亲身经历、主动学习中实现自我成长。当孩子们在同一片场地中游戏得越来越深入时，便会对每一处环境产生更多的想象、与之产生更深的关联。教师应紧跟幼儿探究的脚步，鼓励幼儿逐步拓展自我认知和当前能力的边界，逐步从量变到质变提升活动难度，助力幼儿将游戏活动向纵深方向思考与实践，勇敢地作用于环境，甚至改造环境。

（一）从局部到整体，层层扩展

当个体处于某个环境时，首先关注到的往往是局部，甚至只是某个点。幼儿在与环境相互作用的过程中，随着对环境的熟悉程度的不断提高，所关注到的事物、现象会越来越多。幼儿与环境相互作用的过程就是学习探究的过程，教师应鼓励幼儿与环境积极互动，并通过情境诱导、材料提供、任务布置等多样化手段，推动幼儿主动认识周围环境，积累与环境互动的经验，为幼儿融入更广阔的社会环境做准备。

（二）从个体到群体，共同合作

幼儿的成长既是个体与环境相互作用的结果，也是与同伴、教师及其他社会成员相互作用的产物。同伴之间的认知差异、能力差异，为幼儿之间的相互学习提供了可能，也能激发幼儿的学习兴趣和学习欲望。

例如，幼儿园中的一片泥地引起了幼儿的兴趣，孩子们在这里踩、走、挖、埋，玩得十分开心。但下过雨后，这里就成了禁区。于是，孩子们一起动手，用砖块铺出了一条小路。又有孩子提议："可以在这里挖一个鱼塘！这样教室里的小金鱼就有更大的家了！"于是孩子们齐心协力挖大坑，为了防止泥土渗水，大家开动脑筋想办法，铺上塑料膜，灌进水，一个大自然中的小池塘就这样诞生了……

个体的一个想法会引发群体的行动，孩子们在共同合作中相互学习。在共同目标的引领下，他们学会了协同互助、坚持到底。在此过程中，教师需要紧跟个体行为的发展，推动群体之间思维的拓展、创意的迸发。

（三）从顺应到改造，感知力量

幼儿、教师、环境之间会因共同的目标和问题而产生情感连接、相互呼应。在游戏中，幼儿全身心投入，教师满怀兴奋，环境也充满生机。幼儿从最初接触自然环境时的顺应，到熟悉环境因素后的改造，经历了一个质的飞跃。例如，他们在一片泥地里，凭借自己的力量不断改造，铺设小路—想象成沼泽地—挖一个鱼塘—挖了多个鱼塘—连接成一条大河—在河上建造小桥……

由此可见，孩子是充分利用自然环境、因地制宜开展游戏的积极探究者。《课程领导：自然教育园本课程建构与实施的关键》认为，幼儿园自然教育并非简单地利用自然资源，而是自然教育理念、课程、幼儿三者之间相互作用、有机融合的过程，唯有如此，才能最终实现促进教师专业发展与儿童健康成长的根本目的。自然环境中蕴含着丰富的教育资源，教师需引导幼儿主动与环境互动，并在互动中积极思考、勇于探索。教师更应追随孩子兴趣，给予积极支持，助力幼儿在不断创新与挑战中积累经验、提升能力。

结　语

追随与助推的教育策略，使得幼儿不仅能够在自然中找到自我、还能在自主探索中激发潜能，逐步成为学习和生活的主人。教师则通过敏锐观察和适时支持，助力幼儿在不断的创新与挑战中积累经验、全面成长。

第二节　基于真实场景的任务驱动式教学实践

任务驱动，宛如一把钥匙，开启了真实场景下的学习之门。孩子们在实践中探寻，于任务里成长，在现实与知识的交融中，收获智慧与力量。

任务驱动式教学基于建构主义和情境认知学习理论，把教学目标和问题转化为具体任务，引导幼儿在真实场景中观察、探究和实践，助力其主动构建知识体系。幼儿园的"自然力工作坊"，为任务驱动式教学的组织与实施提供了真实场景。教师依据场景条件及幼儿的兴趣需求，设计相应的探究性主题课程；根据课程内容，拟定能够链接幼儿现有知识结构的挑战性任务；再针对任务的具体完成条件，对场景进行进一步调整与充实，提供多样化的辅助操作工具，鼓励幼儿主动完成任务。在实施过程中，教师以任务为驱动力，以真实场景为载体，鼓励幼儿承担任务、积极参与，并在活动中衍生新内容、新任务，不断完善主题课程。

本节从幼儿发展需求、课程实施两个方面，阐述任务驱动式教学在幼儿园阶段实施的可行性和应用价值；归纳出任务驱动式教学在幼儿园阶段实施的"四化"原则和"四步走"应用策略。

一、任务驱动式教学在幼儿园阶段的应用价值分析

3~6岁儿童正处于生理、认知、情感、社交等各项机能快速发展的关键时期。基于实践，从幼儿生理发展需求、心理认知特点等方面分析，可明晰任务驱动式教学在幼儿园阶段的可行性；从推进探究性主题课程建构的视角剖析，能洞察其较高的应用价值。

（一）从幼儿发展需求分析

任务驱动式教学有利于幼儿从原有经验出发，生成新经验，建构新知识。[①] 学前阶段的幼儿，身体快速生长发育，运动能力显著提升，精细动作与大肌肉运动的协调性逐步增强；他们的触觉、听觉、视觉等感官功能也不断完善，投入活动的专注力和坚持性持续提高，这为任务驱动式教学的实施创造了条件。建构主义学习理论强调，知识并非客观存在，而是个体主动构建经验的结果。小班幼儿的认知、语言和运动能力迅速发展，已具备一定的自理能力和基本社交技能，能够完成设计简单、具体且贴近生活的任务；中班幼儿的生活自理能力和社会交往能力明显增强，可完成一些更具挑战性和复杂性的任务；大班幼儿的注意力和持久性愈发稳定，对学习和探索的兴趣渐浓，能够较长时间专注于一项任务或活动。可见，三个年龄段的幼儿承担任务的能力不断增强，主动建构知识的能力也逐渐提高。

（二）从课程实施视角分析

任务驱动式教学注重幼儿的主动参与和实践。在课程建构与实施过程中，教师基于真实场景，将培养目标转化为一个或多个进阶式小任务，以高质量的任务为驱动，以自然环境和操作材料为载体，激发幼儿参与活动的兴趣和动力，鼓励幼儿自主参与，促使他们在解决问题的过程中积累知识、培养技能、发展能力。任务驱动式教学强调，每位幼儿都能依据自己对当前任务的理解，运用自身经验和环境支持，解决真实问题、完成具体任务，进而累积经验、构建知识。真实场景为任务驱动教学提供了具体的学习环境，教师通过任务设计，助力幼儿将自身经验与课程目标有效连接，使其在自然探索中主动学习。"场"是动态的，可不断调整与充实；"道"在构建中生成，又在生成中构建；"法"则是在教育教学中采用的一种形式。"法"以任务为驱动，引导幼儿将"场"与"道"有效连接，三者共同构成了"道法自然"的课程构建与实施路径。由此可见，任务驱动式教学在课程构建与实施过程中具有较高的应用价值。

---

① 陈威. 建构主义学习理论综述 [J]. 学术交流，2007（3）：175-177.

二、任务驱动式教学的"四化"原则

任务驱动式教学是一种通过设计具体任务，激发幼儿学习兴趣和主体作用的教学模式，充分体现了幼儿的主体性和学习内容的开放性。"自然力工作坊"为任务驱动式教学提供了真实场景，为幼儿在自然中学习和探究创造了有利条件。教师在设计任务时，应遵循"四化"原则，"四化"指任务派生化、内容可视化、操作灵活化、条目简约化。

（一）任务派生化

教师在设计任务时，应以幼儿的发展现状为基础，关注幼儿的个体差异，考虑培养目标的多元化，不局限于某个领域或某项技能的培养，而是以一项任务推动幼儿综合能力的发展。例如，在大班"我与大树做朋友"主题活动中，教师设计的任务是"寻找树林之最"，经过共同讨论，孩子们发现可以寻找树林中最粗的树、树冠最大的树、长得最高的树、叶片最小的树……就这样，一个任务衍生出多个具体任务，激发了幼儿的开放性思维，促使幼儿运用不同感官去探索发现、有效表达。在同一个主题中，设计的任务内容是动态的、可增减的，如果幼儿完成了一项任务，可领取新任务；如果幼儿不愿意选择某项任务，则需变更或重新设计该任务。

（二）内容可视化

幼儿尚处在具体形象思维阶段，通常更容易理解并参与具象、可视化的任务设计。教师在确定任务后，需将任务以幼儿能够理解的方式进行可视化处理，以便幼儿直观感知。可视化设计可将任务以图表、图形、任务卡、时间轴等形式呈现，也可用实物展示。将富有童趣、便于幼儿理解与操作的记录单、记录卡、记录区等设置在活动室某个相对固定的区域，方便幼儿随时观察、拿取和展示；也可布置成墙面打卡区，这种方式更适合层级任务的呈现与展示，利于幼儿之间相互学习与交流。以"寻找树林之最"为例，幼儿带着任务来到树林，通过观察、比较，发现树林之"最"，并以自己的方式加以表达，当他们的发现被展示在墙面上时，幼儿既体验到成功的喜悦，又在分享与验证这一结果的过程中，拓展了新的探寻思路。

（三）操作灵活化

教师在设计任务时，应充分考虑幼儿的能力差异，注意难度的层次性，让每个幼儿都能在完成任务的过程中感受到参与的快乐和成功的喜悦。操作灵活化主要体现在场景设置灵活化、材料提供灵活化、任务解法灵活化等方面。例如，在树林里举行"趣味秋千"活动时，教师为幼儿提供不同质地的绳子，让幼儿想办法将绳子扔过树杈后打结，做成"秋千"，并准备了大小不同、重量不同的毛绒玩具和木板等辅助材料，让幼儿选择某个材料，并将其固定在垂挂于树梢的绳子下端。在完成这项任务的过程中，幼儿需要根据自身高度、树杈高低及绳子质地等，确定悬挂的树杈；需要在不断尝试中，调整绳子穿过树杈的方式；需要根据"秋千"的承重程度，选择不同重量的玩具或物品，甚至可以亲身体验秋千的牢固程度。树杈的高低差异，体现了场景的灵活化；绳子质地的不同，体现了材料的灵活化；秋千的制作方式，体现了任务完成方式的灵活化。

（四）条目简约化

教师在设计层级任务时，应根据幼儿的年龄特点和具体活动内容，确定每次任务的具体内容和呈现方式，注意精简条目，简化任务呈现样式和阐述方式。必要时，可将任务分解得更加具体、明确，按小步骤实施。简约化的任务设计，使任务更易于幼儿理解和执行，也便于教师检查与指导。简单明了的任务呈现方式，能帮助幼儿更清晰地掌握任务要求，培养其自主学习和解决问题的能力。例如，幼儿园旁有一片小树林，老师常带孩子们到小树林中完成一定任务，各年龄段幼儿需完成不同的任务：在小班幼儿"收集树枝"的任务中，一级任务是"到树林里捡 5 根树枝"，二级任务是"捡 5 根和手臂一样长的树枝"；在中班幼儿"找树洞"的任务中，一级任务是"给大树编号"，二级任务是"寻找并记录有树洞的大树"，三级任务是"按图片上的树洞寻找大树"。每个任务表述简洁明了，条目适量，难易程度清晰，易于幼儿理解与操作。

三、任务驱动式教学的"四步走"应用策略

在任务驱动式教学中，教师是任务的设计者，是学习过程的组织者和引导者；是真实场景的创设者、游戏材料的提供者；也是幼儿活动的观察

者、教育契机的捕捉者。教师需要全面关注幼儿活动的全过程，判断任务的适宜性和有效性。因为只有幼儿感兴趣的任务才是有效任务，只有能促使幼儿在原有基础上获得经验提升的任务，才是高质量任务。"四步走"应用策略在任务驱动式教学中，能为教师在任务设计、环境材料支持、幼儿活动指导及活动评价等方面提供全面指引与参照。

第一步：设计任务，明确要求

教师根据幼儿的发展水平和现有条件，将培养目标或需要解决的问题转化为任务，以任务驱动幼儿积极参与、主动思考、交流操作，并明确相应的规则和要求，促使幼儿在完成任务的过程中，不断吸纳新信息，重组认知结构、建构知识的意义，从而实现内在的自我成长。小班幼儿尚处于自我中心发展阶段，教师应多采用平行、简单化的小任务，鼓励幼儿参与完成；设计中大班幼儿的任务时，教师应逐步增加任务的层次性和合作可能性，促进幼儿之间的合作与交流。

第二步：创设情境，提供材料

建构主义学习理论提出，"教学应使学习在与现实情境相类似的情境中发生，以解决学生在现实生活中遇到的问题"[①]。以情境为依托的任务更能调动幼儿的积极性。教师根据任务精心设计利于幼儿活动的真实情境，提供以自然材料和日常生活中常见的低结构材料为主的游戏材料，以及丰富多样的辅助性操作材料和工具性材料，让幼儿在任务中有更多的选择和发挥空间，促使他们展开探索和实践。

第三步：实践观察，捕捉契机

在任务驱动式教学中，教师扮演着幼儿活动的观察者和教育契机的捕捉者的角色。教师应通过观察幼儿的兴趣、行为和情绪变化等，及时发现幼儿的问题和需求，判断任务与其能力的匹配度。教师要根据幼儿的表现和需求，灵活调整任务，挖掘更多的教育可能性，提供或创设适合幼儿发展的教育契机。针对不同幼儿的学习特点和需求，教师应提供个性化的指导和支持，鼓励他们积极参与任务活动并获得成功体验。例如，在"我与大树做朋友"活动中，一名幼儿提出"通过测量树影的长度来比较树的高

---

① 丁爱平. 让数学学习真正发生的三个要素 [J]. 江苏教育，2019（49）：72-73.

矮"，教师捕捉到这一兴趣点后，及时调整任务，加入对光影变化的探究，引导幼儿通过观察不同时间段的树影长度，感知太阳的运动轨迹。

第四步：识别价值，提升效能

识别价值即教育成效评估，主要包括对预设的任务、环境材料的设置、活动过程的组织等进行全面的价值判断。这项工作应贯穿于任务驱动式教学设计、组织、实施的全过程（其中对一个任务或一个阶段的价值评估尤为重要），旨在识别其教育功能和教育效果的达成情况，评估幼儿的发展情况，确保学习目标和预期结果的一致性，从而提升教育效能。

承担任务是重要的社会性行为，每个人在任何阶段、任何环境中，都应承担相应的任务。无论从生理发展还是认知需求来看，任务驱动式教学在幼儿园阶段都具有较高的可操作性和实践价值。任务驱动教学法以任务为线索、以环境为基础，通过教师的引导和幼儿的主动参与，形成沉浸式的探究学习模式，促进幼儿的全面发展。"四化"原则为教师实施任务驱动式教学法提供了指南和依据，"四步走"应用策略的提炼，更是为教师在实操方法上提供了有效指引。

第三节　以任务清单为导向　构建幼儿主动学习场

以任务清单为指引，构筑起幼儿主动学习的天地。每项任务恰似探索之路上的灯塔，引领着孩子们自主前行，在实践中实现自我发现与成长。

《幼儿园入学准备教育指导要点》明确指出，3~6岁是幼儿入学准备的关键时期，在此期间，我们需引导幼儿做好身心、生活、社会及学习四个方面的准备；教师应做到全面准备、把握重点、尊重规律。我园将幼小科学衔接工作中提出的"四个准备"和"三个注意点"深度融入"自然力工作坊"活动，引导幼儿在自由自主的状态下完成任务清单，助力幼儿在自然环境和社会交往中学会自我调节，更好地适应环境，掌握与人（事、物、现象）互动的基本方法，学会自我保护，养成规则意识，增强责任感。

在开展"自然力工作坊"活动时，教师秉持以幼儿为主体的教育理念，基于幼儿现有的经验与能力，依据幼儿当下的兴趣和需求，确定适宜幼儿参与、利于幼儿发展的"自然力工作坊"的地理位置与场域大小，并在场域中提供相应的工具、材料及其他教育支持。教师针对不同年龄段幼儿对任务的理解和自主完成能力，拟定相应的"任务清单"，鼓励幼儿主动挑选并领取力所能及的任务，然后前往"自然力工作坊"完成。"三大原则"为活动开展提供了可行性支撑，让教师有规可依、有样可依——主题设计的"五步走"原则、任务清单的"三不三结合"原则、教师行为的"五遵守"原则，促使"自然力工作坊"真正成为幼儿的主动学习场。

一、主题设计遵循"五步走"原则

教师在选择与设计主题活动内容时，一方面要观察幼儿在日常活动中表现出的兴趣和需求，捕捉具有共鸣且具有共性教育价值的主题活动内容；另一方面，要根据幼儿的实际能力和发展目标，拟定幼儿能够理解且乐意主动完成的小任务。教师进行主题设计可分为五步：确定活动主题—拟定任务清单—师幼共同商定活动场域位置和范围大小—提供充裕时间—鼓励幼儿主动参与活动。"五步走"原则既是确定活动主题内容的基本要求，也是构建主题活动的标准模式，为教师构建"自然力工作坊"主题活动提供了依据和参照。

第一步：确定幼儿感兴趣的活动主题

兴趣是最好的老师，让幼儿喜爱学习、具备一定学习能力，比单纯让其获取知识更为重要。浓厚的学习兴趣和基础学习能力有助于幼儿入学后适应不同学科新知识、新技能学习，使其能够更主动、持久、投入地学习。教师需在日常活动中通过观察发现幼儿感兴趣的内容，分析并选取具有开放性教育价值的活动主题。这类主题能激发幼儿主动参与活动的积极性，也便于幼儿与已有经验对接，促使幼儿在原有经验基础上产生新的学习性行为，实现自我成长。

第二步：拟定幼儿能理解的任务清单

拟定任务清单时，要注意表达的准确性和任务的适宜性，充分考虑幼儿的理解能力与完成任务的可能性。在实践中，不少教师将任务和目标混淆，在表述"任务"时，不自觉地表达成了培养目标。在教研活动中，我们通过举例说明、范例分析、亲历体验等方式，帮助教师用精准语言表达"任务"，并以幼儿可理解的方式呈现。任务是活动达成的结果，目标是内在素质的发展；任务表达简短明了，目标表述具体明确，且指向幼儿发展目标。例如，在组织小班游戏"摸摸××就回来"时，教师说"摸摸绿色就回来"，这便是一个"任务"；若表述为"听清老师指令较快做出反应"，则是发展目标。又如，中班参与的"寻找泥土里的三种颜色"是任务清单，"观察泥土中的颜色"则是发展目标。所以，拟定任务清单时，教师需认真甄别、严谨表述，同时考虑任务清单的灵活性，以满足不同能力幼儿的需求，让他们都能体验到完成任务的成就感。

第三步：师幼共同商定活动场域位置和范围大小

"自然力工作坊"活动场域的选择，既包括地理位置的选择，也涵盖场域范围大小的界定，二者皆由教师和幼儿共同商定。商定过程中，既要考虑幼儿对活动场域的熟识程度，酌情考量场域的边界挑战性，还要确保安全性，更为关键的是场域必须能满足幼儿完成任务清单的需求。

第四步：提供充裕的时间

"自然力工作坊"的活动时间灵活且充裕，教师可根据幼儿活动的实际需求缩短或延长时间，以便不同能力和兴趣需求的幼儿在更宽裕的时间内完成任务清单上的任务。

第五步：幼儿主动参与

幼儿参与活动的主动性如同一个测温仪，既反映幼儿对活动内容的兴趣，也体现幼儿对活动任务的理解。在"自然力工作坊"中，教师通过与幼儿共同确定活动场域、提供相应的支持性材料、营造良好的活动氛围，将该场域打造为能激发幼儿积极投入活动的"主动学习场"。在此基础上，教师引导和鼓励幼儿主动参与活动，自主完成任务清单中的内容。

二、任务清单遵循"三不三结合"原则

"自然力工作坊"活动中的任务清单指向幼儿发展目标，以一个个小任务为导向，引导幼儿按要求主动到工作坊中完成任务。在组织与开展"自然力工作坊"活动时，我们以幼儿身心发展、生活适应能力、社会交往能力和学习品质的发展为培养目标，以任务清单为导向，以活动场域为

基地，以幼儿活动的过程性评价为关键，激发幼儿主动学习。"三不三结合"原则指引教师在每个活动中拟定契合幼儿当下水平和发展目标的任务清单。"三不"指条目不需过多，内容不能单一，难度不宜过大；"三结合"指任务清单应"预设与生成相结合""经验与挑战相结合""实操与呈现相结合"。

（一）"三不"原则

1. 条目不需过多

教师在拟定任务清单时，不宜设置过多任务条目，应根据幼儿的年龄特点和具体活动内容进行确定。其中，小班幼儿 1~3 条即可，中班幼儿 2~4 条，大班幼儿 3~5 条。同一个主题中设置的任务是动态的、可增加的，如果幼儿完成了一个任务，教师可根据实际情况布置新任务，只要在同一时间段内，任务条目不超过上述各年龄段上限即可。

2. 内容不能单一

任务清单以《指南》中的五大领域和幼小衔接的"四个准备"为指导，考虑幼儿发展方向的多元化，不局限于某个领域或某项技能。例如，在"我与图书做朋友"主题活动中，大班老师拟定的第一个任务是"请你统计班级里有多少图书"；第二个任务是"阅读大比拼——我与伙伴换书看"。在第一个任务驱动下，孩子们需认真清点与统计班内图书数量，该任务内涵指向数学领域；第二个任务则促使孩子主动阅读图书，且是阅读向同伴借阅的图书。在借阅过程中，孩子们一方面需了解自己喜爱的图书并向他人推荐，另一方面要发现同伴拥有的好看的图书，在互相交换时需要互动交流，阅读完后再用自己的方式表达对图书的理解。整个活动既指向社会领域（主动选择图书、与同伴互动交流），也指向语言领域（阅读与表达），从而培养幼儿积极主动的学习习惯。

3. 难度不宜过大

每个年龄段的幼儿都有其显著特征，教师在设置任务清单时，应充分考虑幼儿的年龄差异，也要顾及同一年龄段中不同幼儿的能力差异。因此，教师在设置任务清单时，既要考虑本年龄段幼儿完成任务的能力，也要考虑任务的多层次性，让不同能力的幼儿都能体验到成功的喜悦。

（二）"三结合"原则

1. 预设与生成相结合

教师在设计工作坊活动内容时，根据幼儿实际能力和学习可能性，预设相应的任务清单。设定的任务并非一成不变，而是在预设任务的基础上持续生成。在活动组织与开展的过程中，幼儿通过观察发现、实践探索、互动交流、经验分享，可能衍生出新的学习内容，产生新的共同期待，于是新的活动任务便应运而生。教师需对幼儿预设任务的完成情况进行深入细致的跟踪观察，了解其适宜性，若发现任务过易或过难，要及时调整，及时抓住新任务产生的契机。例如，在"寻找树林之最"活动中，幼儿发现了测量大树高矮的不同方法，一位幼儿提出可以通过测量大树的影子来得出结论，这一想法引发了幼儿对树林中光影的兴趣。经过多天不同时段的观察，孩子们发现树影的长短会不断变化。于是，"一天中树的影子什么时候最长"成为孩子们在活动中产生的一个新问题。就这样，新问题、新任务在幼儿完成前一个任务的过程中得以产生。

2. 经验与挑战相结合

在设置任务清单时，既要充分考虑幼儿的已有经验，也要深入了解幼儿的最近发展区和近阶段培养目标，让任务清单成为连接现有经验与培养目标的桥梁和纽带。教师鼓励幼儿通过完成具有挑战性的任务，实现经验与目标的对接。教师可采用以下几种方式将幼儿的经验与挑战相结合：一是从易到难，逐步增加任务难度的渐进式设计；二是借助经验，铺垫任务完成的引导性提示；三是拓展思路，设计有多种解答的开放性问题。这种结合，既能激发幼儿的学习兴趣，也能培养他们自主学习、解决问题的能力。例如，在大班的"制作趣味秋千"活动中，教师应充分了解幼儿的投掷能力和运用其他辅助工具的经验；幼儿应对秋千已有具体感知和体验，了解秋千的构成原理，且已基本掌握绑绳子、用胶带等基本技能。在此基础上，"制作趣味秋千"这项任务便能提高幼儿投掷、打结、与同伴合作等综合能力。

3. 实操与呈现相结合

学前儿童正处于从直觉行动思维向具体形象思维逐步发展的阶段，因此教师设置的任务清单应通过实操性活动来完成。每项任务完成后，教师应引导幼儿进行反馈式呈现，包括作品呈现、照片展示、视频播放、微信公众号发布，以及以幼儿成果展示为支撑的游乐活动等。从承担任务到成果反馈的一系列过程，有助于幼儿养成坚持完成任务和自检自督的良好习惯。例如，在大班"寻找 5 本表现互相帮助画面的绘本"的任务清单中，教师设计了记录表，要求幼儿将找到的绘本记录下来，用自己的方式描绘出所找到的画面，并尝试用语言完整讲述；教师还设计了同伴 PK 墙，通过相互比赛的方式激励幼儿积极翻阅、查找图书，促使孩子在与同伴、记录单和墙面的互动中主动阅读。

三、教师行为遵循"五遵守"原则

《幼儿园入学准备教育指导要点》的学习准备部分明确指出，要支持幼儿专注且持续地完成任务，鼓励幼儿独立思考，引导幼儿有计划地做事。在幼小衔接工作中，教师需着力引导幼儿养成专注且持续完成任务的好习惯，培养幼儿独立思考的能力，还要提升幼儿对活动任务预先规划以及按照计划逐步推进并坚持完成的能力。在"自然力工作坊"的组织与开展进程中，教师应遵循"五遵守"原则，即"放开手、管住嘴、用心看、认真听、仔细想"，为幼儿营造一个培育任务意识、提升执行能力的主动学习环境，让幼儿学会独立完成各项学习任务，为适应小学学习生活做好充分准备。

（一）放开手

教师在组织开展幼儿活动时，需在思想和行为上淡化自上而下"我教你"的意识，强化"让幼儿在主动尝试、探索、体验中学习"的认识，以此逐步培养幼儿识别和解决真实问题的能力。① 所以，"放开手"是教师将内在认知转化为外显行为的一种教育法则。

（二）管住嘴

在幼儿活动过程中，教师应极力避免用言语提醒幼儿注意安全、指挥幼儿行事，或者纠正幼儿的尝试性行为。相反，教师要管住嘴巴，让幼儿按照自己的认知和意愿全身心地感知、体验，在体验中获得经验，积累主

---

① 林昆仑，雍怡. 自然教育的起源、概念与实践 [J]. 家庭生活指南，2022，38（8）：89-91.

动成长的能量。

（三）用心看

教师通过细致观察幼儿在活动中的具体表现，能够了解幼儿对活动环境的适应能力，判断幼儿现有能力与任务的匹配程度，掌握幼儿主动完成任务的意识和执行情况，进而及时采用多样化的教育策略，推进幼儿学习性行为的发生与发展。

（四）认真听

倾听幼儿的声音，是教师了解幼儿、获取教育灵感的基本途径。教师依据幼儿传递的信息，分析教育灵感的运用价值和实施方式，采取恰当的教育策略，为幼儿活动提供必要条件，鼓励幼儿在原有基础上更深入地投入活动。由此可见，倾听能让幼儿的讨论和行动更具意义。在幼儿活动过程中，教师要善于倾听幼儿的自言自语、同伴间的交流，甚至要学会倾听"儿童的一百种语言"①，从倾听入手，真正走进儿童的世界，了解、理解并支持每一个孩子的成长。

（五）仔细想

"放开手"是教师支持幼儿主动学习的前提，"管住嘴、用心看、认真听"是教师充分了解幼儿的基础，"仔细想"则是教师后续教育活动的源泉。教师通过"仔细想"，分析幼儿当下的实际情况，判断其与发展目标之间的差距；同时分析活动内容的适宜性、支持策略的有效性，以便在后续活动中及时调整教育策略，促进幼儿在主动活动中实现有效学习。

结　语

我们始终相信，幼儿是有能力的学习者。教师的"放手"与"闭嘴"，体现了对幼儿自主成长的信任，"观察"与"聆听"则是走近幼儿、了解幼儿的基本方式。在"自然力工作坊"中，任务清单为幼儿搭建了助力成长的台阶，引导他们在主动探究中体验成功的喜悦，培养幼儿独立思考与

---

① 卡洛琳·爱德华兹，莱拉·甘第尼，乔治·福尔曼. 儿童的一百种语言［M］. 南京：南京师范大学出版社，2014.

解决问题的能力。教师通过持续的任务安排、动态的环境创设和材料提供，让幼儿在贴近生活的活动世界中，收获属于自己的知识与成长，为未来的学习奠定坚实基础。

第四节　师幼创享"自然力工作坊"的基本原则和实施路径

要培养幼儿对大自然的探索兴趣，让幼儿亲近大自然，体会到大自然的奇妙之处，提高幼儿对大自然的认知，结合幼儿的生活经验，使幼儿在活动中发现问题、分析问题、解决问题，提高幼儿的综合能力。

——《幼儿园教育指导纲要（试行）》

中国传统哲学认为自然乃万有之源。老子的"道法自然"、王阳明的"知行合一"、陶行知的"生活即教育"等思想，均阐明教育应遵循事物发展规律，从知与行、实际生活中获取。教育应给予幼儿与自然、他人、事物接触的机会，让幼儿在这种融合的充分体验中感知并运用自然力，包括自然界之力、人自身之力，以及社会劳动之力。教师以"自然力工作坊"为教学模式，秉承先哲教育思想，遵循幼儿自身发展规律，促使幼儿基于自身认知发展与经验积累，通过实践探索、亲历体验，实现自我成长。

"自然力工作坊"以幼儿为中心，依据幼儿实际能力和兴趣需求，借助幼儿园及周边资源，采用层层向外扩展活动场域的方式，引导幼儿主动尝试适应不同活动环境，鼓励幼儿在观察中发现、在探究中感知，增强幼儿对事物和现象的好奇心以及对环境的适应能力，培养幼儿克服困难、勇于探究的学习品质。"自然力工作坊"的创设需遵循动态性原则，即依据幼儿发展需求，在时间、空间、场域、人际交互等方面随时灵活调整；同时，也应遵循幼儿能力发展的边界性原则和共同玩享原则。在实施"自然力工作坊"探究活动时，我们注重通过"人际交往的多元整合""活动场域的层级拓展"培养幼儿的社会性适应，通过"活动规则的共同约定""任务清单的精准确定"培养幼儿的规则意识和任务意识，为幼儿未来学习奠定良好素质基础。

一、师幼创享"自然力工作坊"的基本原则

习近平总书记在党的二十大报告中提出，人与自然是生命共同体，尊重自然、顺应自然、保护自然是全面建设社会主义现代化国家的内在要求。我们面对的幼儿将成为 21 世纪中叶的中坚力量，教师需借助周边自然资源，引导幼儿学会在自然中生活、善待自然，初步懂得合理利用自然资源。幼儿园内外的自然资源、人文资源、社区资源，都是幼儿可亲身参与、实践探索的游戏场所，是引导幼儿感知周遭自然力量和自身力量的"工作坊"。"自然力工作坊"以幼儿认知经验为基础，层层拓展，为幼儿打开外面的自然世界，鼓励幼儿自主融入环境，感受并运用大自然中的各种力量，体验不断变化的生命成长过程。在创建"自然力工作坊"时，教师必须遵循以下三个原则。

（一）动态性原则

"自然力工作坊"是动态存在的，其动态性主要涵盖活动场所的动态性、人际场域的动态性，以及活动任务的动态性。

1. 活动场所的动态性

"自然力工作坊"并非传统意义上固定于某个活动室、室内一角或室外某处的工作坊，而是依据幼儿实际需求和发展目标确定的可灵活调整的动态场域。

2. 人际场域的动态性

幼儿在参与活动、完成任务时，可根据自身意愿和需求与不同的人结伴。教师根据培养目标，为幼儿确定社交圈，班内伙伴、混龄同伴、社会成员等的加入，旨在引导幼儿在不同人际环境中都能自如、自信地应对。

3. 活动任务的动态性

任务清单是教师依据幼儿现有能力和发展目标拟定的学习任务，通过鼓励幼儿努力完成规定任务，促使发展目标达成。这些任务清单必须是幼儿能够理解且通过努力可达成的层级性任务。任务的难易程度和达成方式具有多样化和可变性，有利于让每个幼儿都体验到成功的喜悦。

（二）边界性原则

"自然力工作坊"的边界性原则遵循维果斯基提出的"最近发展区"

理论，主要包括幼儿现有能力、活动场域设置的边界性。它基于幼儿当下的认知经验与发展可能性，确定能满足幼儿活动需求、可供探索的活动场域，鼓励幼儿积极参与、主动探究。

1. 认知能力的边界性拓展

教师应充分了解每个幼儿的现有能力，明确幼儿的培养目标和发展可能性。教师通过拟定与幼儿能力匹配的任务清单，鼓励幼儿在一定时间内有意识地主动选择并完成多项任务，促进幼儿认知经验提升和目标意识养成。

2. 活动场域的边界性拓展

幼儿对生活环境和活动环境的适应能力是其社会性发展的基本体现，也是健全人格的孕育路径。"自然力工作坊"的边界性场域拓展是在幼儿对现有环境完全适应并产生足够安全感后，逐渐扩大场域范围。一方面，激发幼儿因场域变化产生的好奇心；另一方面，将幼儿推离舒适区，鼓励幼儿探究新环境、了解新现象、结交新伙伴。

选择"自然力工作坊"时，需充分考虑地理位置、场域大小、社会交往面，以及预估幼儿对可能出现的问题和困难的驾驭能力，从而明确在活动组织过程中教师的指引方案与支持策略。

（三）师幼创享原则

《道德经》有言："无为而无不为。""自然力工作坊"以"无为"的方式呈现教育之"为"。我们确信幼儿是有能力的学习者，兴趣和需求是驱使个体主动学习的动力。当幼儿对某种现象或事物产生兴趣时，会主动将其与已有经验和当前能力建立认知联结。此时，教师需识别幼儿的现有能力和最近发展区，将教育策略渗透到活动场域和活动过程中。教师的任务是避免以指导者、教育者、保护者的身份干预幼儿的自主活动，而要以陪伴者、合作者、观察者的身份与幼儿共同进行沉浸式玩享。教师可采取的教育策略主要包括拟定任务清单、提供操作材料、设置活动环境、确立游戏规则等。这是一个师幼共同创设与共享的螺旋式上升的动态式教育过程。

二、师幼创享"自然力工作坊"的实施路径

幼儿是自然生命体，在不同环境中总能找到适宜的状态。我们需遵循自然法则磨炼孩子，将幼儿置于自然环境中，给予其自由自然的自我适应机会，使其学会在不同环境中自处，激发其适应环境的潜能。在师幼创享"自然力工作坊"时，教师应充分挖掘幼儿所处自然环境的教育价值，赋予幼儿高度自由自主的时间和空间，制定具有公约性的活动规则，确定与《指南》中发展目标相匹配的任务清单。"自然力工作坊"为幼儿主动寻找适应性和安全感提供机会，为幼儿结交新伙伴、探寻新信息创造条件，从而培养幼儿主动参与、乐于探究、敢于挑战的学习品质。

（一）人际交往的多元整合

小班幼儿尚处于平行游戏阶段，中大班幼儿社会交往能力逐渐增强。升入小学后，孩子既需要独立思考与学习，也需要掌握与同学友好合作的能力。"自然力工作坊"呈开放状态，每个幼儿可基于自身实际能力和需求，选择最适宜的人际交往方式。针对不同年龄段幼儿，我们实施的人际交往路径主要包括本班幼儿互动、平行班互动、跨年级互动、全园联动、邀请家长参与互动；同时，充分利用社区资源，与不同场域的社区居民互动。这些人际交往圈并非固定序列，可根据幼儿实际能力和活动需求灵活调整，既可持续在某个社交圈开展，也可从不同层面交叉渗透。通过为幼儿提供多层面的人际交往机会，引导幼儿大胆、自信、主动地与他人接触，增强其社会适应能力和解决问题的能力。

幼儿的人际交往过程主要表现为观察式人际交往和互动式人际交往。观察式人际交往是幼儿运用视觉、听觉、触觉等感官系统与外界相互作用的交往方式。他们通过观察获得信息，将信息与个人经验链接，并通过思考与分析获得新认知。观察式学习在幼儿各年龄段都会出现，是幼儿在自我适应、自我调节、沉浸思考过程中表现出的积极学习状态。教师需观察、识别幼儿个人独处时是否处于观察式学习状态，并根据幼儿需求给予教育支持。互动式人际交往包括师幼相伴、幼幼合作的人际交往，以及其他社会人员共同参与的人际互动。在互动式人际交往中，幼儿自主选择合作伙伴，运用语言、表情、动作等方式与合作伙伴沟通，在主导与被主导

的状态下完成任务，体验成功或失败。无论何种体验，都有利于幼儿个人经验和能力的成长。

在"自然力工作坊"中，教师既要为幼儿提供丰富多样的人际交往机会，也要给予其独立应对活动任务的机会，既引导幼儿体验多元人际交往的互动式学习，也鼓励幼儿学会个人独处式的自我学习，促使幼儿逐渐成长为有思想、有能力的完整独立的个体。需注意的是，在幼儿与成人的交往、合作过程中，应尽量避免依赖性交互关系，成人应将幼儿置于具有选择权、决定权的位置。只有引导幼儿自如应对多元整合的人际交互，才能更好地培养幼儿的主动学习能力，增强其社会适应能力。

（二）活动场域的层级拓展

如果说教育的本质是为了让孩子更好地离开我们，那么幼儿园教育就是为了让孩子更加自信、自如且有能力地适应小学生活、应对陌生环境。我们发现，80%以上的小班幼儿初入幼儿园时会因离开家长产生分离焦虑；幼儿进入小学时，部分孩子也会表现出入学焦虑；此外，成人踏入社会时，适应能力也有强弱之分。社会适应性培养应从幼儿刚踏入社会的幼儿园阶段开始，教师需将幼儿置于真实、可触及的自然环境中，让幼儿与自然现象和实际存在相互作用，哪怕是一根掉落的树枝、一片杂草，都是引发幼儿思考与探究的有利资源。

幼儿的认知能力、活动经验，以及对场所的边界性熟识程度和最近发展区培养目标，都是确定"自然力工作坊"场域的重要依据。其场域可以是某个区域、某个班级、班级联合、一个楼层、几个楼层、整个楼栋、户外场地、户内外结合、园外周边自然环境、园内外结合、居民小区等。教师将层级场域拓展路径设计融入孩子在幼儿园三年的经历、体验与探究学习过程中，不同层级的活动场域，既是同心圆式逐步扩展的，也可交叉利用。

（三）活动规则的共同约定

在"自然力工作坊"中，我们强调教师教育行为的隐性、幼儿的自由自主性和活动范围的相对开放性，以及活动目标和要求达成的阶段性。构建幼儿能够理解并乐意遵守的共识性活动规则，是活动有序进行的根本保障。

以下是"自然力工作坊"有序开展的必备公约：

1. 在共同确定的场域内活动——这是保障幼儿安全的基本规则；

2. 至少带上一项任务清单参与活动——这是培养幼儿责任意识的基本方式（不同年龄段有不同的任务清单体现）；

3. 有困难、有新发现及时向老师汇报——这是增强幼儿自我保护、大胆表达的基本途径；

4. 听到指令及时集合——这是培养幼儿集体观念的基本要求；

5. 每次活动后必须与他人分享——这是引导幼儿养成及时梳理经验、总结归纳等学习品质的有效路径（分享形式主要包括集体共享、幼儿之间自由分享、师幼私下分享、亲子分享等）。

不同年龄段的公约可根据本班幼儿和活动需求的实际情况灵活调整。制定"自然力工作坊"公约，体现了幼儿对即将进行的活动具有前期认知和预判，对愿意共同遵守的游戏规则具有共识，他们既是规则的制定者，也是执行者和守护者。

（四）任务清单的精准确定

我们以主题活动在"自然力工作坊"中的组织与开展为基本形式，以培养目标为基本导向，通过任务清单将具体活动与培养目标衔接。教师在确定任务清单时，需清晰认识幼儿的现有能力和培养目标。一个主题活动以3~5个任务清单为宜，阐述任务清单时应简明扼要，将其以幼儿能理解的方式呈现在教室环境中，并提供任务完成打卡互动场景，如墙面环境、桌面、柜面，甚至地面场景。教师通过具象呈现任务清单并鼓励幼儿逐个完成，培养幼儿的任务意识和责任感；通过动作打卡或口述交流打卡的方式，引导幼儿回顾、验证任务完成情况，增强幼儿做事的目标意识、阶段性完成任务清单的计划意识和责任意识，逐步培养幼儿良好的学习品质。

结　语

《纲要》以平实、明了的语言对自然教育思想做出清晰阐释与指引，这与法国教育家卢梭在《爱弥儿》中提出的教育思想不谋而合，卢梭指出，教育的本质是从自然中获得，或从他人身上学到，抑或是从事物中得到。"自然力工作坊"以幼儿现有能力和兴趣需求为出发点，利用周边自然资源，挖掘其中的教育价值，遵循动态性、边界性、师幼互动性原则，以人际交往的多元整合、活动场域的层级拓展、活动规则的共同约定、任务清单的精准确定为主要实施路径，探索师幼合作、共创共享的学习模式。在"自然力工作坊"中，教师应以安全保障为前提，以培养目标为导向，在不断演进的动态式"自然力工作坊"中，鼓励幼儿在不同环境中感受自然、探秘现象、学习交往，引导幼儿在实践中感知自然界的力、体验自身拥有的力和社会劳动的力，从而增强对环境的适应能力、对事物与现象的应对能力，养成主动参与、乐于探究、敢于挑战的学习品质。

第五节　构建"博物"与"趣玩"相融的"自然力工作坊"

"自然力工作坊"，将"博物"与"趣玩"相融。孩子们在探索与游戏中触摸自然的脉搏，在探寻间发现生命的奇妙与智慧。

我园以引导幼儿感知、发现和运用自然力为指导思想，以"博物"和"趣玩"相融为基本途径，以师幼共探、适度留白为基本策略，通过"自然力工作坊"将幼儿园活动环境内外贯通、有机链接，培养幼儿成为满怀好奇、积极探究的主动学习者。"博物"，是通过收集、观察和分析自然物，如树叶、种子和石头等，使幼儿对自然界的力量拥有初步的感知。"趣玩"，是以游戏形式将这些自然现象转化为互动式的体验，例如让幼儿通过"风车游戏"体验风力的作用，通过水的流动实验感受水力的影响。在"博物"中，幼儿是观察者和学习者；在"趣玩"中，幼儿成为实践者，通过游戏深化对自然现象的理解。

我们通过深入了解周边自然环境，与每位教师共同研讨，带领幼儿进行实践，在小空间构建"自然力工作坊"，将"博物"与"趣玩"交织并进、贯穿始终。这既是师幼共探的路径，也是幼儿学习的方式。教师需要根据幼儿参与活动的状态和需求，及时调整工作坊活动内容、游戏材料、游戏规则，甚至决定该工作坊的存与撤，从而让教师教学更具针对性，让幼儿学习更富趣味性。

一、"自然力思想"的启示

马克思在《资本论》中深入分析生产力和生产关系时，对"自然力"进行了大量论述，认为自然力主要包括自然界的自然力、人自身的自然力以及社会劳动的自然力三大方面，形成了丰富的"自然力思想"。大自然中各种事物的活动与变化都具有自然力，水滴石穿、植物向阳生长、小鸡破壳而出等现象都是自然界自然力的体现。人同样拥有自身的生命力和自然力体现，随着年龄的增长，个体拥有的体力、耐力、持久力、认知力、学习力等各种力量逐渐增加；钻木取火、风力发电、杠杆作用等都是人在社会劳动中借助自然物和自然现象而产生的自然力，其涵盖物理力、化学力、机械运动力等。[①] 教师致力于构建符合幼儿认知和探究能力的"自然力工作坊"，为幼儿营造积极、健康、愉悦的活动环境，引导幼儿通过亲历、实验、观察、发现，感受自然界的力量、自身的力量、劳动的力量以及与他人合作的力量，从而提高幼儿的认知能力和自信心，增强其社会适应能力。

在创建"自然力工作坊"时，教师从园本实际出发，充分挖掘周边自然资源和空间资源，分析其中能够被幼儿获取的"物"，根据不同年龄段幼儿的实际需求，在幼儿园室内或室外创建富有趣味性的"自然力工作坊"。室内空间包括各班教室、廊道、楼梯拐角、墙面等；室外空间可以根据工作坊的活动内容和需求，依托本有的校园环境进行再创设，一墙一角一围栏等，都是可以被利用的场域。"自然力工作坊"在幼儿园中呈散点式分布，主要包括"大自然中的色彩""各种各样的树叶""神奇的昆虫""种子博物馆""砂石博物馆""风的力量"等。这些融合"博物"理念的"自然力工作坊"，既来自教师对幼儿教学的预设，也来自幼儿的需求和意愿。

二、"博物"为经 "趣玩"为纬

博物学教育为当代自然教育的兴起奠定了重要的科学和社会基础。博

---

① 王洁．马克思自然力思想及其当代价值研究［D］．合肥：安徽医科大学，2021．

物学是人们建立在对自然好奇的基础上，主动探究自然、认识自然、理解自然而形成的学科。它更多地专注于运用科学的方法去认识和理解自然，强调个体只有通过亲历体验才能真正认识自然、感受到自然的力量，在主动"博物"的过程中感受学习的乐趣。教师立足于幼儿园内部和周边环境资源，带领幼儿沉浸其中尽情玩耍，鼓励幼儿根据自身认知和需求自主"博物"；随后将丰富多样的自然物加以区分和归类，将师幼所"博"之物以资源库的形式投放进相应的"自然力工作坊"中。"趣玩"是基于课程游戏化理念，根据幼儿的年龄特点和发展阶段，以幼儿感兴趣的、具有驾驭可能性的游戏活动为"自然力工作坊"中的主要内容。教师以"趣玩"为"自然力工作坊"构建和推进的评价指标，贯穿始终、及时调整，将"自然力工作坊"打造成一个有趣且富有学习价值的幼儿园学习场，如图7-1所示。

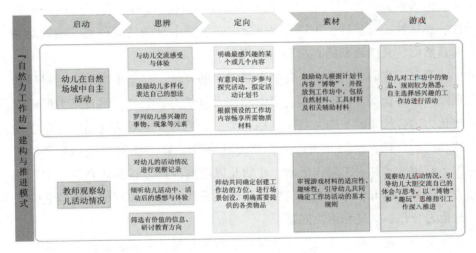

图 7-1 "自然力工作坊"的构建流程说明

（一）"博物"为经，贯穿始终，层级构建

"博物"是一个动态的过程，贯穿于"自然力工作坊"的始终，是随着幼儿需求持续进行的。"博物"是贯穿"自然力工作坊"动态式发展的重要元素，师幼所"博"之物成为"自然力工作坊"的资源，幼儿的活动会受到资源的影响而发生变化。"自然力工作坊"的层级式构建主要体现在活动对象的层级性、区域范围的层级性，以及活动内容难易程度的层级

性。在公共区域中设置的自然力工作坊，原则上针对全园幼儿开放，所以在设置环境和提供材料时，需要考虑到所面向的三个年龄段幼儿的能力和需求，教师在组织活动前也应根据活动对象的实际情况即时调整活动内容、游戏材料和摆放位置。就区域范围而言，"自然力工作坊"既可以设置在幼儿园公共区域，供全园幼儿活动，也可以由各班教师在本班进行创设，仅供本班幼儿活动。就活动内容来看，每个幼儿的能力和需求都具有差异性，所以在"博物"过程中，教师既要尊重幼儿需求，也要给予及时引导和帮助。

（二）"趣玩"为纬，多维评价，持续推进

在课程游戏化理念指导下，"趣玩"是幼儿园"自然力工作坊"创设与实施的评价指标。"趣"表现在活动环境、游戏材料和游戏内容上；"玩"既是一种形式，也是一种状态，既要能够玩起来，又要有多样化玩法，能够给人以愉悦的感受。我们需要以儿童的视角审视工作坊的适宜性、趣味性、可玩性，为幼儿提供玩中学、学中玩的活动环境，激发幼儿对自然物、自然现象的兴趣和探索精神。

第一，我们要创设一个充满自然元素的环境，提供丰富的自然材料和观察工具，让幼儿能够观察、摸索和探索自然力。第二，将自然力的概念转化为适合幼儿的互动游戏和活动。第三，为每个游戏活动制定简单明确的规则和目标，让幼儿明白他们需要达到什么样的成就或胜利条件。第四，利用艺术和手工制作活动，让幼儿以创造性的方式表达和展示对自然力的理解。第五，在游戏活动中鼓励幼儿合作、分享和互助，让幼儿学会与他人合作、交流和解决问题。

例如，在"风的力量"工作坊中，教师鼓励幼儿通过制作风车在户外不同位置体验风力的强弱，并引导他们思考风的作用。此外，教师还设计了"水流挑战"游戏，幼儿通过水渠引流，体验水的流动和阻力，理解水力的基本原理。这些"趣玩"活动不仅激发了幼儿的好奇心，也帮助他们在游戏中更好地理解自然力的运作。

"趣玩"不仅仅是"自然力工作坊"创建与持续推进的参照标准，更是对其评价的指引。教师需要通过观测幼儿对工作坊活动内容的兴趣度、活动过程中的积极性以及在"趣玩"过程中的收获与成长，来评价当下活动的教育价值和存在意义，再根据评价进行持续推进和适当调整。

三、师幼共探　适度留白

在构建"自然力工作坊"的过程中，教师应采用师幼共探和适度留白的策略，以活化并持续提升其教育功能与教学成效。师幼共探的内容不仅仅包括环境设置和场域大小，更涵盖"博物"需求。"自然力工作坊"的物品并不是越多越好，而应适度留白，一是空间之白，即不必过满；二是品种之白，即不必过多，只要能够满足幼儿阶段性的"趣玩"需求即可。

（一）师幼共探

师幼共探应贯穿于"自然力工作坊"的始终。在工作坊创建初期，创建元素主要来自幼儿需求，教师通过观察幼儿在自然中的活动情况、聆听幼儿的实际需求等方式搜集有价值的信息，再经过教师共同研讨拟定创建内容。开展"自然力工作坊"活动时，教师注意观察、发现幼儿在场域中的参与情况、幼儿对游戏材料的操作情况，并以合作者身份参与其中，通过师幼共同亲历体验，探索发现"自然力工作坊"更为适宜的存在方式。

1. 引导性问题切入

教师可以提出一些引导性问题，激发幼儿的思考和探索欲望。例如，教师可以问："你认为为什么石头会下沉，而木块会浮起来呢？""你觉得为什么风会吹动树叶呢？"通过这些问题，引导幼儿思考自然力的原理及影响。

2. 组织小组探索活动

教师依据幼儿的年龄特点和社会交往能力，鼓励幼儿与同伴协作探究，让幼儿在小组中与同伴共同探索自然力，鼓励幼儿互相交流和分享发现。例如，让幼儿一起观察水流的影响，或者一起设计实验来探索重力的作用。

（二）适度留白

教师在创建"自然力工作坊"与组织活动的整个过程中，都应有留白意识，包括空间环境的留白、活动时间的留白和游戏材料的留白，为幼儿的自主探索提供补缺、创新和想象的可能性。同时，教师也应为幼儿提供自由选择游戏内容和工具材料的机会；通过设计开放性任务，鼓励他们自主思考并解决问题；引导幼儿结合户内外环境，根据兴趣探索自然；针对幼儿的疑问及时组织讨论，帮助幼儿深入思考并探索答案。

教师不仅仅是活动的观察者，更是活动的引导者。教师通过提出开放性问题，如"为什么风能吹动风车?""水为什么总是流向低处?"等，激发幼儿的思考和探究。此外，教师还通过组织小组活动，鼓励幼儿合作探索。例如，在"风车实验"中，教师组织幼儿分组制作不同形状和大小的风车，并引导他们比较哪种风车旋转得更快。这种探究式的合作不仅能帮助幼儿更好地理解自然现象，也培养了他们的团队合作精神。

师幼共探的关键在于教师把控教育方向，以"博"集"物"、以"趣"导"玩"；适度留白的关键是给予幼儿一定的自主权和自由度，让他们根据自己的兴趣和好奇心进行探索和发现，教师给予适当的指导和帮助，同时尊重幼儿的思考和表达。教师可以通过适度留白，发展幼儿的自主学习能力，培养其创造性思维和解决问题的能力。

四、内外贯通　有效链接

"自然力工作坊"是引导幼儿感知自然力的场域，根据幼儿参与活动的便利性和适宜性，教师在室内和室外均设置了"自然力工作坊"，并确保室外和室内相互贯通，即"博物"的内外贯通、"趣玩"的深度链接。室内可分为幼儿园公共区域内和各班教室内，室内的"自然力工作坊"主要作为收纳场、操作场、实验场、表征场；而室外场域则主要作为探究场、体验场，包括幼儿园内户外，也包括幼儿园周边自然环境。

（一）功能性场域的贯通

不同的"自然力工作坊"具有不同的探究倾向性，我们在室内和室外贯通式地构建了同一项目的"自然力工作坊"。如在创设"水培实验坊"时，教师在室内廊道中创建该工作坊的同时，在室外种养区也创设了一个，旨在让幼儿进行同一类植物的水培实验时，感知阳光、空气的差异是否会影响植物生长。

（二）材料获取与使用的贯通

工作坊中自然材料的获取大都源自小树林、小公园，而工具材料都存放在幼儿园内。幼儿需要在活动区中增补自然材料时，必须走进自然找寻；而需要使用工具材料时，必须从室内携带，两个场域中的工具材料是互联互通的。幼儿对于这些工具材料拥有自主使用权，对自然材料的选取也拥有决定权。

例如，在"水培实验坊"中，教师分别在室内和室外设立了实验场域。幼儿在室内观察植物在水中的生长情况，并通过记录每周的生长数据，学习植物的生长过程。随后，幼儿将同样的植物带到室外，在阳光下继续观察其生长速度。这种内外场域的贯通，让幼儿能够比较同一种植物在不同环境下的变化，进一步深化他们对自然力的理解。

两个"贯通"，将室内外联合构建的"自然力工作坊"融为一体，既扩展了单个工作坊的学习效能，又拓展了幼儿的学习可能性。

结　语

"博物"是亲历和体验的过程，是发现、认知、接纳的过程，这个过程是将自然环境与个体进行连接的媒介。"趣玩"则以"趣"为驱动、以"玩"为状态，是"自然力工作坊"的评价杠杆，贯穿"博物"与实践探究的整个活动过程，是教师为幼儿创设有准备的活动环境的根本要求。[①] 教师将博物学教育思想与课程游戏化理念有机结合，阐释了"博物"与"趣玩"交织并驱、贯穿始终，构建富有园本特色的"自然力工作坊"的基本路径。教师在幼儿园中以散点式散布不同类别的"自然力工作坊"，引导幼儿在自然中观察、在观察中发现、在发现中"博物"，并在分类呈现、实践运用、游戏创造中体验丰富多样的自然力。在"自然力工作坊"中，幼儿参与"博物"，实践"趣玩"，两者相辅相成，交织并驱，自下而上，逐级攀升，促使幼儿在"博物"中提升认知，在"趣玩"中获得经验生长。

"自然力工作坊"通过"博物"与"趣玩"的交织，为幼儿提供了一个持续探索、实践和创新的开放空间。它不仅能够培养幼儿的自主学习能力，还成为他们探索自然、感知世界的重要途径，让幼儿能够在玩中学、在学中玩，为成为具有探究精神和创新能力的终身学习者做好准备。

---

① 王丽. 当"儿童博物"课程遇见 STEM：谈幼儿园园本"童博"课程的主题来源 [J]. 学校管理，2020（2）：62-64.